江西财经大学信毅学术文库
国家社科基金研究项目（16BJL030）

地方政府财政竞争对区域发展差距的影响及对策研究

王丽娟　著

中国财经出版传媒集团
中国财政经济出版社

图书在版编目（CIP）数据

地方政府财政竞争对区域发展差距的影响及对策研究／王丽娟著. --北京：中国财政经济出版社，2022.12
（江西财经大学信毅学术文库）
ISBN 978－7－5223－1782－3

Ⅰ.①地…　Ⅱ.①王…　Ⅲ.①地方财政－影响－区域经济发展－研究－中国　Ⅳ.①F127

中国版本图书馆 CIP 数据核字（2022）第 228370 号

责任编辑：孙　琛　　　　责任印制：党　辉
封面设计：王　颖　　　　责任校对：徐艳丽

地方政府财政竞争对区域发展差距的影响及对策研究
DIFANG ZHENGFU CAIZHENG JINGZHENG DUI QUYU FAZHAN CHAJU DE YINGXIANG JI DUICE YANJIU

中国财政经济出版社 出版

URL：http：//www.cfeph.cn
E－mail：cfeph@cfeph.cn

社址：北京市海淀区阜成路甲 28 号　邮政编码：100142
营销中心电话：010－88191522
天猫网店：中国财政经济出版社旗舰店
网址：https：//zgczjjcbs.tmall.com
北京财经印刷厂印刷　各地新华书店经销
成品尺寸：170mm×230mm　16 开　16.25 印张　251 000 字
2022 年 12 月第 1 版　2022 年 12 月北京第 1 次印刷
定价：68.00 元
ISBN 978－7－5223－1782－3
（图书出现印装问题，本社负责调换，电话：010－88190548）
本社质量投诉电话：010－88190744
打击盗版举报热线：010－88191661　QQ：2242791300

总　序

书籍是人类进步的阶梯。通过书籍出版，由语言文字所承载的人类智慧得到较为完好的保存，作者思想得到快速传播，这大大地方便了知识传承与人类学习交流活动。当前，国家和社会对知识创新的高度重视和巨大需求促成了中国学术出版事业的新一轮繁荣。学术能力已成为高校综合服务水平的重要体现，是高校价值追求和价值创造的关键衡量指标。

科学合理的学科专业、引领学术前沿的师资队伍、作为知识载体和传播媒介的优秀作品，是高校作为学术创新主体必备的三大要素。江西财经大学较为合理的学科结构和相对优秀的师资队伍，为学校学术发展与繁荣奠定了坚实的基础。近年来，学校教师教材、学术专著编撰和出版活动相当活跃。

为加强我校学术专著出版管理，锤炼教师学术科研能力，提高学术科研质量和教师整体科研水平，将师资、学科、学术等优势转化为人才培养优势，我校决定分批次出版高质量专著系列；并选取学校“信敏廉毅”校训精神的前尾两字，将该专著系列命名为“信毅学术文库”。在此之前，我校已分批出版“江西财经大学学术文库”和“江西财经大学博士论文文库”。为打造学术品牌，突出江财特色，学校在上述两个文库出版经验的基础上，推出“信毅学术文库”。在复旦大学出版社的大力支持下，“信毅学术文库”已成功出版两期，获得了业界的广泛好评。

“信毅学术文库”每年选取10部学术专著予以资助出版。这些学术专著囊括经济、管理、法律、社会等方面内容，均为关注社会热点论题或有重要研究参考价值的选题。这些专著不仅对专业研究人员开展研究工作具有参考价值，也贴近人们的实际生活，有一定的学术价值和现实指导意义。专著的作者既有学术领域的资深学者，也有初出茅庐的优秀博士。资深学者因其学术涵养深厚，他们的学术观点代表着专业研究领域的理论前沿，对他们专著的出版能够带来较好的学术影响和社会效益。优秀博士作为青年学者，他们学术思维活跃，容易提出新的甚至是有突破性的学术观点，从而成为学术研究或学术争论的焦点，出版他们学术成果的社会效益也不言自明。一般而言，国家级科研基金资助项目具有较强的创新性，该类研究成果常常在国内甚至国际专业研究领域处于领先水平，基于以上考虑，我们在本次出版的专著中也吸纳了国家级科研课题项目研究成果。

“信毅学术文库”将分期分批出版问世，我们将严格质量管理，努力提升学术专著水平，力争将“信毅学术文库”打造成为业内有影响力的高端品牌。

王　乔

2016 年 11 月

前　言

长期以来，对区域发展差距的研究一直属于增长经济学和发展经济学的范畴，其研究范式也主要参考西方经济体发展模式来进行。然而中国经济模式的发展有其自身特色，仅仅是站在市场的角度还不能完全解释中国经济增长之谜和地区发展差距问题。中国地方政府之间常处于“兄弟竞争”状态，政府间通过相互竞争吸引生产要素流入，这是否也会对区域间发展差距的变动产生重要影响？比如地方政府间常常通过财政收入和支出政策来展开模仿与互动，这种财政竞争行为是地方政府竞争的主要形式之一，它是否会扩大还是缩小原有的区域间发展差距？这是本书的主要研究出发点。区域间发展差距维度众多，我们主要从三个维度出发：区域间经济增长差距、区域间政府财力差距和区域间公共品供给差距。

首先，中国的经济发展已经出现了经济集聚现象，这是经济发展到一定阶段的表现。此时，地方政府间的竞争已不同于传统的同质性竞争，在经济集聚模式下，不同地区将分化为中心—边缘模式。发达地区因具有经济集聚优势，常处于中心地位，而欠发达地区则居于边缘地位。这使得发达地区有可能采取与欠发达地区相异的财政竞争策略。比如在确定实际税负水平时，尽管地方政府没有制订名义税率的权利，却可以选择与欠发达地区不一样的竞争策略，不再单纯地降低税负（race to the bottom），而是有可能征收税收集聚租，提高税负水平。这是否会使得原有的区域财力水平差距被进一步拉大？

其次，在资本要素争夺日趋均衡的背景下，人口要素争夺正逐渐成为地方政府间争夺的重要资源之一。而人口的流动，特别是高素质人口流动常常会受到不同地区公共品支出模式的吸引。那么，为争夺资本和人口要素的流入，发达地区和欠发达地区是否会在公共支出上展开竞争，这种竞争行为会影响区域间原有的公共品供给差距吗？

最后，税负水平和公共支出的变动会直接影响地区经济增长，那么，地方政府为争夺要素展开的收入和支出竞争对地方政府的经济增长产生了什么影响，是否会缩小还是拉大区域间原有的经济增长差距？

围绕这些具体问题，本书运用空间计量实证分析等方法将地方政府财政竞争行为对区域发展差距的影响做了实证分析，在此基础上，得到地方政府间财政竞争行为对区域发展影响的具体结论。并根据实证分析结论，提出规范地方政府间财政竞争行为，促进区域协调发展的对策性建议。

具体来说，本书在第一章导论和第二章文献综述之后，第三章将全国31个省区市分成东部、中部和西部三大地区，主要运用变异系数法、基尼系数法和GE指数分解法对区域发展差距的现状做了全面描述。我们发现，近些年来区域经济增长差距和区域政府财力差距处于不断缩小的状态，而区域公共品供给，特别是教育的供给差距一直处于较为稳定的状态，变化不大。同时值得注意的是，区域经济增长的组间差距未来将有可能成为经济增长差距逐渐重要的原因；而政府财力差距和公共品供给差距都是以组内差距为主，特别是东部地区组内差距，东部一线发达地区如上海、北京，其人均政府财力水平已经远远超过其他地区，而西部地区在公共品供给上其内部差距也正在逐渐增大。总体来说，东部、中部、西部地区的发展差距还是客观存在的，并且在不同方面组内差距和组间差距表现不同。

第四章梳理了财政竞争对区域发展差距的影响机制分析。本部分首先阐述了在现有绩效考评体系下地方政府的行为方式和目标，围绕这个目标地方政府间展开了包括财政竞争在内的各种策略竞争。接下来分析了财政竞争具体化为税收竞争和财政支出竞争如何影响区域政府财力差距、区域公共品供给差距和区域经济增长差距。经济集聚背景下，发达地区的税收竞争策略将发生变化，地区间的税收竞争策略将从同质性向异质性转变，这可能影响到区域间的财力水平；而地方政府围绕吸引资本要素和高素质人口流入将会展开对基础设施类硬公共品和教育类软公共品的支出竞争，这可能进一步影响到区域间的公共品供给水平；财政竞争的税收竞争和财政支出竞争分别影响到经济增长中的税负水平和公共品提供状态，都将可能对区域间的经济增长产生影响。

第五章分析了财政竞争对区域政府财力差距的影响。本部分首先描述了我国东中西部地区现有的税负分布情况和经济集聚情况，其中东部地区税收负担水平最高，中部地区税收负担水平最低。从经济集聚的情况看，第二产业和第三产业主要都集中在东部地区，但从数据的历史变迁看，经济集聚的情况正在从东部地区逐渐转移向中部地区。其次我们运用了空间杜宾误差模型（SDEM）对各地区的税负水平进行了回归，结果表明各地税负水平存在较为显著的空间互动性，充分说明了税收竞争效应显著存在。分税种的实证结果表明，这种税收竞争效应广泛存在于增值税、营业税和企业所得税等具体税种上。分地区的实证结果表明，东部、西部地区都存在不同程度的税收集聚租，但中部地区尚无显著的税收集聚租现象，可能是因为中部地区税收竞争效应最大，仍以“逐底式竞争”为主。最后，我们发现税收竞争会拉大区域间财力水平差距，这个结论在东部地区较为显著。在要素集聚背景下，要素集聚中心地区和外围地区分别采用不同的财政收入竞争策略，从而有可能进一步拉大地区间的财力差距。

第六章分析了财政竞争对区域公共品供给差距的影响。对资本的争夺会引起地区间的基础设施支出竞争，而对人口要素特别是高素质人口要素的争夺则会影响教育等软公共产品的供给。本章首先从一个修正的 Z－M 模型入手，发现在一系列假设条件得以满足的条件下，人口的可自由流动将会有助于地方政府对公共品的提供，并且不同地区其最优的财政竞争策略应有所区别。其次，空间计量模型的实证结果表明基础设施支出和教育支出都存在显著的财政支出竞争，并且是相反的差异化竞争。分地区的实证结果也支持这个结论，说明地区内部这两类支出由于财政竞争也可能存在差距拉大的趋势。同时，我们发现中部和东部地区存在较为显著的“以脚投票”机制，即人口流动特别是高素质人口流动对地方软公共品的供给有促进的影响，这可能会进一步拉大地区间原有的公共品供给差距。

第七章分析了财政竞争对区域经济增长差距的影响。财政竞争通过税收和支出两方面的政策来影响区域的经济增长，地方政府为争夺生产要素而展开的税收收入竞争和基础设施支出竞争都将影响到地区经济增长水平和速度。本章我们首先分析了财政收入竞争与地区经济增长的关系，发现地区经济增长率呈现收敛状态，降低税负水平有利于促进经济增长；但并未发现地区间的税收竞争会显著影响地区经济增长速度，也没有发现地区间的税收竞争会对经济增长水平差距有显著影响。其次，我们分析了地区间基础设施支出竞争对地区经济增长的影响，发现在中部地区基础设施支出竞争有利于促使经济增长率的提升，可能是因为中部地区目前正在承接东部地区大量的产业转移，需要相应的基础设施支出支持。但从全国的经验数据看，过度的基础设施支出竞争却影响了地区经济增长率的提升，这可能是因为在有些地区过度的基础设施支出会造成重复建设和资源的浪费。而对地区财政支出竞争与经济增长水平差距进行的空间计量结果显示，过度的基础设施支出竞争会显著拉大地区间的经济增长水平差距。

所有这些表明我国地区间发展差距除了受市场“无形的手”主导，还有政府“有形的手”带来的干扰。为了规范我国地方政府财政竞争行为，协调地区间的经济增长，使地方政府财力水平和公共品供给向更均衡、健康的方向发展，本书第八章提出了相对应的完善措施。这些措施包括完善地方政府绩效考评体系、合理导向财政竞争目标，规范引导不同各地区税收竞争行为与秩序，促进财政竞争向财政竞合转变，完善招商引资方式、提升经济高质量发展，促进人口合理流动、提升公共品供给效率和完善转移支付制度、缩小地区发展差距等。

目　录

第一章 导　论

第一节　选题背景及问题的提出

长期以来，对地区经济发展差距的研究一直属于增长经济学和发展经济学的范畴，该领域先后经历了新古典增长理论、新增长理论、非均衡理论和新经济地理理论四个阶段。

新古典增长理论认为在要素自由流动的前提下，发达地区与欠发达地区的经济差距最终趋于收敛（Solar，1956 & 1957；Barro 和 Sala - i - Martin，1991 & 1995）。但是现实对新古典增长理论提出挑战，20 世纪中叶以后发达国家与欠发达国家的经济发展差距并没有出现收敛现象，而是不断扩大（Heston 和 Summer，1988 & 1991）。新增长理论对此的解释是技术和人力资本是重要的内生增长力量，发达地区拥有比欠发达地区更好的技术进步和人力资本，因而拥有比欠发达地区更高的经济增长率（Romer，1986；Lucas，1989；Barro，1990）。

在发展经济学者看来，欠发达地区对发达地区的经济追赶并不是匀速直线的，而是非均衡的。这种“非均衡”可能是部分地区会先成为“增长极”点（Perroux，1950），然后发达地区与欠发达地区之间存在“回波效应”（backwash effects）和“扩散效应”（spread effects），其发展差距趋于收敛还是发散取决于这两种效应的大小（Myrdal，1957 & 1958；Chen 和 Patridge，2011），甚至有可能是一种倒“U”形，即区域经济发展差距会随着经济增长水平的持续增加出现先发散后收敛的趋势（Williamson，1965；杨开忠，2013）。而新经济地理理论则是针对经济活动中出现了大规模的新现象，即经济的空间集聚（agglomeration），提出区域经济发展中存在“中心—外围”模式，可能进一步拉大区域发展差距（Krugman，1991；Fujita 等，1999；Chen 等，2014）。

随着我国经济改革的逐步深入，各地区经济格局发生了巨大变化，国内学者对区域间的经济发展差距与协调开始逐渐关注，涌现出一大批卓有成效的研究（蒋青海，1992；陈栋生，2005；金煜、陈钊和陆铭，2006；范剑勇，2010；杨开忠，2013；张学良，2013；陆铭和向宽虎，2014；薄文广和安虎森，2016；王如玉和梁琦，2019）。但是这些理论对区域发展差距的解释多是从增长经济学和发展经济学出发，站在市场自身角度而言。实际上仅仅是“市场竞争”还不能完全解释中国经济增长之谜和地区发展差距问题（周业安，2003；张军，2005；黄素心和王春雷，2015）。中国地方政府间相互关系常处于“兄弟竞争”状态，他们之间为了经济增长，相互争夺资源，对区域间发展差距的产生和变动起了重要影响（Walder，1995；樊纲和张曙光，1990；张军，2005；蔡玉胜，2006；王美今等，2010；周业安等，2012；李永友，2015；赵全军，2021）。其中，地方政府间的财政竞争是指地方政府出于追求本地区利益最大化，通过收入和支出政策的模仿与竞争来吸引优质生产要素的流入，它是政府间竞争在财税领域的具体表现。

中国自改革开放四十多年来，地区发展、人民生活、城市面貌等社会各方面都经历了日新月异的变化，各领域取得了长足进展，有些领域的成就甚至举世瞩目。在整体经济的长足发展中，中国区域间的发展差距到底是扩大了还是缩小了，是一个值得深思的问题。

在这之中，“市场之手”扮演的作用清晰明了。一方面，“市场之手”让各区域经济都取得了巨大进步，整体增长得到了保障；另一方面，各区域主体像在比赛中的赛手一样，各自天赋不同，后天努力也不同，在比赛中逐渐拉开了差距。市场经济中，“竞争”是应有之义，竞争的结果就是差距存在。

然而，中国的区域之大也意味地方政府众多，各地方政府在这场竞争中并不是被动参与，常常是主动出击，“政府之手”在竞争中也是不可忽视的。最后，政府间竞争政策都要落实到地方政府财力上来。政府为招商引资减免、返还的税收会减少地方政府可用财力；但是资本流入会促进GDP增长，相应地，地方政府财力也会增长，这是税收收入竞争。政府为招商引资进行的基础设施建设等支出，短期也会造成财力减少，但如果招商引资成功，长期政府财力也会增加，这属于财政支出竞争。在“有所为有所不为”理念指导下，地方政府与经济的关系紧密相连，财政竞争在地方政府间广泛存在。区域发展的指标常是多维的，本研究无法全部涉及，在这之中，与地方民众和地方政府密切相关的主要有地区经济增长、公共品供给水平和地方政府财力水平。那么财政竞争对区域间发展差距起到了什么作用呢？对区域间的政府财力、公共品供给和经济增长差距起到了缩小还是拉大的作用？

首先，发达地区因具有经济集聚优势，有可能与欠发达地区采取不同的税收竞争策略。比如企业在选择投资地址时不仅要考虑税收优惠政策，还需要考虑离上下游企业的距离、离产品市场的距离以及是否有合适的劳动力市场等因素。这是否会导致要素集聚的东部地区征收税收集聚租，从而进一步拉大东部与中西部地区的财力收入差距？

其次，伴随着产业和经济的空间集聚，人口要素也逐步集聚到发达地区，发达地区和欠发达地区地方政府是否会像蒂布特模型描述的那样为吸引人口聚集而展开公共品供给竞争？它对区域间公共品供给差距有什么影响？

最后，税收竞争和财政支出竞争都会对经济增长产生影响，地方政府之间展开的财政竞争对区域间的经济增长差距产生了何种影响？

这些都是本书的研究重心，区别于以往从市场竞争的角度看待区域间发展差距问题，本书将从政府间财政竞争的角度来分析其对区域政府财力差距、区域公共品供给差距和区域经济增长差距的影响。特别是结合新经济地理的研究框架，关注经济集聚背景下，地方政府间财政竞争的异质性对区域发展差距的具体影响，这些内容在国内尚未得到充分研究，相关成果将对从完善政府自身竞争的角度为促进区域协调发展提供思路和参考。

第二节 主要概念界定

一、政府竞争

Breton（1996）认为政府是某些类产品的生产和提供者，在这些产品的生产和提供上，它们与政府之外的机构之间存在竞争。而在政府内部，它们与上、下级政府在纵向资源配置上存在相互竞争，与同级政府在横向资源配置上存在竞争。本研究主要关注的是地方政府竞争，它是指除了中央政府之外其他级别的政府间横向竞争；但同时中央政府与地方政府之间的纵向竞争关系可以视为地方政府横向竞争的外围环境。

在已有文献中，对政府竞争的理解有多种意思。刘汉屏和刘锡田（2003）认为地方政府竞争是指一个国家内部不同行政区域地方政府之间为提供公共物品，吸引资本、技术等生产要素而在投资环境、法律制度、政府效率等方面开展的跨区域政府间的竞争。中国地方政府竞争课题组（2002）认为地方竞争是市场经济中当地政府，当地化的企业、居民、区位和资源等非流动要素围绕获得更多的价值收益在吸引、拥有、控制和转化资源，占领和控制市场等方面与其他城市所进行的竞争。并且把地方竞争分解为两个层面，即产品市场面的竞争和非流动要素面的竞争。在前一种定义中，包含地方政府竞争的主要目的是提供公共品的假设，而后一种理解则认为地方政府的竞争的目的是获得更多的价值收益，这种价值收益狭义理解则是资本投资回报，并且还认为地方之间的竞争主体不仅局限于政府，其他各类主体也会参与到整体竞争中。从这个角度来说，“地方竞争”覆盖的范围比“地方政府竞争”还要更广阔。但有一点是明确的，地方政府竞争的内容是多维的，包括“制度竞争、公共物品供给与融资的竞争、公共政策竞争、政府管理竞争、资本可得性以及地方政府学习过程的竞争等”（中国地方政府竞争课题组，2002）。

冯兴元（2006）参考了 Breton 的思想指出“政府竞争不仅指一地政府与另一地政府之间的竞争，而且还涉及政府内部部门之间的竞争以及政府与政府之外的组织与个体的竞争。也就是说，政府竞争包括政府间竞争，政府内部的竞争以及政府内外的竞争。顾名思义，地方政府竞争是指地方政府涉足其中的政府竞争行为”。这种解释无疑是最广泛意义上的政府竞争，本书所指范围仅存在于政府之间的竞争。

周业安等（2004）认为“地方政府竞争”这一概念基于一种一般性的想法，即市场经济各区域经济体中的政府围绕吸引具有流动性的要素展开竞争，以增强各区域经济体自己的竞争优势。区域经济体设计竞争战略（包括制度环境、政策、区位、营销等），旨在吸引资本、劳动和其他投入要素以尽可能提高当地的福利和人均收入。

从这几种理解中可以看出政府竞争是全方位的，包括政策制度、区位位置、政府管理服务等，而竞争的直接目标被定位于吸引生产要素。财政竞争属于政府竞争的一部分，它是政府关于公共品提供和融资的竞争。

二、财政竞争

在理论上人们对财政竞争的认识是一个逐渐深入的过程。最初，学者们多关注税收竞争（Starret，1980；Wilson，1985 & 1986；Zodrow 和 Mieszkowski，1981；Hoyt，1990），认为其是财政竞争的主要形式，某些情况下人们更是将其混同一体。如 Mintz 和 Tulkens（1986）认为财政竞争源于某个辖区具有通过调整区域内税收政策而对其他辖区的税基产生影响的可能。直到 Wildasin（1988）指出税率仅是财政政策的一方面，财政支出政策也是重要的财政竞争策略，财政竞争才和税收竞争得以区别。理论上，财政竞争包括税收竞争。Day（1992）验证的财政竞争策略则不仅包括税收竞争和财政支出竞争，还包括政府转移支付和失业保险金的策略。显然，财政竞争的范围或竞争的策略手段要比之前宽泛得多。

本书论述的财政竞争表现为地方政府间财政政策的策略互动（Strategy Interaction）行为，是指某一地区的财政政策受到其他地区对应政策的影响。Brueckner（2003）曾将政府间的策略互动划分成两种，相对应地，财政竞争的机制也可以概括为两种：一种是由要素流动引起的，政府间围绕总量水平固定的要素争夺引起的财政竞争，主要是指税收竞争；另一种是由于某地区的财政政策产生外溢性，从而使其他地区进行类似的模仿政策，支出竞争可以被归纳为此类。因此，本书所述财政竞争既包括财政收入竞争即税收竞争，也包括财政支出竞争。本书第五章主要述及的是税收竞争，第六章主要述及的是财政支出竞争，而第七章则包括两种形式的财政竞争。

三、区域发展差距

区域发展差距是我国各地区间发展水平存在的客观差异，这种差异既包括空间上，也包括时间上的。而体现区域发展更是多个维度，本书是从经济角度选取了与地方政府和地方群众生活密切相关的公共品供给、政府财力收入水平和经济增长三个指标来衡量区域发展差距。我们在第三章中衡量的差距既包括时间维度的，也包括地理维度的差距。而在第五、第六和第七章实证分析中主要侧重于反映三个指标在三大地区地理维度上的差距。

第三节　主要内容

一、研究对象

本书的研究对象包括地方政府间的财政竞争和区域发展差距。前者是指地方政府围绕收入和支出进行的各种竞争。这种竞争有时表现为抢夺有限的资源，如税收收入竞争中，各地区为吸引资本的流入纷纷降低实际税负水平；有时表现为相互间的模仿和超越，如公共支出竞争中，各地区纷纷上马一些“政绩工程”，在基础设施支出方面进行模仿和赶超。区域发展差距是指区域间在经济增长、地方政府财力水平和公共品供给水平上的差距，具体包括组间差距和组内差距。市场自由竞争会造成三大地区发展差距，政府间主动竞争也有可能造成发展差距，本研究主要关注的是后者。

二、研究基本思路

本书的主体研究思路是围绕着区域发展的三个指标，即地方政府财力水平、地区公共品供给和地区经济增长，分别厘清财政竞争与这三个指标的关系，然后探讨财政竞争对这三个指标区域间差距的影响机制，运用合适的计量方法对财政竞争和地区发展差距进行实证分析，最后根据实证分析的结果提出规范财政竞争行为、促进区域协调发展的对策建议。

本书各章结构安排思路是，第一章是导论部分，对选题背景、关键概念、研究对象、研究思路、研究创新与不足进行概述；第二章是对国内外相关文献进行梳理，并给予必要的简评；第三章将对区域发展差距的现状做一个全面的描述。结合陈栋生（2005）的观点和我国对地方政府的绩效考评体系，本研究认为经济增长、政府财力和公共品供给水平是反映地区发展的三个重要指标。因此，本部分将分别采用变异系数法、基尼系数法和GE指数分解法来具体测量区域发展的差距现状。第四章对财政竞争如何影响区域发展差距进行机制分析，在政府绩效考核体系以经济发展为导向的背景下，财政竞争的主要目标是经济增长，同时财政竞争的两大策略手段——收入竞争和支出竞争将直接影响区域的财力和公共品的供给。本部分将通过一个多重目标委托—代理下的博弈论模型，探讨在现有的中央对地方政府多重绩效目标考核模式下，地方政府的行为目标如何影响着地方政府的财政竞争行为，又如何进一步影响到区域发展差距。第五章分析财政竞争对区域政府财力差距的影响。在要素集聚背景下，要素集聚中心地区和外围地区将采用不同的财政收入竞争策略，从而对不同地区的财力收入产生不同的影响。本部分首先将结合经济地理框架探讨中心地区的税收集聚租（Tax Agglomeration）问题，分析其对中心和外围地区的财力水平差距产生的影响。接下来本部分将运用空间计量模型探讨经济集聚背景下地方政府税收竞争对区域间财力水平差距的影响。第六章分析财政竞争对区域公共品供给差距的影响。随着经济集聚的特征愈加明显，人口也呈现出不断集聚的趋势，优质的人口要素不断集聚到发达地区。当政府间对资本要素的争夺趋于均衡时，不同地区对人口要素的争夺也会出现新的策略，比如对地区公共品的供给。因此本部分运用空间计量模型具体分析我国人口流动对区域公共品供给差距的影响。第七章分析财政竞争对区域经济增长差距的影响。财政竞争通过税收和支出两方面的政策来影响区域的经济增长，因此该部分主要有两方面内容。一方面是按照财政收入竞争—资本流动—地区经济增长率的逻辑，分析财政收入竞争对区域经济增长差距的影响；另一方面，不同类别的财政支出对经济增长的促进作用不同，该部分还将运用空间计量的方法测算财政支出竞争对区域经济增长差距的影响。最后第八章将在上述分析基础上，总结财政竞争对区域发展差距的影响，并讨论如何完善现有政策，使财政竞争行为有利于区域间协调发展。

三、研究框架

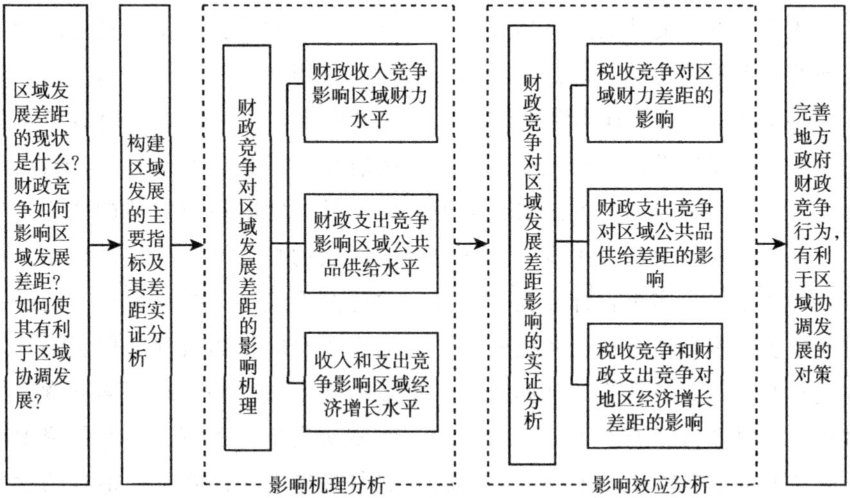

图 1－1　研究框架

四、研究方法

本研究将在公共经济学、区域经济学、经济地理和发展经济学等多学科交叉领域进行综合研究，拟采取的主要方法有：（1）变异系数法、基尼系数法和 GE 指数分解法：对区域间和区域内经济发展指标存在的差距进行具体分解。（2）博弈论分析法：主要运用多重目标委托—代理下的博弈论模型，探讨地方政府在中央政府现有多重绩效目标考核模式下，为何被激励成只围绕着容易量化的经济增长指标而偏离了其他指标的发展模式。（3）空间计量实证分析法：包括运用空间自回归模型、空间误差模型、空间杜宾模型和空间杜宾误差模型对财政竞争影响区域间发展差距进行实证分析。

五、研究创新和不足

（一）学术思想与观点的创新

1. 从政府财政竞争的角度思考其对区域发展差距的影响。既有研究多从市场竞争的角度看待区域间发展差距问题，而本研究是从政府间财政竞争的独特视角来分析其对区域财力差距、区域公共品供给差距和区域经济增长差距的影响。

2. 异质性财政竞争对地区政府财力差距的影响。传统的财政竞争多以竞争主体同质性为假设，认为地区政府财力趋于下降。在要素集聚背景下，地区之间异质性大为增强，这对区域间政府税收竞争行为产生了影响。我们发现发达地区由于具有产业集聚的优势居于竞争的中心地位，可以与欠发达地区采取不一样的竞争策略，并没有采取传统的“逐底竞争”方式，而是会征收税收集聚租，这会进一步拉大地区间现有的政府财力差距。

3. 财政竞争中的人口竞争对地区公共品供给差距的影响。财政竞争不仅包括对资本生产要素的争夺，也包括对人口要素的争夺。现有研究多关注前者，而忽视了财政竞争中的人口竞争对地区公共品供给差距的影响。我们发现中东部地区高素质人口集聚有利于促使本地提高教育类等软公共品的供给，这可能会进一步拉大地区间的公共品供给差距。

4. 比较了两种不同形式的财政竞争，即税收竞争和财政支出竞争对经济增长差距的影响。我们发现，税收竞争程度对地区经济增长差距没有显著影响，而基础设施类的财政支出竞争将不利于缩小地区间经济增长差距。

（二）研究方法的改进

1. 借鉴新经济地理的研究范式。现有的财政竞争研究多在古诺—纳什的竞争框架探讨，不能反映最新的经济集聚现象。本研究借鉴了新经济地理的研究范式，将不同区域划分成中心—外围的异质性模式，探讨异质性区域间财政竞争对区域发展差距的变动影响。

2. 采用空间杜宾模型和空间杜宾误差模型等空间计量方法。考虑到普通空间计量方法容易忽略控制变量中受相邻地区财政竞争行为的影响，我们采用了空间杜宾模型和空间杜宾误差模型来进行实证分析。

3. 分税种、分地区、分产业探讨了税收集聚租的分布情况。我们发现东部地区的工业企业增值税方面存在税收集聚租，第三产业在增值税和企业所得税方面都存在税收集聚租；西部地区在工业企业增值税方面存在税收集聚租，第三产业在企业所得税方面存在税收集聚租。而中部地区尚未发现显著的税收集聚租现象，有可能是因为中部地区税收竞争效应最强，还以传统“逐底式”竞争为主。

研究的不足之处：一是体现在数据来源的局限性上，比如财政收入和支出数据上主要采取了一般公共预算内的数据。实际上，地方政府的政府性基金支出中也安排了比例不低的基础设施类支出，由于各地政府性基金支出目前缺乏详细分类数据，因而不能对这一块政府支出竞争情况作比较分析，可能会遗漏一些发现。

二是考虑到本研究关注的是三大地区间发展差距，特别是一些具体公共品供给指标如人均道路面积等指标省级以下微观数据缺乏，因此选用的数据主要局限于省级中观层面，而对省级以下微观数据的研究是今后需要进一步关注的方向。

第二章　国内外研究现状

第一节　财政竞争与区域经济增长差距

一、区域间经济增长差距的理论与验证

长期以来，对地区经济增长及差距的研究一直属于增长经济学和发展经济学的范畴，这方面的研究先后经历了新古典增长理论、新增长理论、非均衡理论和新经济地理理论四个阶段。

新古典增长理论认为在要素自由流动的前提下，发达地区与欠发达地区的经济差距最终趋于收敛（Harrod，1939 & 1948；Domar，1947；Solow，1956 & 1957；Baumol，1986；Barro 和 Sala－i－Martin，1991 & 1995），这个结论的一个重要前提是资本收益是规模递减的。但是现实对新古典增长理论提出挑战，20 世纪中叶以后发达国家与欠发达国家的经济发展差距并没有出现收敛现象，而是不断扩大（Heston 和 Summer，1988 & 1991）。新增长理论对此的解释是技术和人力资本是重要的内生增长力量，发达地区拥有比欠发达地区更好的技术进步和人力资本，因而拥有比欠发达地区更高的经济增长率（Romer，1986；Lucas，1989；Barro，1990）。

在发展经济学者看来，欠发达地区对发达地区的经济追赶并不是匀速直线的，而是非均衡的。这种“非均衡”可能是部分地区会先成为“增长极”点（Perroux，1950），然后发达地区与欠发达地区之间存在“回波效应”（backwash effects）和“扩散效应”（spread effects），其发展差距趋于

收敛还是发散取决于这两种效应的大小（Myrdal，1957 & 1958；Hirschman，1958；Patridge 等，2007；Chen 和 Patridge，2011），甚至有可能是一种倒“U”形，即区域经济发展差距会随着经济增长水平的持续增加出现先发散后收敛的趋势（Williamson，1965；杨开忠，2013；陈梦根和张帅，2020）。而新经济地理理论则是针对经济活动中出现了大规模的新现象，即经济的空间集聚（agglomeration），提出区域经济发展中存在“中心—外围”模式，可能进一步拉大区域发展差距（Krugman，1991；Fujita 等，1999；Baldwin 等，2003；Chen 等，2014；Liu 和 Xie，2015；邓若冰和刘颜，2016；张廷海和王点，2018）。

结合国内的实际发展情况，大量文献验证了中国的地区间经济增长是否与理论分析相一致。一些文献发现我国地区间经济增长差距呈现扩大的趋势，当然这些发现观测的对象处于不同的历史时期，大多数是改革开放后早期阶段（杨开忠，1994；宋学明，1996；王绍光等，1999；刘夏明等，2004；朱国忠等，2014；戴觅和茅锐，2015；师博和任保平，2019）；另一些文献则表明，1978 年后实行的市场经济有助于收敛区域间的经济增长差距（Chen 和 Fleisher，1996；魏后凯，1997；刘树成和张晓晶，2007；王宝顺和徐绮爽，2021）。从地区角度来看，大量文献支持中国区域间已经形成东部、中部、西部地区三大“俱乐部”，存在“俱乐部效应”，即地区内部的差距较小，而地区间的差距较为明显。（林毅夫等，1998；赵伟和马瑞永，2005）如果拉大时间维度来看，大部分文献支持改革开放后我国区域间经济增长差距呈现倒“U”形趋势（刘树成和张晓晶，2005；沈坤荣，2006；陈梦根和张帅，2020）。

二、对区域间经济增长及其差距的解释

如果把所有影响区域间经济增长差距的因素笼统地分为市场和政府两类，则差距的变化取决于市场与政府的力量博弈。杨开忠（1994）认为我国区域间经济差距是政府与市场力量博弈的结果。当政府放松管制，地方和企业的自主权利更大时，部分先进地区自我积累和自我发展能力较强，区域间经济差距会增大。而当政府增强管制时，企业的自主权利更小，先进地区积累和发展能力受到限制，区域间经济差距会缩小。当然，这里的

企业更多指的是国有企业。

大量文献从市场角度解释了影响地区经济增长差距的因素。王小鲁和樊纲（2004）从市场中各种生产要素的流动性，包括资金、劳动力的流动、人力资本的存量和物质资本的流动性对地区经济差距的影响进行了分析。他们认为市场和政府主导资金流向的不同对经济发展差距产生了影响。20世纪90年代市场主导型资金主要流向东部地区，带动了东部地区经济增长，扩大了地区经济发展差距；而政府主导型资金，包括财政资金和政府贷款资金，主要流向中西部地区，有利于缩小地区经济发展差距。其他从市场角度的解释因素还包括产业结构、投资率、市场开放度、就业率、FDI、对外贸易、经济增长方式（刘夏明等，2004；刘力，2005；石磊，2006；蔡昉和都阳，2010；戴觅和茅锐，2015；邓忠奇，2020；王晓玲等，2020）。也有从微观机制提供解释原因的，赵伟和马瑞永（2005）从资本、技术和劳动力三个生产要素的角度讨论了它们自身收敛机制的发挥与经济增长之间的关系。刘贯春等（2020）从地区经济增长的分解结果发现全要素生产率是导致各地区经济增长路径差异的原因。

也有不少学者从政府的角度解释对区域经济增长差距的认识。一些文献围绕政府主导的倾斜性政策是否会改变区域间的经济增长差距展开争论。刘生龙等（2009）使用DID的方法验证了西部大开发政策的干预确实有成效，相对于中东部地区，西部地区在2000年前后的经济增长速度要快1.5个百分点，政府的主动干预有利于缩小地区间经济增长差距。而林毅夫和李培林（2003）则认为政府对地区经济增长的干预基本处于无效状态，原因是政府的干预政策往往采用了赶超策略，违背了地区要素结构的比较优势，导致地区的经济增长水平低于最优增长水平。刘瑞明和赵仁杰（2015）运用改进的PSM－DID方法分析了西部大开发政策效果，发现存在“政策陷阱”，致使西部地区的人均GDP并未取得快速增长。

三、财政竞争与区域经济增长的关系

财政竞争与财政分权紧密联系，Qian 和 Weingast（1996）开创的第二代财政分权理论认为总体上分权导致的竞争会优化资源配置，促进经济增长。在财政分权背景下，地方政府官员在“晋升锦标赛”压力体制下，地方政府的行为路径基本上围绕“为增长而竞争”（周黎安，2004 & 2007；张军和周黎安，2008；王宝顺和徐绮爽，2021）。一些实证分析表明财政分权和财政竞争总体上有利于经济增长（李永友和沈坤荣，2008；刘生龙和胡鞍钢，2011；邓明，2013；童锦治等，2013；李社宁和马楠，2015），也有人认为不同地区财政竞争或不同类型财政竞争与经济增长的关系并不完全一致（张福进等，2014；许坚和马广程，2021）。一些文献还区分财政支出类别对财政竞争与经济增长的关系进行了实证分析（林建浩，2011；刘生龙和胡鞍钢，2011；王丽娟，2011；周业安等，2012；郭玉清和姜磊，2013）。但多数文献只是关注财政竞争对地区经济增长的影响，只有少数文献直接关注了财政竞争对区域经济增长差距的影响（伍文中，2011；曾淑婉等，2015）。

第二节　财政竞争与区域政府财力差距

一、国外文献综述

关于财政竞争对区域政府财力的影响多从税收竞争对地区税负水平影响的角度来间接探讨两者之间的关系，这方面的研究可以分为两个阶段。

传统研究多在古诺—纳什竞争框架中，以地方政府为同质性研究对象为假设，认为地方政府为吸引有限的资本流入，会相互降低各自资本税率，这种恶性竞争会导致地方政府税收收入的普遍减少（Oates，1972；Zodro 和 Mieszkowski，1986；Wilson，1999；Keen 和 Konrad，2014；Altshuler 和 Goodspeed，2015）。

而自从 Krugman（1991）提出新经济地理的理论后，学者们在新的研究框架中对该问题又有了新的看法。根据新经济地理理论，由于区域间存在经济集聚效应，不同的区域不再被看作同质性研究对象，而是分为中心—外围（core—periphery）模式。由于中心区域具有要素集聚的优势，可以征收税收集聚租（agglomeration rent），从而中心区域可以采取和外围地区不同的竞争策略，并不需要都采用一致的税负降低策略，因而中心区域的地方政府税收收入并不一定减少。Andersson 和 Foslid（2003）在新经济地理学框架下讨论了税收竞争模型，得出不同于传统税收竞争模型的结论：产业在某个地区的集聚会使资本流动性有所降低，在要素充分流动的条件下，即使地方政府对该产业中的企业提高税率，资本也不会因为税率提高而转移到其他地区。Baldwin 和 Krugman（2004）构建了“中心—外围”模型，认为产业倾向于集中在中心地区，拥有产业集聚的中心地区可以设置比外围地区更高的税率，却不用担心资本的外逃。一些研究对美国、法国、瑞士、西班牙、德国以及欧盟 15 国的经验研究均支持了资本税率与经济集聚正相关的结论，即集聚租的存在使流动要素未必会对税率的边际变动做出反应。（Charlot 和 Paty，2007；Kohlhase 和 Ju，2007；Hill，2008；Luthi 和 Schmidheiny，2011；Brülhart 等，2012；Koh 和 Riedel，2013；Jofre 和 Monseny，2013；Hansson 和 Olofsdotter，2013；Fréret 和 Maguain，2017）

二、国内文献综述

国内学者关于对区域间财力差距问题的认识集中于从市场和政府两个不同角度进行分析。一方面，由于市场经济的竞争，地区间经济水平差距是导致地区间财力差距的重要客观原因，特别是产业结构差异造成的地区间税源能力差距；另一方面，从政府的角度来看，税制体系、税收征管制度和税收优惠政策又是造成地区间财力差距的重要政策因素（乔宝云和王道树，2004；王金秀，2007；刘亮，2007），而且在某些特定时期中央对地方的转移支付政策也没能起到缩小区域间政府财力差距的目的（尹恒等，2007）。

从文献研究来看，集中于从政府间竞争或者财政竞争的角度来探讨其对区域间财力差距影响的直接文献较少。和国外文献研究的思路一致，早期国内关于税收竞争对地方政府财力的影响多是遵从古诺—纳什竞争分析框架，得出税收竞争会导致地区有效税率降低，从而隐含着地方政府的财力会降低（沈坤荣和付文林，2006；袁浩然，2008；郭杰和李涛，2009）。有些文献从异质性角度出发，将地方政府分为富裕地区和欠发达地区、沿海地区和内陆地区，有些将企业区分为内资企业和外资企业，或者将税种区分成不同税种，基本结论并无大的变化（龙小宁等，2014；杨龙见和尹恒，2014；何益欣，2021）。钱金保和才国伟（2017）采用了政府换届等方法识别出地方政府间的税收竞争机制更多集中于标杆竞争（yardstick competition），但是其分析框架仍然局限于古诺—纳什竞争分析框架。

只有少量相关文献是从新经济地理分析框架出发，借鉴中心—边缘模式来分析中国经济集聚背景下税收竞争导致的地方政府财力变化，但对于税收竞争是否因经济集聚而发生变化，学者们的观点持不同意见。一方面，钱雪锋等（2012）运用地级市工业企业微观数据库对经济集聚和实际税负的关系进行了回归分析，验证了1999—2007年就总体范围看地方政府并没有对集聚租进行征税，但是在分地区的分析中有部分政府对集聚租进行了征税。他们认为中国特色的财政分权制度使得官员偏重对GDP绩效考核，因而不会随便征收税收集聚租。另一方面，吴斌等（2019）运用1996—2015年的省级宏观数据对产业集聚和企业实际税负的关系再次进行了验证，他们得出实际税负与经济集聚之间存在非线性的“U”形关系，也即在经济集聚初期，税收竞争仍保持着传统的“竞次”秩序，而到了形成一定规模的集聚状态时，税收竞争的集聚租形式出现了。薛刚等（2020）也得出经济发达地区已存在对税收征收集聚租的情况，而经济欠发达地区仍然存在“逐底”税收竞争。龚锋等（2021）发现城市群的经济集聚会改变税收竞争的“逐底行为”，改变了地方政府对税收竞争的依赖。

第三节　财政竞争与区域公共品供给差距

一、国外文献综述

财政竞争与公共品供给的关系是西方财政竞争文献研究的最初目标，因为地方政府对公共品的提供效率通常被视为地方政府的重要政绩。因而，虽然财政竞争的关注范围不断拓宽，但公共品供给效率问题是学者们研究财政竞争的最初动力，也是最重要的关注点。

尽管有时研究框架和方法不同，但总体上学者们有关财政竞争对公共品提供影响的论点可以分为“财政竞争有效论”和“财政竞争无效论”两种。

财政竞争无效论认为，为吸引资本的流入，辖区间竞相采取低税率，这影响到税源的充足，从而使公共品提供水平低于最优水平。比如 Oates（1972）就认为，税收竞争的结果会导致公共支出水平低于最优效率水平。为吸引资本的流入，各辖区纷纷采取对资本征以较轻的税，导致地方政府的公共支出水平很有可能低于边际收益等于边际成本的最优水平，特别是那些不能直接吸引商业投资的项目会受到更明显的影响。Wilson（1985 & 1986）分别检验了两种类型的资本税类税收竞争。在资本可自由流动的基础上，辖区间的税收竞争可能导致生产流动性商品的商业资本相对于生产在本辖区内消费性商品的商业资本承担更轻的税。而如果对辖区内资本统一税率的话，则税收竞争的存在会使地方政府为吸引资本流入倾向于设置较低税率，从而影响到公共服务总量的提供和居民福利的低水平。Zodrow 和 Mieszkowski（1986）论证了 Pigou（1947）的结论，在假定资本具有流动性并且财产税是地方政府提供公共品来源前提下，将地方政府税收竞争归纳为古诺—纳什均衡，得出如果由扭曲性财产税来提供为公众直接消费的公共品和进入生产领域的中间公共品时，其提供量都将低于由人头税作为提供来源时所能提供的最优量。Hoyt（1991）的方法是通过比较竞争辖区数目减少之后，辖区的税率、公共支出水平和居民福利都较以前有所提高，从而从侧面验证了税收竞争的无效性。也有学者从机制上质疑“以脚投票”引起的政府间财政竞争的有效性，如 Hoyt（1990）比较了限制政府提供公共品低效性的两种手段，即政治约束和税收竞争约束，发现后者并不能对政府的这种低效起到有效约束作用。Wildasin（1988）在不完全竞争框架中比较了财政竞争的两种策略竞争均衡，结论认为相对于税收竞争来说，在某些特定条件下，当辖区内预算支出受到预算收入约束时，财政支出竞争的结果会使辖区税率更低，公共品提供水平也更低。但随着竞争辖区数目的增加，竞争从不完全状态趋向于完全竞争状态，这两种财政竞争的结果差异会逐渐缩小，直至消失。区别于之前的研究多集中于公共品提供的总体规模，Keen 和 Merch（1997）则更关注财政支出竞争对公共品提供的结构性扭曲，他们把公共品分为两类，一类是进入非流动居民效用函数的 G 产品，另一类是进入生产函数的 P 产品。在资本流动的条件下，他们得出财政支出竞争容易导致G产品提供不足，而P产品提供过量，对这种产品结构进行调整有助于提高辖区的居民福利。

持“财政竞争有效论”的主要以Tiebout（1956）为代表，他认为在要素流动无成本的假设下，地方政府为争夺优质要素的竞争会促使其提供更为有效率的税收—公共支出组合，从而提高公共品供给的效率。Starrett（1980）则认为考虑财政竞争对公共品提供是过量还是不足时，还需要考虑不同的税收来源方式对它的影响。当征税对象是辖区内土地时，由于税基是固定的，人口的流入并不能增加新的税源，反而会提高公共品消费的拥挤成本，因此各辖区倾向于限制公共品的有效供给，以阻止人口流入，尽量缩小辖区规模。但是当税基可变动时，例如以人口收入或消费为征税对象或者是以辖区内部分改良的土地为征税对象时，由于人口流入可直接扩大税基或者提高对改良土地的需求时，只要平均税率高于公共品消费的边际拥挤成本，则各辖区会倾向于过量提供公共品以吸引人口流入。Brennan和Buchanan（1980）是从政治经济学的角度出发的，认为政府官员会追求税收和公共支出的过高增长以谋求个人私利，而政府间的税收竞争正是联邦制度的有利一面，可以帮助限制这种不利趋势，使公共品的供给趋于有效状态。

对于这两种争论，Edwards和Keen（1996）总结认为，这两种争论立足于对政府的假设不同。前者假设政府是仁慈的公民利益极大化追求者，后者则认为政府是天生不可信的税收极大化追求者，因而导致了财政竞争对公共品提供产生不同影响的结论。

相对于关注财政竞争与公共品供给效率的研究来说，关注财政竞争对公共品供给差距的文献则寥寥无几。Cai和Treisman（2005）认为在一个中央集权体制下，异质性的区域间财政竞争会导致“一边倒”效应（One - sided effects），结果是前期基础较好的地区反而更容易获得公共投资。Liu（2013）则在此基础上证明如果上级政府出于财政均等化的目的进行转移支付的干预，则这种财政竞争的“一边倒”效应会被削弱。

二、国内文献综述

相对于国外文献更侧重于从公共品供给效率来看，国内文献则更关注于公共品供给公平问题，特别是在财政学领域，这与2006年以来党的多次报告中都提出要实现“基本公共服务均等化”的目标有关（裴育和史梦昱，2018）。

目前，关于地区间公共品供给差距的存在原因，学者们持有的观点包括地方政府间经济增长差距过大（樊丽明和石绍宾，2009；严雅娜，2017）、分税制形成的中央地方政府间财力不均（张帆等，2020）、转移支付制度欠合理等（钟晓敏和赵海利，2009；许安拓等，2021）。也有学者认为政府的干预改善了区域间公共品的供给差距。陆铭（2016）认为政府和市场配置资源的方向刚好相反，市场是从效率的角度配置资源，政府有时为了追求公平，与市场配置的方向可能刚好相反，具体来说会倾向于欠发达的中西部地区。

对于完善公共品供给差距的对策有合理划分中央和地方的财权与事权（谢旭人，2009；崔惠民和张厚明，2011）、完善政府间转移支付制度（彭健，2010；吉富星和鲍曙光，2019）、增强地方政府的财力水平和完善公共服务均等化政策的法治化（范逢春，2016）。也有认为要从战略规划和绩效考评方面提出对策建议的（孙伟仁等，2016）。少数学者从地方政府经济赶超的角度出发，关注了其对公共品供给差距的影响（王胜华，2021），但是缺乏直接从财政竞争的角度探讨其对公共品供给差距影响的文献。

第四节 文献述评

总体而言，国内外学者对财政竞争与区域发展的相关方面进行了不同程度的探讨，但是对财政竞争影响下中国区域间发展差距的变动还缺乏全面研究，特别是结合最新的研究理论和方法。具体来说，还有下述问题需要特别关注。

1. 经济集聚对区域间财力差距变动的影响。发达地区因具有经济集聚优势，有可能同欠发达地区采取不同的税收竞争策略。比如企业在选择投资地址时不仅要考虑到税收优惠政策，还需要考虑离上下游企业的距离、离产品市场的距离以及是否有合适的劳动力市场等因素。这是否会导致要素集聚的东部地区征收税收集聚租，从而进一步拉大东部与中西部地区的财力收入差距？

2. 人口集聚对区域间公共品供给差距变动的影响。伴随着产业和经济的空间集聚，人口要素也逐步集聚到发达地区，发达地区和欠发达地区地方政府是否会像蒂布特模型描述的那样为吸引人口聚集而展开公共品供给竞争？它对区域间公共品公共差距有什么影响？

3. 不同类别的财政支出竞争对区域间经济增长差距变动的影响。不同类别的财政支出对经济增长的促进作用不同。地方政府围绕不同类别的财政支出竞争将对区域间的经济增长差距变动产生何种影响？

总体来说，国内从财政竞争的视角来看待其对区域间发展差距的影响还缺乏系统研究。一方面，对财政竞争影响区域经济增长差距、区域政府财力差距、区域公共品供给差距缺少全面的机理分析，这使得进一步的深入研究缺乏理论支撑点，得出的对策建议也不具有针对性；另一方面，现有的经验实证分析也并不丰富，不能相互佐证，而这些都留给本书继续深入研究的余地。

第三章　我国区域发展差距的现状

区域发展是对不同地区间发展全方位的描述，其所包含的维度丰富，至少包括人口、历史、经济、文化、交通、生态等多个维度。本研究聚焦于经济维度，主要关注区域间经济发展差距的变动。我国幅员辽阔，东部、中部、西部地区不仅地理位置差异较大，在经济发展上也存在客观差距，历史上就一直存在西北关外、中原地区和江南鱼米之乡的区分。而一个地区的经济发展既受到地理位置、历史发展条件等客观因素的约束，也有当前努力、政策优惠等主观因素的影响（夏永祥，1990）。

第一节　我国区域发展政策的历史变迁

一、1949—1978年：沿海支援内地新基地建设阶段

解放后我国面临的区域发展局面基本上是由旧中国遗留下来的，暂时领先的工业布局主要集中在东部沿海地区和东北地区。1950年，中苏两国签订友好同盟互助条约，同意在中国第一个“五年计划”时期（1953—1957年），由苏联援助中国建设156个重点项目。而关于这些重点项目的选址，时任国务院副总理兼国家计委主任的李富春同志认为厂址的选择要综合考虑经济成本、国防安全、其他产业配套以及短期和长期的问题[①]。这是当时指导新开工项目的基本思想，除了少数项目是依赖原有工业基础

---

① 《中国产经》编辑部：《第一个五年计划的编制与实施》，载《中国产经》2018年第3期。

的，更多的项目是让不同地区都有同等机会。因此，新中国“一五”时期开工的694个大中型项目中，设置在内地的数目多达472个[①]。到了“三五”时期，毛泽东同志在考虑沿海地区和内地的关系时指出：制订计划时，还要考虑打仗，考虑战略部署，要建立战略部后方。沿海也要好好安排，要发挥支援建设新基地的作用。特别是1964年美国发动了侵越战争，国际形势急剧变化。中央决定，为了战略安全，当时的工厂要尽快搬迁去二线、三线，所有物资向三线倾斜，大力发展三线建设[②]。这样，“三五”时期，全国基本建设总投资额的66%都投在了内地，“四五”时期三线的基建项目投资总额占到了全国41%左右。到1970年三线地区主要工业产品的生产能力已经接近同期东北地区的水平，而到了1975年，全国主要工业产品的生产30%以上都是由三线地区生产出来的，而主要军工产品的生产则占到全国50%以上[③]。

这一阶段出于特殊的战略背景以及当时对经济发展规律掌握不清的情况下，做出了优先发展内地特别是三线地区的策略，对于调整当时的工业产业布局有重要意义。但是从另一方面来看，这种调整力度过大，产业布局特别是重工业集中在三线地区，而没有考虑当地的历史发展基础，很多投资后期发现并不可持续，造成了不少的资源浪费，也人为造成了地区间的发展差距[④]。

二、1978—2000年：沿海地区优先发展阶段

改革开放以后，为了鼓励先进，“让一部分人先富起来”“先富带动后富”，国家对沿海地区和内地的战略关系发生了调整。“六五时期”提出要积极利用沿海技术经济基础，发挥沿海地区的特长，带动内地经济的进一步发展。“七五”时期则具体明确划分了东中西三个地区，三个地区的定位不同。东部地区确立为经济发展中心，中部地区定位于能源原材料中

① “一五”时期完成的国家建设部分重点项目：青藏公路、川藏公路、武汉长江大桥、玉门油矿、南昌飞机制造厂、长春第一汽车制造厂、鞍山钢铁公司。

② 国家计委计划经济研究所：《新中国国民经济计划史纲要（初稿）》（专辑二）第六章发展国民经济的第三个五年计划（1966—1970年），载《计划经济研究》1984年第11期。

③④ 蒋青海：《论区域经济协调发展》，载《学术论坛》1992年第3期。

心，而西部地区则定位于进一步开发。国家对东部沿海地区实行了倾斜政策。具体包括：

1. 设立沿海经济特区。1979 年，第一批对外开放的经济特区包括深圳、珠海、汕头和厦门四个城市。

2. 设立沿海对外开放城市。1984 年，大连、青岛、上海、广州、宁波、福州等 14 个沿海城市成为第一批对外开放城市。

3. 沿海经济开放区。在设立沿海经济特区和沿海对外开放城市的基础上，1985 年中央决定把长江三角洲、珠江三角洲和闽南厦漳泉地区确立为沿海经济开放区。1988 年又增加了辽东半岛、山东半岛和环渤海地区的一些市县作为沿海经济开放区。

这些地区组成了改革开放初我国沿海对外开放经济带，它们享受了包括土地使用、劳动力用工、税收政策、银行贷款、基础设施等各方面立体式的优惠政策。以深圳经济特区为例，其享受的税收优惠政策包括减免征收符合特区建设和生产所需的进口产品关税、出口关税免征、合资或外国企业企业所得税税率优惠且符合条件企业享受“两免三减半”或“一免两减半”政策，并且普通的流转性税收也享受免征或减半征收的优惠政策。这些优惠政策对促进沿海地区的招商引资和经济发展起到了重要的推动作用。

图 3－1 显示的是 1992—2000 年我国东部、中部、西部地区省均外商投资额的变动趋势[①]。从绝对数额看，东部地区的省均外商投资额远远高于中部、西部地区。1992 年东部地区省均外商投资额为 75.1 亿美元，中西部地区分别为 14.4 亿美元和 7.8 亿美元；2000 年东部地区省均外商投资额为 619.7 亿美元，中西部地区分别为 90.2 亿美元和 42 亿美元；从相对数额来看，1992—2000 年东部地区外商投资总额占全国总额的 84%，中西部分别只有 9.4% 和 6.6%。王志乐（1996）曾对跨国公司在华投资的状况做过调研，发现截止到 1995 年年底，德国和日本 30 家跨国大公司在华投资的 231 个项目中，只有 10% 左右投资在中西部地区，其他都在东部发达地区。

① 本书对东中西部地区的划分参考国土资源部的划分，其中东部省市有 11 个：北京市、福建省、广东省、海南省、河北省、江苏省、辽宁省、山东省、上海市、天津市和浙江省；中部省市有 8 个：安徽省、河南省、黑龙江省、湖北省、湖南省、吉林省、江西省和山西省；西部省市有 12 个：甘肃省、广西壮族自治区、贵州省、内蒙古自治区、宁夏回族自治区、青海省、陕西省、四川省、西藏自治区、新疆维吾尔自治区、云南省和重庆市。

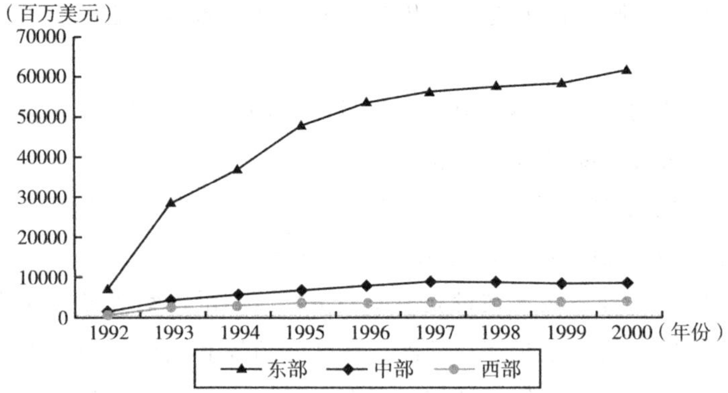

图 3－1　1992—2000 年东中西部地区外商投资平均额

数据来源：《中国统计年鉴》各年。

外商投资的引入不仅解决了地方发展亟需的资金问题，还带来了先进的管理经验和技术。技术产生的外溢性是经济内生增长的重要源泉，基于第三次工业普查的企业资料表明，平均行业中国外三资企业的数量每增加 1%，企业的技术效率将得到 1.1% 的提升（姚洋，1998）。因此，享受了优惠政策的东部沿海地区经济增长率普遍高于中西部地区，导致了区域间的经济差异进一步扩大。这种增长效应表现为平均外商直接投资（FDI）占当地 GDP 的比值每增长 1%，将导致当地人均 GDP 增长 0.27%（沈坤荣和耿强，2001）。

三、2000—2009 年：地区协调平衡发展阶段

沿海地区优先发展的策略对我们国家实现 20 世纪末国民生产总值比 1980 年翻两番的战略目标起到了重要推动作用，但是也带来了另一个重要影响，沿海和内地的区域发展差距愈加明显。“十五”计划已经明确认识到了区域发展差距问题，因此提出“今后五年要着力调整产业结构、地区结构和城乡结构”，在地区结构调整方面提出“实施西部大开发战略，加快中西部地区发展”①，并把此战略作为实现现代化建设第三步战略目标的

① 政策实施范围包括重庆市、四川省、贵州省、云南省、西藏自治区、陕西省、甘肃省、宁夏回族自治区、青海省、新疆维吾尔自治区和内蒙古自治区、广西壮族自治区 12 个省市自治区以及、湖北恩施土家族苗族自治州、湖南湘西土家族苗族自治州和吉林延边朝鲜族自治州 3 个地级行政区。

重要组成部分[①]。在这份规划中，东中西部地区根据自身的发展条件被赋予了不同的角色定位：东部地区要以发展外向型经济和高新科技为主；中部地区要利用区位优势，积极培育新的经济增长点和经济带；西部地区要立足自身力量，加快改革开放步伐，吸引资金、技术和人才等生产要素参与到西部大开发中来[②]。同时，这份规划还对区域协调发展作出了明确指示：东部地区要在经济技术方面加强与西部合作，带动中部、西部经济发展。

西部大开发的优惠政策包括[③]：

1. 加大资金投入政策。具体包括加大建设资金的投放规模，对于中央财政安排的资金、国家政策性银行等贷款的项目，应该尽可能地安排在西部地区。对于水利、交通、能源等基础设施的建设以及有特色的高新技术项目和军转民用技术项目等，应优先安排在西部地区。在财政转移支付方面，要逐步提升对西部地区的一般性转移支付力度。对西部地区进行生态环境保护实施的退耕还林还草等项目所需的资金和物品，主要由中央财政支付。

2. 改善投资环境政策。税收优惠方面，2001—2010 年，对设在西部地区符合鼓励类产业目录的企业，减按 15% 的税率缴纳企业所得税[④]。并且对西部地区政策实施后新开办企业，属交通、电力等行业企业，其主营业务收入占总收入 70% 以上的，可享受"两免三减半"的企业所得税优惠政策。外商投资企业投资 10 年以上的，从开始获利年度起，也可以享受"两免三减半"的企业所得税优惠政策。

3. 扩大对内对外的开放政策。在吸引外资方面，进一步向外商扩大投资开放领域，在西部地区的农业、水利、生态、旅游等基础设施建设和资源开发方面，鼓励外资进入。在对外合作方面，鼓励发展优势产品出口、对外工程承包和劳务合作、到境外特别是周边国家投资办厂，放宽人员出

---

①② 朱镕基：关于国民经济和社会发展第十个五年计划纲要的报告——2001 年 3 月 5 日在第九届全国人民代表大会第四次会议上，《中华人民共和国国务院公报》2001 年第 12 期。

③ 国务院：《国务院关于实施西部大开发若干政策措施的通知》，中国政府网，http://www.gov.cn/gongbao/content/2001/content_60854.htm。

④ 参见《财政部、国家税务总局、海关总署关于西部大开发税收优惠政策问题的通知》（财税〔2001〕202 号），2010 年后该政策得到了进一步延续。

入境限制。实行更加优惠的边境贸易政策，在出口退税等方面，放宽限制，推动西部地区同毗邻国家地区建立更加开放的合作关系。

4. 吸引人才和发展科技教育的政策。要吸引和用好人才、发挥科技主导作用，加强教育投入和文化卫生建设。在初等教育方面，提高国家对西部地区教育的投入，特别是义务教育的投入。在高等教育方面，扩大东部和中部地区高校在西部地区的招生规模，并且支持西部地区的高校建设。

2006年，国务院审议并正式通过了《西部大开发“十一五”规划》，西部大开发战略实施的第一个阶段为2001—2010年①。西部大开发的战略实施，对于促进西部地区进一步融入全国的经济发展和协调区域发展起到了重要的推动作用。2003—2007年，中央财政支持重点建设投资2800多亿元，中央财政对地方的转移支付累计4.25万亿元，87%用于支持中西部地区②。“十一五”规划期间，西部地区经济增长、财政收入和主要公共品供给速度均高于全国平均水平，具体如表3-1所示。西部地区进出口贸易总额和地方财政收入增速分别高于全国平均水平7.4个和4.2个百分点，铁路和公路营运里程以及“两基”覆盖率也有抢眼的表现，这些都说明西部大开发计划给西部发展提供了重要的基础设施保障和经济提升机会。但是居民的人均收入，特别是城市居民的人均可支配收入仍然低于全国平均水平，也说明了西部地区的发展同中部、东部地区仍有一定的客观差距。

表3-1　　“十一五”西部地区主要指标实现情况

指标	2005年		2010年		“十一五”年均增长（%）	
	西部	全国	西部	全国	西部	全国
地区生产总值（亿元）	34086	184937	81409	401202	13.6	11.2
地方财政收入（亿元）	2465	15101	7873	40613	26.1	21.9
进出口贸易总额（亿美元）	451	14219	1284	29740	23.3	15.9
全社会固定资产投资（亿元）	17645	88774	61892	278122	28.5	25.7

① 西部大开发第一阶段的国家重大项目包括青藏铁路、西气东输、西电东送等工程。

② 国务院：《2008年国务院政府工作报告》，中国政府网，http://www.gov.cn/test/2009-03/16/content_1260198_2.htm。

续表

指标	2005 年		2010 年		“十一五”年均增长（%）	
	西部	全国	西部	全国	西部	全国
城镇居民人均可支配收入（元）	8783	10493	15806	19109	12.5	12.7
农村居民人均纯收入（元）	2379	3255	4418	5919	13.2	12.7
铁路营运里程（万公里）	2.7	7.5	3.5	9.1	5.3	3.9
公路里程（万公里）	120.3	334.5	156.8	400.8	5.4	3.7
高速公路里程（万公里）	1.05	4.1	2.13	7.41	15.1	12.6
“两基”覆盖率（%）	91.5	95	100	100	8.5	5
每十万人口高等学校在校学生数（人）	1210	1613	1812	2189	8.4	6.3
卫生机构人员数（万人）	133.3	542.7	207.2	819.7	9.2	8.6

注：数据来源于《经济日报》2012 年 2 月 21 日《西部大开发“十二五”规划》。

为促进区域协调进一步发展，2010 年党中央和国务院决定实施新一轮西部大开发的战略部署，出台了《中共中央国务院关于深入实施西部大开发战略的若干意见》①，在此基础上，2012 年国务院批复同意了《西部大开发“十二五”规划》，西部大开发战略实施的第二个阶段为 2011—2020 年。为推动西部持续发展，2019 年在党的中央全面深化改革委员会第七次会议上，形成了《中共中央国务院关于新时代推进西部大开发形成新格局的指导意见》，2020 年 5 月，该意见正式印发。这也是在系统总结以往西部大开发的战略经验，对新时代推动西部地区高质量发展、促进区域协调发展、决胜全面建设小康社会的重要指导意见。该意见明确到 2020 年要确保西部地区生态环境、营商环境、开放环境、创新环境明显改善，与全国一道全面建成小康社会；到 2035 年，西部地区基本实现社会主义现代化，基本公共服务、基础设施通达程度、人民生活水平与东部地区大体相当，努力实现不同类型地区互补发展、东西双向开放协同并进、民族边疆地区繁荣安全稳固、人与自然和谐共生②。

① 中发（2010）11 号文件。

② 国务院：《中共中央 国务院关于新时代推进西部大开发形成新格局的指导意见》，中国政府网，http：//www.gov.cn/zhengce/2020 -05/17/content_5512456.htm。

四、2010 年至今：主体功能区和城市群发展阶段

西部大开发战略的实施实现了西部地区融入全国经济的大发展中，在一定程度上缓解了东部与中西部地区区域发展差距大的压力，但是区域之间的发展不平衡可能将是我们需要长期面对的基本局面。在工业化城镇化快速推进的时期，城乡和区域发展不协调问题凸显，随着东部部分地区资源环境的承载能力趋于饱和，经济增长的步伐已朝向中西部适宜开发的区域大步迈进，这就需要扩大这些区域的工业建设和城市建设空间。为有效解决国土空间开发中的突出问题，构筑长远的、可持续的发展蓝图，2010 年 12 月发布了《全国主体功能区规划》，将我国国土空间按开发方式划分为优化开发区域、重点开发区域、限制开发区域和禁止开发区域四类，标志着主体功能区从理论研究阶段开始步入操作实践阶段。2011 年，国家正式开始实施此规划并在“十二五”规划纲要中，将主体功能区提升到国家战略的高度，提出实施主体功能区战略，发挥各地的比较优势，逐步形成城市化地区、农产品主产区、生态功能区三大空间格局，实现空间管治，优化资源配置，与区域发展总体战略相辅相成。为进一步推进主体功能区的建设，2013 年，国家发展改革委发布《贯彻落实主体功能区战略推进主体功能区建设若干政策的意见》，2014 年又联合环境保护部制定《关于做好国家主体功能区建设试点示范工作的通知》，提出“以国家重点生态功能区为主体，选择部分市县开展国家主体功能区建设试点示范工作”。为此，中央财政加大了对国家重点生态功能区的转移支付力度。2014 年，中央财政决定将河北环京津生态屏障、西藏珠穆朗玛峰等区域内的 20 个县纳入国家重点生态功能区转移支付范围，其中能够享受转移支付的县市已达 512 个，同时中央预算对重点生态功能区转移支付达 480 亿元，在专项转移支付方面，其中天然林保护工程补助经费 150.04 亿元，退耕还林工程专项资金 296.27 亿元（王业强和魏后凯，2015）。

主体功能区战略对于我国生态文明建设发挥着基础性作用，与此同时，该战略的实施使我国区域开发结构趋于明晰，沿海经济主轴带（东部沿海发达经济地区）、沿江经济主轴带（长江经济带）和沿线经济主轴带（交通主干线：京沪线、京广线、陇海兰新线、新欧亚大陆桥）逐步成为

我国国土开发的主轴（白世强、陈政民和霍盈睿，2020）。同时，沿线的城市群人口和经济活动形成聚集，发展日趋壮大。为了更有针对性地促进区域的协调发展，国家在总体区域划分的基础上进一步进行政策细化，在2014年提出京津冀三地协同发展战略，2015年5月，《京津冀协同发展规划纲要》出炉。在纲要中明确京津冀区域整体定位是“以首都为核心的世界级城市群、区域整体协同发展改革引领区、全国创新驱动经济增长新引擎、生态修复环境改善示范区”。京津冀地区之间经济发展水平以及产业结构差异大，但正是差异性的存在加强了区域间差异的互补性，借助各地区不同的主体功能，相互协作，实现互利共赢。与此同时，在长江流域经济带上，2016年明确了长江经济带发展战略定位，提出着力构建“一轴、两翼、三级、多点”的空间格局[①]。推动长江经济带发展，既充分发挥长江三角洲城市群、长江中游城市群、成渝城市群三大城市群巨大的辐射带动作用，也发挥了经济区对城市群的支撑作用，形成上中下游地区优势互补，共同推进区域经济协同发展的局面。相继，我国陆续推出粤港澳大湾区建设、长三角一体化发展等重大发展战略。此时以城市群、都市圈、国家中心城市等为引领的空间开发新格局逐步形成。

党的十八大以来，为了落实新发展理念，我国确立了将城市群作为新型城镇化的主体形态，积极部署并大力推进城市群的发展。2014年发布了《国家新型城镇化规划（2014—2020年）》，对东部和中西部城市群的协调发展做了安排，东部地区市优化城市群、中西部地区需要培育发展城市群，这是基于现阶段的客观情况做出的区域发展政策。在开始着眼于城市群发展的同时，我国的经济活动和人口形成了向城市群地区集聚的局面。中国发展研究基金会对12个大型城市群一体化水平进行评估，报告指出从2006—2015年，12个城市群的GDP水平占全国比重从70.56%上升至82.03%，平均每年增长超过1个百分点，同时这些城市群占全国人口的比重从61.12%上升到63.07%，增加了1.95个百分点[②]。

---

① “一轴、两翼、三级、多点”的空间格局中“一轴”指的是以长江黄金水道为依托，发挥上海、武汉、重庆的核心作用，“两翼”分别指沪瑞和沪蓉南北两大运输通道，“三极”指的是长江三角洲、长江中游和成渝三个城市群，“多点”是指发挥三大城市群以外地级城市的支撑作用。

② 中国发展研究基金会：《中国城市群一体化报告》，https：//cdrf.org.cn/jjh/pdf/yitihua.pdf。

为具体规划城市群的发展方向，“十三五”规划纲要中明确了城市群的具体建设任务，提出在全国共建设19个城市群[①]，并建立健全城市群发展协调机制。在最新的“十四五”规划纲要中，则进一步强调“继续发展壮大城市圈和都市圈，推动城市群一体化发展，全面形成‘两横三纵’城镇化战略格局，并明确发展京津冀、长三角、珠三角等19大城市群”。有关数据显示，我国19个城市群以25%土地承载了75%人口，创造了全国88%的GDP。城市群规划是当前我国区域间发展格局的新阶段，势必对我国区域间发展差距产生新的影响。

第二节　我国区域经济增长差距现状

一、区域经济增长差距的描述方法

对区域间经济增长差距的实证描述，常采用的方法有变异系数法、基尼系数法和GE指数法三种研究方法。

（一）变异系数法

变异系数形如式（3－1）所示，它指的是标准差与均值之比：

$$CV = \frac{\sqrt{\sum (Y_i - \bar{Y}) \frac{2}{N}}}{\bar{Y}} \tag{3-1}$$

其中，Y_i 为观测值，$\bar{Y}$ 为观测对象均值，CV 为变异系数。变异系数法对区域经济增长差距的衡量，可以避免地区经济变动的标准差随着每年平均水平的改变而发生变化的问题。一般来说，变异系数越大，地区间的

① 关于19个城市群的规划是：建设京津冀、长三角、珠三角世界级城市群，提升山东半岛、海峡西岸城市群开放竞争水平；培育中西部地区城市群，发展壮大东北地区、中原地区、长江中游、成渝地区、关中平原城市群，规划引导北部湾、晋中、呼包鄂榆、黔中、滇中、兰州—西宁、宁夏沿黄、天山北坡城市群发展，形成更多支撑区域发展的增长极。

差距越大，地区发展越不平衡，它适合用来对总体经济发展差距进行衡量。

（二）基尼系数法

基尼系数法最初是由意大利经济学家基尼（1912）提出的用于衡量收入分配是否平等的指标。基尼系数的取值区间为［0，1］，基尼系数趋近于0表示收入分配绝对平等，基尼系数趋近于1表示收入分配极为不平等。

总体收入分配基尼系数还可以进一步分解，以反映具体某项因素对收入不平等的影响。Fei、Ranis 和 Kuo（1978）提出将基尼系数分解，具体划分成两个部分，一部分是某项收入来源占总收入的比重，另一部分是拟基尼系数，公式表达为：

$$G = \sum_{k=1}^{K} S_k \overline{G_k} \tag{3-2}$$

一共有 K 项收入来源，S_k 表示第 k 项收入来源占总收入的比重；$\overline{G_k}$ 表示拟基尼系数，与基尼系数不同，$\overline{G_k}$ 的权重表示的不是收入来源 k 在总收入中的排序，而是个人收入在总收入中的排序。在此基础上，Lerman 和 Yitzhaki（1985）将拟基尼系数进一步分解，从而将基尼系数分解为三个部分，公式表达为：

$$G = \sum_{k=1}^{K} S_k G_k R_k \tag{3-3}$$

S_k 仍表示第 k 项收入来源占总收入的比重，G_k 表示表示第 k 项收入来源的基尼系数，R_k 表示的是收入来源 k 与总收入之间的基尼相关系数。其中，R_k 又可表示为：

$$R_k = \frac{COV(Y_k, F)}{COV(Y_k, F_k)} \tag{3-4}$$

F 是总收入的累积分布函数，Y_k 是第 k 项收入来源，F_k 是第 k 项收入来源的累积分布函数。R_k 的取值区间为［-1，1］，其符号取决于第 k 项收入来源的排序与总收入排序的差距，若排序一致，$R_k>0$，说明第 k 项收入来源促进了总收入不平等；反之，则反之。

分解之后的基尼系数公式更有助于看清影响总体不平等状况的具体因素，因而基尼系数不仅可用于分析收入分配问题，还可以用来衡量其他方面的经济差距问题。在本书中，我们将用分解过后的基尼系数来分析影响经济差距的具体因素。

（三）GE 指数法

变异系数法和基尼系数法更适用于对于经济总体差距的描述，但是如果要对总体差距进行分解，以看出总体样本内部不同组群之间和组内差别，则采用 GE 指数法更为合适。

GE 指数法，又称广义熵法（Generalize Entropy Index），是由经济学家 Henri Theil 1967 年将广义熵指数引入经济学领域，研究收入不平等，它将总体的经济增长差距分解为组内差距和组间差距，一般 GE 指数法关注的指标有 MLD（Mean Log Devitation）指数和 Theil 指数（Shorrocks，1980；Tsui，1993）。

GE 指数的一般公式表达为：

$$I_c = \frac{1}{n}\frac{1}{c(c-1)}\sum_i\left[\left(\frac{y_i}{\mu}\right)^c - 1\right](c \neq 0,1) \tag{3-5}$$

其中，I_c 是不平等指数，n 代表的是地区数，y_i 表示第 i 个地区的经济水平，μ 表示所有地区平均经济水平。c 代表的是不平等指数对收入分配群体内部转移支付的敏感性。c 越小，不平等指数对低收入端的转移支付更敏感。反之，则反之。

当 $c=0$ 时，GE 指数即为 MLD 指数，形如：

$$MLD = \frac{1}{n}\sum_n \log\left(\frac{\mu}{y_i}\right) \tag{3-6}$$

当 c 越大时，GE 指数对收入分布的上尾部越敏感。$c=1$ 时，GE 指数为 Theil 指数，形如：

$$Theil = \frac{1}{n}\sum_i \frac{y_i}{\mu}\log\left(\frac{y_i}{\mu}\right) \tag{3-7}$$

GE 指数又可分解为组内和组间差距：

$$I_c = \sum_k v_k(\lambda_k)^c I_c^k + \frac{1}{c(c-1)}\sum_k v_k[(\lambda_k)^c - 1] \tag{3-8}$$

其中，I_c^k 表示第 k 组的 I_c 指数，v_k 表示的是第 k 组地区数量占全部地区数量代表组内差距，第二项代表组间差距。

同样，MLD 指数和 Theil 指数也可以分解成组内差距和组间差距，具体公式分解为：

$$MLD = \sum_k v_k MLD^k + \sum_k v_k \log(1/\lambda_k) \quad (3-9)$$

$$Theil = \sum_k v_k \lambda_k Theil^k + \sum_k v_k \lambda_k \log(1/\lambda_k) \quad (3-10)$$

我国地域辽阔，在改革开放40余年中，东部、中部、西部地区差异化发展较为明显，GE指数法将有助于对不同地区之间和地区内部的经济差距进行具体分析。

二、我国区域经济增长差距的现状描述

（一）数据选取

关于经济增长的描述指标，本书采用的是以支出法核算的国内生产总值，其主要组成部分包括最终消费支出、资本形成和货物与服务净出口，所有数值均采用了人均值。观测对象为全国大陆地区31个省区市，时间为1980—2017年①。数据来源于《中国统计年鉴》各年。

（二）变异系数法

本书采用变异系数指标来反映全国各省市的经济增长情况与平均水平的集中与偏离情况。图3-2是反映1980—2017年我国各省市地区生产总值、最终消费支出和资本形成三大指标的变异系数值变动趋势，从中可知，总体上我国地区间人均生产总值的变异系数处于不断下降的状况，说明我国地区间GDP更加集中于平均值，经济增长差距变小。这种变化可以细化为三个时间段，一个是1990年以前，地区经济增长差距较大，但是缩小趋势明显。1991—2009年将近20年人均生产总值的变异系数值基本稳定，说明总体的差距变动不大。2010年之后，这种人均生产总值偏离平均水平的趋势在逐渐改善，截至2017年，变异系数值在0.45左右。资本形成的变异系数变动趋势则略有不同，虽然在1996年以前出现起伏，在

① 其中，宁夏回族自治区缺失1991年以前的数据，西藏自治区缺失1992年以前的数据，重庆市缺失1993年以前的数据。

1996 年以后，资本形成的变异系数不断下降，说明整体上各地区人均资本的形成差距在不断缩小。而最终消费支出的变异系数变动趋势则与前两者不同，1980—2006 年，消费支出的变异系数值逐渐上升，说明各省市最终消费支出的差距逐渐变大，在 2006 年以后，这种差距开始缓慢收缩。整体上，变异系数法的统计结果表明 2010 年之后全国总体的经济增长差距有缩小的趋势。

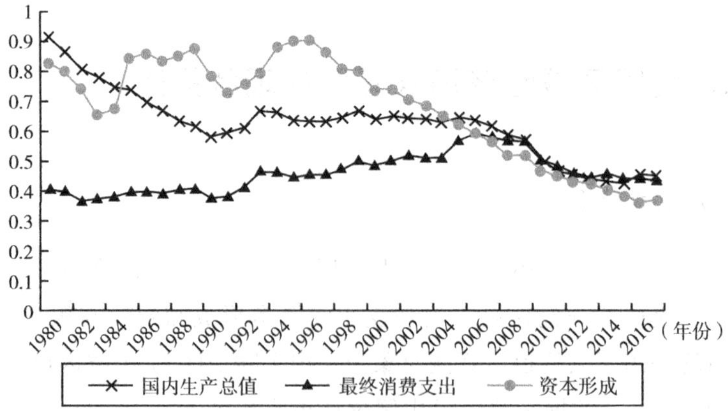

图 3－2　1980—2017 年 31 省份经济增长变异系数变动趋势

（三）基尼系数法

经济增长差距的这种整体性变化用基尼系数法可以得到进一步验证。图 3－3 对 1978—2018 年人均名义 GDP 和人均实际 GDP 的基尼系数变动趋势做了对比，从中可以看到，其整体变动趋势与变异系数法类似，全国总体经济增长差距经历了从缩小到持续扩大再到进一步缩小的趋势。1978 年人均实际 GDP 的基尼系数值为 0.3435，1990 年降为 0.3102，而名义人均 GDP 的基尼系数值更是降为 0.2610；1991—2004 年实际人均 GDP 基尼系数值缓慢攀升到 0.3443，接近改革开放初的水平；之后逐渐下降到 2018 年的 0.2847。可以说，当前阶段就全国范围来说地区间的经济增长差距是处于历史低位水平的。

从人均名义 GDP 来看，其基尼系数的变动幅度要更为明显；而考虑了物价水平的人均实际 GDP 的基尼系数变动则更为平坦。但是另一方面，实

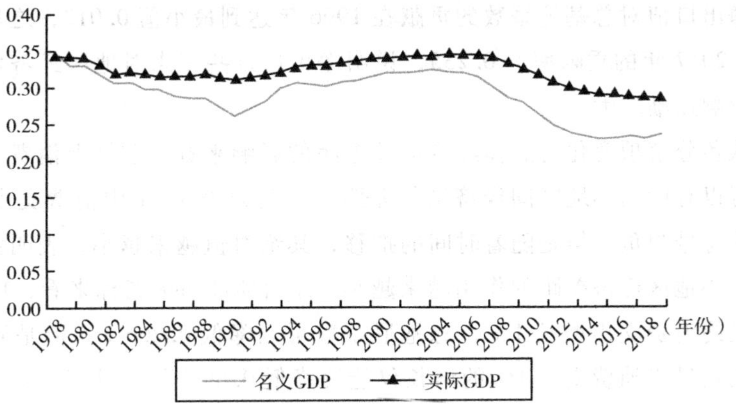

图 3-3 1978—2018 年 31 省份地区生产总值基尼系数变动趋势

际人均地区生产总值的基尼系数值远高于名义水平，说明考虑了实际的物价水平后，地区间的经济增长差距更为明显。

如果进一步按支出法将地区生产总值分解成最终消费支出、资本形成和货物与服务净出口值三部分，可以进一步分析总体经济增长差距的影响因素。表 3-2 是对 31 省份经济增长总体基尼系数的分解构成①。其中，S_k 代表最终消费支出、资本形成和货物与服务净出口值在国内生产总值中所占的份额，G_k 代表最终消费支出、资本形成和货物与服务净出口值本身的基尼系数，R_k 表示最终消费支出、资本形成和货物与服务净出口值与国内生产总值分布的相关性，Share 表示各分解项对总基尼系数的贡献率，% change 表示各分解项 1% 的变化对总体不平等的影响。

从贡献率的总体趋势上看，人均最终消费支出对总基尼系数的贡献率一直在上升，从 1980 年的 0.296 上升到 2017 年的 0.446，这意味着人均最终消费支出对我国地区经济增长差距的影响越来越大；人均资本形成对总基尼系数的贡献呈倒"U"形的变动趋势，即人均资本形成对总基尼系数的贡献先增加，后减少，以 1995 年为转折点。1995 年，人均资本形成对总基尼系数的贡献率达到 0.624，2017 年下降 0.32，说明人均资本形成对地区经济增长差距的影响呈现倒"U"形影响。而人均货物与服务净出口值对总基尼系数的贡献则与之相反，呈现"U"形的变动趋势。人均货物与

① 限于篇幅，这里只列示了部分年份，全部年份的基尼系数分解构成参见附录 A。

服务净出口值对总基尼系数的贡献在 1996 年达到最小值 0.012，之后开始上升，2017 年的贡献率为 0.235，说明净出口近些年来对地区经济增长差距的影响逐渐增大。

从各分解项变化对总体经济增长差距的影响来看，总体上消费支出的增加可以有助缩小地区间经济增长差距，表现为表 3 - 1 中消费支出 share 指标的符号为负。但是随着时间的推移，其绝对值越来越小，表明消费支出对缩小地区经济差距的作用越来越小。结合% change 指标来看，1980 年人均最终消费支出增长 1%，总基尼系数可以降低 0.266%；但是到 2017 年，人均最终消费支出 1% 的增长仅能够降低 0.09% 的总基尼系数。人均资本形成对地区间经济增长差距的作用较为复杂，1980—1984 年人均资本形成与地区间经济增长差距负相关，说明有助于缩小地区间经济增长差距。而在 1985—2002 年人均资本形成的增加却扩大了地区间经济增长的差距且呈现倒“U”形变动，1995 年达到最大，人均资本形成每增长 1% 使总体基尼系数扩大 0.129%，这与我国区域发展政策的历史变迁刚好吻合。2000 年前，以东部沿海地区优先发展的策略确实有可能使虽然人均资本存量不断增长，但由于资本特别是外商投资更集中于东部地区，使区域间的经济增长差距有所扩大（王小鲁和樊纲，2004）。而 2000 年后，随着西部大开发政策的倾斜，资本的流向发展改变，使人均资本增长对经济增长差距的影响发生改变。事实上，表 3 - 2 也表明 2003 年之后，人均资本形成与地区间经济增长差距呈负相关关系，并且随着时间的推移，人均资本形成对总基尼系数的影响越来越大，2017 年人均资本形成每增长 1% 有助于总体基尼系数降低 0.267%。最后，人均货物与服务净出口值对地区间经济增长差距的影响总体正相关，为“U”形变动。净出口是地区间经济增长差距不断拉大的主要原因，1980—1996 年进出口对经济增长差距扩大的作用不断减弱，1996 年后又有加重趋势。以 2017 年的数值来看，人均货物与服务净出口值每增长 1%，总体基尼系数将增长 0.36%。

总体上看，人均最终消费支出和人均资本形成与总体基尼系数负相关，人均货物与服务净出口值与总体基尼系数正相关，并且前两者的合力超过了人均货物与服务净出口值的影响，故总体上基尼系数呈现不断减小的趋势。

表 3-2　1978—2018 年 31 省份经济增长基尼系数的分解构成表（部分年份）

因素	因子	1980	1984	1985	1990	1995	1996	2000	2002	2008	2012	2015	2016	2017
人均最终消费支出	S_k	0.561	0.571	0.569	0.585	0.519	0.534	0.542	0.547	0.474	0.477	0.514	0.526	0.536
	G_k	0.205	0.194	0.198	0.196	0.218	0.225	0.243	0.255	0.261	0.217	0.210	0.211	0.209
	R_k	0.904	0.924	0.942	0.961	0.971	0.967	0.966	0.980	0.959	0.961	0.925	0.928	0.914
	Share	0.296	0.326	0.341	0.403	0.361	0.383	0.414	0.443	0.398	0.422	0.437	0.445	0.446
	% Change	-0.266	-0.245	-0.228	-0.182	-0.157	-0.151	-0.127	-0.104	-0.077	-0.055	-0.077	-0.080	-0.090
人均资本形成	S_k	0.281	0.330	0.417	0.402	0.496	0.478	0.448	0.461	0.535	0.615	0.616	0.604	0.587
	G_k	0.355	0.319	0.367	0.355	0.390	0.388	0.343	0.332	0.277	0.213	0.203	0.195	0.205
	R_k	0.920	0.952	0.949	0.956	0.982	0.986	0.963	0.939	0.930	0.849	0.678	0.647	0.610
	Share	0.260	0.318	0.467	0.498	0.624	0.605	0.483	0.466	0.461	0.472	0.371	0.330	0.320
	% Change	-0.021	-0.012	0.050	0.096	0.129	0.127	0.035	0.005	-0.074	-0.143	-0.245	-0.274	-0.267
人均货物与服务净出口值	S_k	0.154	0.098	0.016	0.014	-0.014	-0.014	0.010	-0.008	-0.010	-0.092	-0.130	-0.130	-0.123
	G_k	1.186	1.385	5.611	4.308	-3.077	-3.033	5.907	-8.107	-6.690	-0.864	-0.855	-0.800	-0.863
	R_k	0.850	0.824	0.674	0.440	0.102	0.083	0.528	0.427	0.641	0.312	0.394	0.500	0.508
	Share	0.442	0.354	0.193	0.099	0.015	0.012	0.103	0.091	0.141	0.105	0.192	0.225	0.235
	% Change	0.287	0.256	0.177	0.084	0.029	0.026	0.092	0.099	0.151	0.198	0.321	0.355	0.357

（四）GE 指数分解法

根据 GE 指数分解法，我们将全国 31 个省区市分为三个区域，分别为东部、中部和西部，这样我国总体的区域经济增长差距可以进一步分解成东部、中部和西部三个组内部差距和组间差距，以便于我们了解形成最终差距的主要原因是组内差距还是组间差距。同时，在对 GE 指数的选择上，本书分别列示了 MLD 指数和 Theil 指数的计算结果，以便相互印证，具体如表 3－3 所示①。

表 3－3　1978—2018 年 31 省区市经济增长 GE 指数表（部分年份）

GE 指数 / 年份	MLD 指数					Theil 指数				
	组内		组间		两者之和	组内		组间		两者之和
	差距	贡献率	差距	贡献率			贡献率		贡献率	
1978	0.1301	62.85%	0.0769	37.15%	0.2070	0.1963	71.37%	0.0788	28.63%	0.2751
1980	0.1268	61.78%	0.0784	38.22%	0.2052	0.1909	70.39%	0.0803	29.61%	0.2712
1985	0.1020	57.32%	0.0760	42.68%	0.1780	0.1564	66.80%	0.0777	33.20%	0.2341
1991	0.0905	53.95%	0.0773	46.05%	0.1678	0.1323	62.63%	0.0789	37.37%	0.2112
1992	0.0841	49.50%	0.0858	50.50%	0.1699	0.1242	58.72%	0.0873	41.28%	0.2116
1995	0.0764	42.55%	0.1032	57.45%	0.1796	0.1179	53.06%	0.1042	46.94%	0.2221
2002	0.0784	40.61%	0.1147	59.39%	0.1931	0.1226	51.52%	0.1154	48.48%	0.2379
2007	0.0776	41.52%	0.1092	58.48%	0.1868	0.1098	50.03%	0.1097	49.97%	0.2195
2008	0.0753	42.32%	0.1027	57.68%	0.1780	0.1029	49.91%	0.1033	50.09%	0.2063
2012	0.0642	44.71%	0.0794	55.29%	0.1436	0.0800	49.84%	0.0805	50.16%	0.1605
2016	0.0607	45.46%	0.0728	54.54%	0.1335	0.0756	50.50%	0.0741	49.50%	0.1497
2017	0.0594	45.19%	0.0721	54.81%	0.1315	0.0744	50.36%	0.0733	49.64%	0.1476
2018	0.0589	45.29%	0.0711	54.71%	0.1300	0.0739	50.53%	0.0724	49.47%	0.1463

MLD 指数和 Theil 指数经历了和变异系数、基尼系数类似的变动趋势，也是先下降，然后缓慢攀升，再到下降的过程。以 Theil 指数来看，先从 1980 年的 0.2751 下降到 1991 年的 0.2112，说明这段时间我国地区经济差距水平处于缩小状态。1992—2002 年，Theil 指数经历了小幅攀升，上升到

① 全部年份的 GE 指数表参见附录 B。

0.2379的水平，之后便开始下降，特别是从2007年之后，下降速度较为明显，2018年已降为0.1463，达到历史低位水平。

从组内与组间差距的指数及其贡献率来看，组内差距一直是总体差距的重要原因，特别是改革开放初期。以1980年的MLD指数来看，组内差距（0.1268）对总差距（0.2052）的贡献率达到62%，组间差距（0.0784）只达到38%；从Theil指数来看，组内差距对总差距的贡献率达到70%，组间差距只达到30%。说明改革开放初期，地区间的经济增长差距虽然有东部、中部、西部不同组群之间的差距，但是内部差距更明显。然而随着时间的演进，这种趋势正在逐渐改变，从MLD指数看，1992年之后，组间差距的贡献率已超过组内差距；从Theil指数看，2008年之后，组间差距和组内差距的贡献率已趋于接近水平，说明东部、中部、西部三大组群之间的差距正在逐渐加强，成为了总体差距的重要影响因素。

对于组内差距，可以进一步将其分解成三大组群内部差距，以揭示组内差距的主要影响因素。表3-4以Theil指数为例，对其组内差距进行了分解[①]。从中可以看到，东部地区组内差距远高于中部、西部地区组内差距，说明东部地区经济增长差距比中部、西部地区更大。东部地区的组内差距是构成总体组内差距的主要因素，前者对后者的贡献率达到平均88%的水平。而中部、西部地区内部经济增长差距相对较小。1978—2018年，东部地区组内差距在逐渐减小，西部地区组内差距却在逐渐增长，而中部地区的组内差距相对保持稳定，变化不大。

表3-4 1978—2018年31省区市经济增长Theil指数组内差距分解表（部分年份）

组内差距 / 年份	组内差距	东部		中部		西部	
		差距	贡献率	差距	贡献率	差距	贡献率
1980	0.19088	0.1781	93.30%	0.0065	3.41%	0.0090	4.72%
1985	0.15638	0.1463	93.55%	0.0037	2.37%	0.0064	4.09%
1990	0.13643	0.1241	90.96%	0.0044	3.23%	0.0079	5.79%
1995	0.11785	0.1062	90.11%	0.0054	4.58%	0.0063	5.35%
2000	0.11915	0.1086	91.15%	0.0045	3.78%	0.0060	5.04%

① 全部年份参见附录C。

续表

组内差距 / 年份	组内差距	东部		中部		西部	
		差距	贡献率	差距	贡献率	差距	贡献率
2005	0.11504	0.1021	88.75%	0.0047	4.09%	0.0082	7.13%
2010	0.08938	0.0729	81.56%	0.0040	4.48%	0.0125	13.99%
2016	0.07557	0.0595	78.73%	0.0036	4.76%	0.0125	16.54%
2017	0.07435	0.0589	79.22%	0.0035	4.71%	0.0120	16.14%
2018	0.07391	0.0588	79.56%	0.0033	4.46%	0.0118	15.97%
均值			88.27%		3.88%		7.97%

总的来说，从GE指数及其分解来看，地区间经济增长差距的形成主要由组内差距和组间差距组成，两者的比重有越来越接近的趋势。组内差距主要由东部地区内部的组内差距构成，实际上，东部地区除了包括上海、北京、广东、浙江和江苏等一线发达地区，还包括辽宁、海南和河北三个地区，其经济发展程度不一，而且人均地区生产总值额较高，因此其内部差距对总体的组内差距形成了较大的影响。而组间差距也正成为区域间经济增长差距的重要因素之一，东部、中部、西部地区的组间经济增长差距使这三个地区成为发展速度不同的“俱乐部”（林毅夫等，1998；刘树成和张晓晶，2007；陈梦根和张帅，2020）。

第三节　我国区域政府财力差距现状

地方政府财力是我们对区域经济差距考量的第二个指标，毕竟在中国的经济发展模式中，地方政府发挥了不可或缺的重要作用，而地方财力则是地方政府发挥作用的财力保障与预算约束。

一、地方政府财力

地方政府的财力有多种统计口径，按预算统计的口径并不能真实反映地方政府的可用财力，比如常用的一般公共预算的统计口径不包括政府基金收入、社会保障基金收入和国有资本经营收入。除此以外，我们还需要考虑各级政府之间的转移支付，如中央和省级政府之间的上解和补助。本书所用的地方政府可支配财力主要包括一般公共预算可支配收入和政府基金收入两者之和，其中一般公共预算可支配收入 = 一般公共预算收入 + 中央对地方的补助 - 地方对中央的上解。[①] 本部分数据主要来源于各年份的《中国统计年鉴》《中国财政年鉴》以及相应年份的地方政府网站公开数据。

二、变异系数法

首先，我们采用变异系数指标来反映全国各省市的财力水平与平均水平的集中与偏离情况，具体情况如图 3 - 4 所示。总体来看，1978—2018 年我国地方政府间的可支配财力差距处于不断缩小的状态，表现为变异系数值不断减小。具体而言，1978—1992 年，财力变异系数值从 0. 7051 下降到 0. 5596，说明随着改革开放的推进，各地区人均财力都有所提升，区域间人均财力的变异程度也迅速降低，人均财力更加集中于平均值，财力差距变小。但是 1993—2004 年，人均财力的变异系数值又开始攀升，地区间的财力差距开始拉大，最高点在 1999 年，该年的变异系数值达到 0. 7324，甚至超过了改革开放初期。说明自分税制改革之后，随着市场经

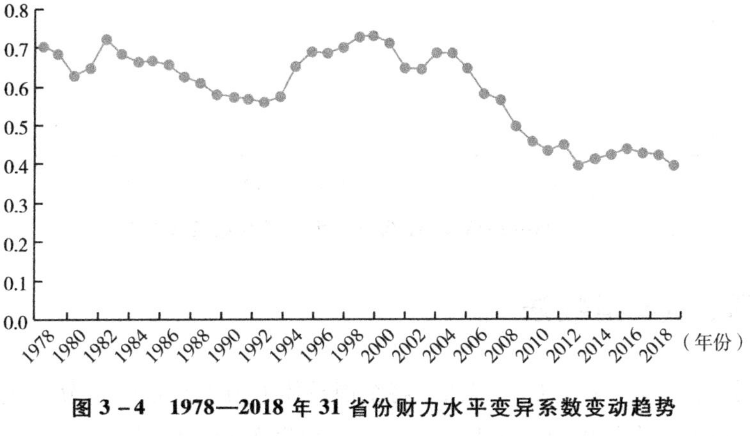

图 3 - 4　1978—2018 年 31 省份财力水平变异系数变动趋势

① 由于预算口径的调整，2010 年之后才有政府基金性收入，2010 年之前用预算外收入指标替代政府基金性收入。

济的深入，省际间的财力水平却开始进一步分化。直至2004年后，区域间的财力变异系数又开始迅速降低，截至2018年达到历史新低0.3923，说明区域间的财力差距处于不断缩小的状态。

三、基尼系数法

运用基尼系数法对财力差距的分析描述也能得出类似的结论，图3－5是1978—2018年各省份人均实际财力水平的基尼系数变动趋势。从中可以看到，从整体趋势来看，区域间财力差距也是呈逐渐降低的趋势。1978年实际人均财力的基尼系数值为0.3515，2018年则降为0.1917。但是其间也经历了一小段差距逐渐拉大的过程，1992年财力水平基尼系数值为0.2897，而1996年则缓慢攀升到0.3164，接近改革开放初期的水平，之后开始逐渐下降。同样，从当前阶段的基尼系数值来看，各省份财力水平差距是处于历史低位水平的。

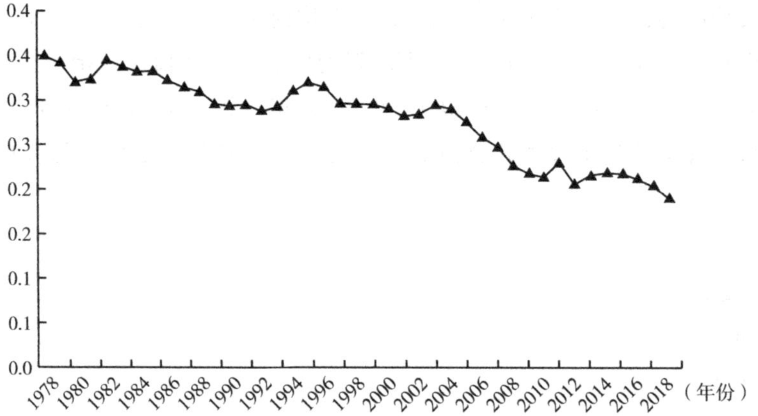

图3－5　1978—2018年31省份财力水平基尼系数变动趋势

四、GE指数法

同样我们用GE指数分解法，将全国总体财力差距进一步分解成东部、中部和西部三个组内部差距和组间差距，如表3－5所示①。

① 全部年份参见附录E。

表 3－5　　1978—2018 年 31 省区市地方政府财力水平 GE 指数表（部分年份）

GE 指数 / 年份	MLD 指数					Theil 指数				
	组内		组间		两者之和	组内		组间		两者之和
	差距	贡献率	差距	贡献率		差距	贡献率	差距	贡献率	
1978	0. 1527	89. 14%	0. 0186	10. 86%	0. 1713	0. 1652	90. 52%	0. 0173	9. 48%	0. 1825
1983	0. 1371	87. 18%	0. 0202	12. 82%	0. 1572	0. 1505	89. 03%	0. 0186	10. 97%	0. 1691
1988	0. 1084	85. 25%	0. 0188	14. 75%	0. 1272	0. 1176	86. 87%	0. 0178	13. 13%	0. 1353
1992	0. 0888	79. 30%	0. 0232	20. 70%	0. 1120	0. 0932	80. 81%	0. 0221	19. 19%	0. 1153
1993	0. 0803	69. 38%	0. 0354	30. 62%	0. 1157	0. 0847	71. 01%	0. 0346	28. 99%	0. 1192
1997	0. 0872	59. 31%	0. 0598	40. 69%	0. 1470	0. 1139	65. 18%	0. 0608	34. 82%	0. 1747
1998	0. 0914	61. 57%	0. 0571	38. 43%	0. 1485	0. 1237	68. 17%	0. 0578	31. 83%	0. 1815
1999	0. 0965	65. 12%	0. 0517	34. 88%	0. 1482	0. 1296	71. 18%	0. 0525	28. 82%	0. 1821
2004	0. 0943	67. 59%	0. 0452	32. 41%	0. 1396	0. 1216	72. 93%	0. 0452	27. 07%	0. 1668
2008	0. 0636	75. 35%	0. 0208	24. 65%	0. 0844	0. 0758	78. 91%	0. 0203	21. 09%	0. 0961
2015	0. 0524	69. 62%	0. 0229	30. 38%	0. 0752	0. 0598	73. 64%	0. 0214	26. 36%	0. 0812
2018	0. 0403	68. 75%	0. 0183	31. 25%	0. 0586	0. 0467	72. 54%	0. 0177	27. 46%	0. 0643

MLD 指数和 Theil 指数经历了和变异系数、基尼系数类似的变动趋势，也是先下降，然后缓慢攀升，再到下降的过程。以 Theil 指数来看，先从 1978 年的 0.1825 下降到 1992 年的 0.1153，说明这段时间我国区域间财力水平处于缩小状态。1993—1999 年，Theil 指数经历了小幅攀升，上升到 0.1821，之后便开始下降，并且下降速度较为明显，2018 年该指数已降为 0.0643，达到历史低位水平。

将总体指数分解成组内与组间的两个分解指数，组内差距一直是总体差距的重要原因，特别是改革开放初期。以 1978 年的 MLD 指数来看，组内差距（0.1527）对总差距（0.1713）的贡献率达到 89%，组间差距（0.0186）的贡献率只达到 11%；从 Theil 指数来看，1978 年组内差距对总差距的贡献率达到 90.5%，组间差距只达到 9.5%。说明改革开放初期，区域间的经济增长差距虽然有东部、中部、西部不同组群之间的差距，但是内部差距更明显。这种趋势虽然在之后的年份略有变化，但没有发生根本改变。从 MLD 指数看，1978—1997 年，组内差距的贡献率逐渐下降，组间差距的重要性有所上升。1997 年 MLD 指数中组间差距的贡献率占到 40%，说明在 20 世纪 90 年代中期，区域间的财力水平差距既有区域内部差异的影响，三大“俱乐部”之间的差异影响也占相当一部分。但是到 1998 年之后，组间差距的贡献率又有所下降，2018 年 MLD 指数中组间差距的贡献率降到 31%，说明当前地方政府间财力差距仍然以组内差距为主，组间差距的影响只占 1/3，这一点和地方政府间的经济增长差距略有不同。

同样，如果将组内差距进一步分解成三大组群内部差距，可以看清组内差距的主要影响因素。表 3-6 以 Theil 指数为例①，对其组内差距进行了分解。从中可以看到，东部地区组内差距远高于中部、西部地区组内差距，说明东部地区内部地方政府间财力差距比中部、西部地区更大。东部地区的组内差距是构成总体组内差距的主要因素，它对总体组内差距的贡献率达到平均 73.7% 的水平，西部次之，它的贡献率达到 19.8%；中部地区贡献率最低，只达到 6.5% 的水平，说明中部地区内部地方政府财力水平差距相对较小，这一点与经济增长差距类似。值得警惕的是，1978—2018 年，东部地区组内差距有逐渐增大的趋势，虽然中间有反复，但是 2018 年东部地区组内差

① 全部年份参见附录 F。

距对总体组内差距的贡献率达到82.4%的水平，说明东部地区内部差距正成为全国财力组内差距，甚至是总体差距日益增长的重要原因。

表3-6　1978—2018年31省区市地方政府财力水平Theil指数组内差距分解表（部分年份）

年份＼组内差距	组内差距	东部		中部		西部	
		差距	贡献率	差距	贡献率	差距	贡献率
1978	0.1653	0.1088	65.82%	0.0113	6.84%	0.0452	27.34%
1984	0.1431	0.0899	62.82%	0.0117	8.18%	0.0415	29.00%
1990	0.1049	0.0684	65.20%	0.0184	17.54%	0.0181	17.25%
1995	0.1072	0.0833	77.71%	0.0057	5.32%	0.0182	16.98%
2000	0.1261	0.1117	88.58%	0.0046	3.65%	0.0098	7.77%
2005	0.1126	0.0957	84.99%	0.0056	4.97%	0.0113	10.04%
2010	0.0647	0.0425	65.69%	0.0032	4.95%	0.0190	29.37%
2015	0.0604	0.0438	72.52%	0.0016	2.65%	0.0150	24.83%
2018	0.0476	0.0392	82.35%	0.0018	3.78%	0.0066	13.87%
均值			73.74%		6.48%		19.78%

总体来说，当前区域间地方政府财力水平差距的主要原因是东部地区的组内差异。联系到东部地区内部省份的具体构成和地方政府人均财力情况①，2018年北京、上海和浙江三地实际人均地方政府财力水平分别为6761元/人、6621元/人和4650元/人②，而广东和河北两地则分别只有2927元/人和2160元/人，内部差距明显较大。这也说明就地方政府财力水平的指标来看，区域间存在“极化”现象（Perroux，1949；卞元超等，2018），北京和上海的“超级”财力水平使其远远领先于其他地区。

第四节　我国区域间公共品供给差距现状

地方经济发展指标除了包括经济增长和地方政府财力两大基本指标

① 参见附录D。

② 以1978年为基准年份。

外，还应该包括反映民生水平的基本公共品供给水平。

一、地方政府公共品

国务院在2017年曾下发《“十三五”关于推进基本公共服务均等化规划》的通知，这份规划提供了基本公共服务的清单，主要包括基本公共教育、基本劳动就业创业、基本社会保险、基本医疗卫生、基本社会服务、基本社会保障、基本公共文化体育和残疾人基本公共服务等八大类，基本上这些公共服务主要由地方政府负责提供。这里的“公共品”或“公共服务”已经不是经济学严格意义上的公共品，后者兼具“非排他性”和“非竞争性”，或者至少具备一个标准。这里的“公共品”或“公共服务”更多是指出于公平性、外部性或者信息不对称等原因需要由政府干预来帮助提供的产品或服务，因而也被认为是现代社会中政府存在的一些基本理由。比如教育和医疗被认为是政府特别是地方政府应首要提供的民生性产品，基于的理由除了有效率方面的正外部性、信息不对称等，更主要的是出于公平维度的价值考虑。因此，这里所指的地方政府公共品更多是实践意义上的公共品，即地方政府现实中提供的产品或服务，而非规范意义上的公共品概念。我们选取了八大类中与民众生活最为紧密联系的教育和医疗产品，同时还添加了一项反映民众出行方便以及与经济生产生活密切联系的基础设施建设服务作为地方公共品供给的三个衡量指标。2018年党的经济工作会议上就明确了区域协调发展的三个具体目标，其中目标之一就是“基础设施通达程度比较均衡”。同时，为了充分反映这三项公共品的供给状况，每个一级指标下面还具体分设了两个二级指标，这两个二级指标分别从投入和产出的角度来衡量公共品供给的一级指标。

二、教育服务供给差距

教育的经费来源包括市场与政府，其中政府对教育的经费又包括一般公共预算安排的教育事业费和教育投资支出、政府基金划拨的教育经费等。本书选用的是第一项数据来源，这也是政府财政性教育经费的主要来源。同时，由于基础教育又分为小学教育和初中教育，因此我们区分了两个阶段的不同情况。在教育服务的投入方面，我们采用的是小学和初中生均一般公共预算安排的财政教育支出指标；在教育服务的产出方面，我们采用的是小学和初中的生师比指标。数据来源于《中国统计年鉴》《中国教育统计年鉴》和《中国财政年鉴》各年。

（一）基础教育生均经费

1. 小学阶段

（1）基尼系数。

由于数据来源的约束，基础教育的生均经费统计年限是从 1996—2018 年。表 3 – 7 列示了 1996—2018 年部分年份、部分省份小学阶段生均财政性教育经费[①]。

表 3 – 7　　1996—2018 年 31 省区市小学生均财政教育经费（部分年份、部分省份）

单位：元/生

地区＼年份	1996	2000	2001	2005	2010	2015	2018
北京	1009	1956	2472	4811	15362	24383	32132
天津	739	1260	1625	3551	11576	18128	19158
河北	191	389	506	1465	3836	6769	8407
辽宁	416	585	717	1749	5203	20763	21791
吉林	413	567	778	1722	6270	12167	13412
上海	1554	2792	3634	7958	16535	20782	21931
江苏	415	623	833	2070	7391	11995	12382
浙江	450	793	1148	2553	6779	24201	31761
安徽	232	381	486	1001	3244	7806	9893
河南	170	261	356	757	2201	4621	6467
湖北	175	294	397	990	3254	8792	10604
湖南	243	353	482	1292	3062	7196	8701
广东	455	685	841	1433	3569	25222	38983
广西	232	417	591	1070	3413	7152	8133

① 全部年份、全部省份参见附录 G。

续表

年份 地区	1996	2000	2001	2005	2010	2015	2018
四川	280	372	509	878	3502	9113	10157
云南	453	664	816	1282	3400	7669	11595
西藏	748	1198	1679	2797	8582	26367	28190
陕西	195	325	483	1108	4864	11033	11500
宁夏	349	612	814	1204	4004	8182	10049
新疆	516	741	1020	1756	6084	13044	12618
平均	310	500	658	1361	4098	8928	10717

从中可以看到，生均财政性教育经费的增幅较为明显，特别是2010年以后，平均水平从4098元/生上升到2018年的10717元/生，增幅达160%。但另一方面，地区间的差距也较为明显。从2018年的数据来看，北京、浙江和广东三个地区的生均经费已经超过30000元/生，而一些中部地区如江西、安徽和河南，水平仍处于10000元/生以下。另外，同属东部地区内部的河北，其生均经费也未能达到10000元/生的水平。

图3-6是1996—2018年各省份小学阶段生均财政性经费的基尼系数变动趋势。图中可以看到，从整体来看，区域间小学生均经费差距有缓慢降低的趋势。具体来说，1996年小学生均经费的基尼系数值为0.3298，2013年则降为0.2273，说明这段时期生均教育经费的差距明显缩小。2013年之后，这种差距反而有拉大并稳定的趋势，2018年地区间教育经费的基尼系数值在0.2681，相比2013年又有小幅攀升。

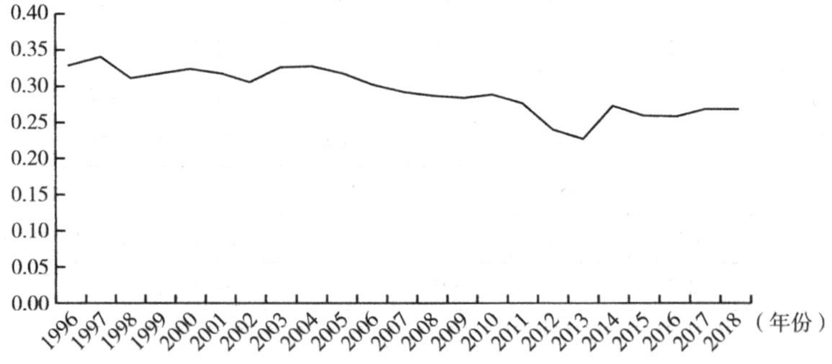

图3-6　1996—2018年31省份小学生均财政教育经费基尼系数

（2）GE指数。

GE指数有助于将全国总体的生均教育经费差距进一步分解成东部、中部和西部三个组内部差距和组间差距，具体如表3－8所示[①]。

从表中可以看出，MLD指数和Theil指数总体上呈现下降趋势，但是中间也经历了先下降再迅速攀升到稳定水平的过程。以Theil指数来看，先从1996年的0.1728下降到2013年的0.0921，说明这段时间我国区域间小学生均财政教育经费的差距处于缩小状态。但是2013—2018年，Theil指数又经历了小幅攀升，上升到0.1203。

将总体指数分解成组内与组间两个分解指数，组内差距一直是总体差距的重要原因。无论是从MLD指数还是从Theil指数来看，组内差距对总差距的贡献率都达到70%左右，而组间差距的贡献率只有30%左右。

如果进一步将总体组内指数进行分解，则可以得到如表3－9所示的三大组群内部差距[②]。以Theil指数为例，2014年以前，东部地区组内差距一直远高于中部、西部地区组内差距，说明东部地区内部教育经费差距比中部、西部地区更大。东部地区的组内差距是构成总体组内差距的主要因素，它对总体组内差距的贡献率在2013年达到69.51%的水平。但是2014年之后，西部地区组内差距逐渐拉大，到2015年，其对总体差距的贡献率已经反超东部；并且这种趋势持续上升，到2017年西部地区组内差距对总体差距的贡献率达到51.04%的水平，比中部和东部地区两者贡献率之和略高。

2. 初中阶段

（1）基尼系数。

表3－10列示了初中阶段部分年份、部分省份生均财政教育经费[③]。从表中可以看到，和小学阶段一样，初中生均教育经费增长速度也较为明显。从平均水平来看，1996年生均教育经费从569元/生上升到2018年的15490元/生，即使剔除了物价水平，增长也达到数十倍。但同样，地区间的差距也较为明显。从2018年的数据来看，北京和广东的生均经费已经超

① 全部年份参见附录H。

② 全部年份参见附录I。

③ 全部年份参见附录J。

表 3－8　　1996—2018 年 31 省区市小学生均财政教育经费 GE 指数表（部分年份）

GE 指数 / 年份	MLD 指数					Theil 指数				
	组内		组间		两者之和	组内		组间		两者之和
	差距	贡献率	差距	贡献率		差距	贡献率	差距	贡献率	
1996	0.1176	76.39%	0.0364	23.61%	0.1540	0.1379	79.82%	0.0349	20.18%	0.1728
2000	0.1232	72.52%	0.0467	27.48%	0.1699	0.1544	76.88%	0.0464	23.12%	0.2009
2005	0.1101	66.77%	0.0548	33.23%	0.1648	0.1437	71.92%	0.0561	28.08%	0.1999
2013	0.0656	78.43%	0.0180	21.57%	0.0836	0.0744	80.79%	0.0177	19.21%	0.0921
2014	0.0835	70.00%	0.0358	30.00%	0.1193	0.0845	71.10%	0.0344	28.90%	0.1189
2015	0.0779	71.64%	0.0308	28.36%	0.1088	0.0791	72.80%	0.0296	27.20%	0.1087
2016	0.0769	71.84%	0.0302	28.16%	0.1071	0.0792	73.15%	0.0291	26.85%	0.1082
2017	0.0849	74.68%	0.0288	25.32%	0.1136	0.0913	76.92%	0.0274	23.08%	0.1188
2018	0.0828	72.95%	0.0307	27.05%	0.1135	0.0913	75.84%	0.0291	24.16%	0.1203

表 3 - 9　　1978—2018 年 31 省区市小学生均财政教育经费 Theil 指数组内差距分解表

组内差距 / 年份	组内差距	东部		中部		西部	
		差距	贡献率	差距	贡献率	差距	贡献率
1996	0.1379	0.1021	74.03%	0.0084	6.08%	0.0274	19.89%
2000	0.1544	0.1168	75.62%	0.0121	7.84%	0.0255	16.53%
2005	0.1437	0.1129	78.53%	0.0102	7.11%	0.0206	14.36%
2010	0.1046	0.0747	71.36%	0.0108	10.30%	0.0192	18.35%
2013	0.0744	0.0517	69.51%	0.0059	7.97%	0.0168	22.53%
2015	0.0791	0.0349	44.14%	0.0073	9.20%	0.0369	46.66%
2016	0.0792	0.0363	45.87%	0.0072	9.06%	0.0357	45.06%
2017	0.0913	0.0386	42.30%	0.0061	6.66%	0.0466	51.04%
2018	0.0913	0.0409	44.82%	0.0042	4.57%	0.0462	50.62%
均值			68.09%		7.65%		24.33%

过 60000 元/生，而同属东部地区的河北省，其生均经费才达到 11958 元/生，前者约是后者的 5 倍之多。中西部大多数省份的生均经费介于 10000—15000 元/生的水平，与发达省份相差较多。

图 3 - 7 是 1996—2018 年各省份初中生均教育经费差距的基尼系数变动趋势，和小学阶段生均经费差距不同的是，初中阶段生均经费差距相对稳定，特别是自 1998 年后，其基尼系数值大都维持在 0.3 左右。从 1998—2013 年，基尼系数值经历了一个小幅下滑，说明地区间生均经费差距有减缓的趋势。但是 2013 年后，基尼系数值又有小幅攀升，之后较为稳定，2018 年为 0.3045。这说明地区间教育经费的差距长期存在，且近些年有小幅拉大的趋势，这一点值得关注。

（2）GE 指数。

从 GE 指数来看，将总体初中生均教育经费差距进一步分解成东部、中部和西部三个组内部差距和组间差距，如表 3 - 11 所示①。

① 全部年份参见附录 K。

表 3－10　1996—2018 年 31 省区市初中财政生均教育经费（部分年份、部分省份）

单位：元/生

地区＼年份	1996	2000	2001	2005	2010	2011	2012	2013	2014	2015	2016	2017	2018
北京	1853	2468	2897	5707	24203	29053	31676	35082	38300	42204	47774	58510	61061
河北	415	556	657	1404	5344	6322	7467	7661	7910	9679	10635	11494	11958
辽宁	676	934	954	2165	7117	9681	12147	12002	23867	31063	32450	34963	32530
吉林	654	785	957	1681	6932	8534	10691	11594	12854	15907	16927	17815	17083
上海	2007	2862	3438	8935	20276	22644	24747	26597	25831	27915	30519	31416	33931
浙江	573	1030	1403	3278	8456	10160	11562	12692	31637	36746	39718	43428	46863
河南	390	426	518	932	3471	4616	5966	6650	7292	7468	7953	9166	10042
湖北	462	555	652	1152	4642	5606	7783	9033	11702	14441	17272	18636	17416
湖南	474	469	558	1362	5067	6086	8475	9183	10235	10656	12008	12690	12931
广东	772	1012	1143	2054	4112	5066	6301	7755	32864	38194	43678	52716	66420
广西	363	497	660	1127	4419	5609	6814	7079	7615	8938	9834	10245	10644
四川	505	515	638	947	4309	5335	7268	8583	9361	11700	12292	13563	13878
云南	864	931	1045	1526	4649	5056	6365	7348	7870	9653	10957	12892	13927
西藏	3660	2838	4110	5190	7317	9896	12611	13558	18183	25661	25640	29984	32720
陕西	471	516	665	1103	5522	7653	11054	11659	12637	13876	14329	15570	16336
新疆	915	938	1235	1933	8458	10879	12939	15477	15237	17547	18213	19018	19468
平均	569	698	839	1562	5415	6744	8494	9543	10606	12341	13642	14859	15490

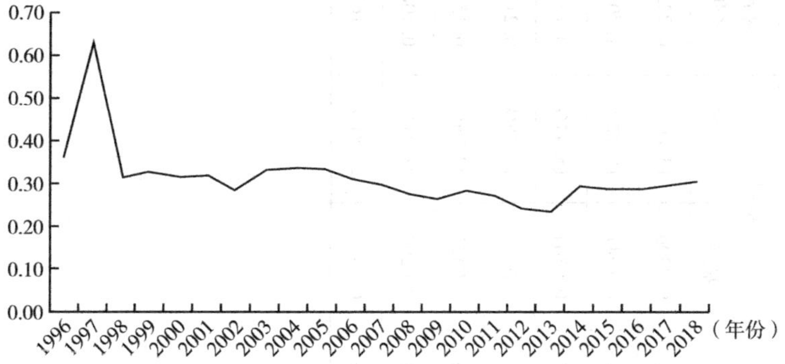

图 3-7 1996—2018 年 31 省份初中财政生均教育经费基尼系数

MLD 指数和 Theil 指数和基尼系数变动趋势类似，除 1997 年有突然变化外，大部分年份变动较为平缓。1997—2013 年，MLD 指数和 Theil 指数都是缓慢下滑，说明地区间教育经费差距有缓解；2013—2018 年两指数又有缓慢上升，说明地区间教育经费差距在近些年又有扩大趋势。从组内和组间差距的贡献率来看，两指数都以组内差距为主，组间差距为辅。以 Theil 指数为例，2018 年组内差距贡献率为 73.19%，而组间差距的贡献率只有 26.81%。

同样，进一步将总体组内指数进行分解成三大组群内部差距，可以看清组内差距的主要影响因素。表 3-12 以 Theil 指数为例①，对其组内差距进行了分解。从中可以看到，东部地区组内差距远高于中部、西部地区组内差距，说明东部地区内部教育经费差距比中部、西部地区更大。东部地区的组内差距是构成总体组内差距的主要因素，它对总体组内差距的贡献率达到平均 60.8% 的水平，西部次之，贡献率达到 36.2%；中部地区贡献率最低，只达到 2.99% 的水平，说明中部地区内部财政教育差距相对较小。值得注意的是，2013 年后，东部地区组内差距贡献率已开始逐渐降低，但西部地区却开始逐渐扩大。到 2018 年，西部地区组内差距对总体差距的贡献率达到 51.88% 的水平，已经超过了东部地区组内差距的贡献率了。

① 全部年份参见附录 L。

表 3-11　1996—2018 年初中财政生均教育经费 GE 指数表（部分年份）

GE 指数 / 年份	MLD 指数					Theil 指数				
	组内		组间		两者之和	组内		组间		两者之和
	差距	贡献率	差距	贡献率		差距	贡献率	差距	贡献率	
1996	0. 1532	81. 64%	0. 0344	18. 36%	0. 1876	0. 2048	87. 00%	0. 0306	13. 00%	0. 2354
1997	0. 5136	70. 36%	0. 2163	29. 64%	0. 7299	1. 0128	83. 88%	0. 1947	16. 12%	1. 2075
1998	0. 1316	79. 51%	0. 0339	20. 49%	0. 1655	0. 1667	84. 56%	0. 0304	15. 44%	0. 1971
2003	0. 1346	75. 40%	0. 0439	24. 60%	0. 1785	0. 1708	80. 44%	0. 0415	19. 56%	0. 2124
2008	0. 0863	67. 42%	0. 0417	32. 58%	0. 1279	0. 1126	72. 74%	0. 0422	27. 26%	0. 1548
2013	0. 0636	68. 69%	0. 0290	31. 31%	0. 0926	0. 0786	72. 59%	0. 0297	27. 41%	0. 1083
2018	0. 1027	69. 70%	0. 0447	30. 30%	0. 1474	0. 1177	73. 19%	0. 0431	26. 81%	0. 1608

表 3-12 1996—2018 年初中生均财政教育经费 Theil 指数组内差距分解表（部分年份）

组内差距 / 年份	组内差距	东部		中部		西部	
		差距	贡献率	差距	贡献率	差距	贡献率
1996	0.2048	0.0695	33.93%	0.0031	1.51%	0.1322	64.56%
2000	0.1501	0.0810	53.93%	0.0040	2.64%	0.0652	43.43%
2005	0.1663	0.1163	69.92%	0.0049	2.93%	0.0451	27.14%
2010	0.1060	0.0866	81.71%	0.0045	4.21%	0.0149	14.08%
2013	0.0786	0.0641	81.54%	0.0025	3.24%	0.0120	15.23%
2015	0.0886	0.0486	54.83%	0.0041	4.67%	0.0359	40.51%
2017	0.1020	0.0549	53.83%	0.0038	3.72%	0.0433	42.45%
2018	0.1177	0.0544	46.26%	0.0022	1.87%	0.0610	51.88%
均值			60.81%		2.99%		36.20%

总体上看，从基础教育的投入来看，当前区域间地方政府的财政教育经费差距形成的原因是以地区内部的组内差异为主，区域间的组间差异为辅。从小学到初中，2013 年之前，东部地区内部教育经费差距较大，主要原因仍然是同前面财力分析的情况类似，东部地区存在区域“极化”现象，即北京、广东和浙江这样的一线发达地区教育投入远远高于同组的其他地区。而 2014 年之后西部地区内部差距逐渐上升主要是中央政府的转移支付导致西部部分地区如西藏、青海和新疆，其生均教育经费远远高于组内其他地区。以初中生均教育经费为例，2018 年西藏、青海和新疆的经费分别为 32719 元/生、19199 元/生和 19468 元/生，而同组的广西和贵州的经费只达到 10644 元/生和 12367 元/生。除此以外，三大区域间的差距也不可忽视。以 2018 年为例，小学生均经费东、中、西三大地区的财政平均投入分别为 22753 元/生、10348 元/生和 12834 元/生，初中则分别为 36445 元/生、14402 元/生和 16514 元/生，东部地区投入水平远远高于中西部地区，特别是初中阶段。

（二）基础教育生师比

从教育的产出来看，我们选择了基础教育的生师比指标来衡量，并区分了小学和初中两个阶段。生师比的指标来自《中国教育统计年鉴》各年，以各年的在校生人数与教师人数之比形成，数据可得年限是 1986—2018 年。它对教育产出的是一个反向衡量，即生师比数字越小，代表教育产出效果越高。

1. 小学阶段

（1）基尼系数。

从原始数据看[①]，在观察期内大多数省份小学生师比的数据处于不断减小的状态，说明在教育产出的效果在提高。但也有部分省份该值一直较为稳定，变动不大，如上海、北京、西藏和青海。以北京为例，1986 年生师比指标为 13.36，1997 年后该指标有下降趋势，从 1997 年的 12.27 下降到 2006 年的 9.82，说明这段时期随着教育投入的增加，教育产出的效果也不断改善。但是 2007 年该值迅速攀升到 13.83，之后便一直保持较为稳，说明教育的投入虽然在不断增加，但是可能受教育的在校生人数也在不断攀升，因此教育的生师比指标衡量的教育产出并没有得到明显提升。

图 3－8 描述了观测期内各省份小学生师比差距的基尼系数变动趋势。图中可以看到，从整体趋势来看，生师比基尼系数值在不断降低，说明区域间生师比差距处于缩小状态。但 1986—2003 年该值波动性较大，反复上升下降，说明这段时期内区域间生师比的差距也处于不断缩小拉大的反复阶段。从 2003 年之后，基尼系数值基本上一直处于下降趋势，说明整体差距

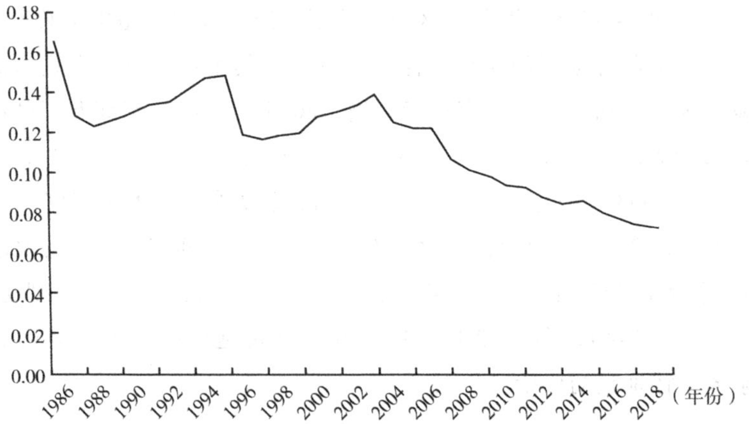

图 3－8　1986—2018 年 31 省份小学生师比基尼系数

① 参见附录 M。

处于不断收缩的状态。截至2018年，区域间小学生师比的基尼系数值达到0.0725，处于历史低位水平。

(2) GE指数。

借用GE指数，我们将总体的生师比差距进一步分解成东、中、西三个地区内部差距和组间差距，如表3－13所示①。

表3－13　1986—2018年31省市区小学生师比GE指数表

GE指数 / 年份	MLD指数					Theil指数				
	组内		组间		两者之和	组内		组间		两者之和
	差距	贡献率	差距	贡献率		差距	贡献率	差距	贡献率	
1988	0.0135	99.48%	0.0001	0.52%	0.0136	0.0133	99.48%	0.0001	0.52%	0.0134
1994	0.0215	98.80%	0.0003	1.20%	0.0218	0.0213	98.79%	0.0003	1.21%	0.0215
1999	0.0229	91.22%	0.0022	8.78%	0.0251	0.0212	90.61%	0.0022	9.39%	0.0234
2003	0.0280	80.94%	0.0066	19.06%	0.0346	0.0252	79.29%	0.0066	20.71%	0.0318
2010	0.0130	92.59%	0.0010	7.41%	0.0140	0.0127	92.52%	0.0010	7.48%	0.0138
2015	0.0106	98.41%	0.0002	1.59%	0.0107	0.0102	98.36%	0.0002	1.64%	0.0104
2018	0.0091	99.67%	0.0000	0.33%	0.0091	0.0087	99.66%	0.0000	0.34%	0.0088

MLD指数和Theil指数总体上经历了先上升后下降的趋势。1988—2003年，MLD指数和Theil指数上升速度较为明显，说明区域间生师比差距逐渐拉大；2003—2018年两指数又迅速下降，说明区域间生师比差距在近些年得到控制，处于缩小的状态。从组内和组间差距的贡献率上看，两指数的组内差距占据绝对为主的地位，大多数年份组间差距基本可以忽略不计，只有在1999—2010年，组间差距贡献率在10%左右。以Theil指数为例，2018年组内差距贡献率为99.66%，而组间差距的贡献率只有0.34%。

进一步将总体组内指数进行分解成三大组群内部差距，可以看清组内差距的主要影响因素。表3－14以Theil指数为例②，对其组内差距进行了分解。从中可以看到，就平均水平来说，三大地区对总体组内差距的贡献率接近，东部、中部、西部地区分别为36.88%、30.86%和32.24%。而从

① 全部年份参见附表N。

② 全部年份参见附录O。

变动趋势来看，东部地区组内差距对总体的贡献率处于不断下降的趋势，自2008年以来都在20%左右；西部地区的贡献率也处于缓慢下降的趋势，2008年贡献率为38%，2018年则降为23.6%。只有中部地区组内差距的贡献率处于不断上升的状态，2018年达到53.58%，说明中部地区内部生师比差距远高于东部、西部地区。这一点与教育的投入情况不完全相同。

表3-14 1986—2018年31省区市小学生师比Theil指数组内差距分解表

组内差距 / 年份	组内差距	东部		中部		西部	
		差距	贡献率	差距	贡献率	差距	贡献率
1986	0.0169	0.0070	41.56%	0.0023	13.71%	0.0075	44.74%
1990	0.0152	0.0076	50.01%	0.0029	18.85%	0.0047	31.12%
1995	0.0224	0.0115	51.49%	0.0044	19.58%	0.0065	28.93%
2000	0.0232	0.0099	42.69%	0.0058	24.86%	0.0075	32.42%
2005	0.0189	0.0069	36.65%	0.0048	25.29%	0.0072	38.06%
2010	0.0127	0.0024	18.79%	0.0059	46.06%	0.0045	35.14%
2015	0.0102	0.0020	19.70%	0.0052	51.37%	0.0029	28.91%
2018	0.0087	0.0020	22.84%	0.0047	53.58%	0.0021	23.60%
均值			36.88%		30.86%		32.24%

2. 初中阶段

(1) 基尼系数。

从原始数据看[①]，在观察期内所有省份的初中生师比的数据处于不断减小的状态，说明在教育产出的效果在提高。从平均水平来看，1986年平均生师比为20.12，2018年降为12.33，效果明显。但是地区之间有较大差异，以2018年为例，北京的生师比指标是7.83，远远低于平均水平，而广西的生师比指标最高，达到15.48。

图3-9描述了观测期内各省份初中生师比差距的基尼系数变动趋势。从中可以看到，从整体趋势来看，生师比基尼系数值在不断降低，说明区域间生师比差距处于缩小状态。但1986—2004年该值波动性较大，反复上升下降，说明这段时期内区域间生师比的差距也处于不断缩小拉大的反复

① 参见附录P。

阶段。从2004年后，基尼系数值小幅攀升到2006年后，基本上一直处于平稳趋势，说明整体差距较为稳定。截至2018年，区域间小学生师比的基尼系数值达到0.0832，处于历史低位水平。

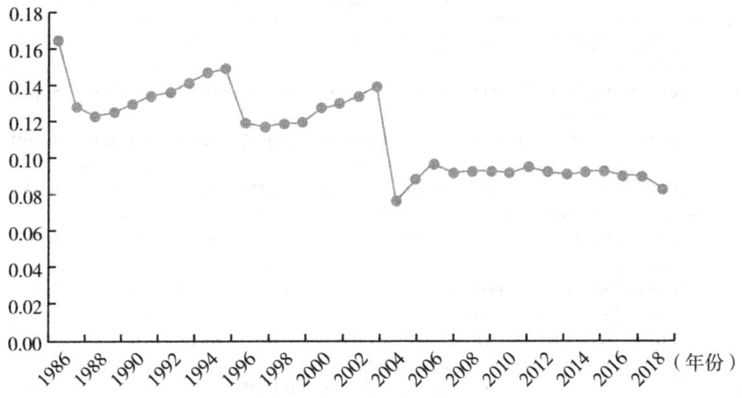

图3－9　1986—2018年31省区市初中生师比基尼系数

（2）GE指数。

借用GE指数，我们将总体的生师比差距进一步分解成东、中、西三个地区内部差距和组间差距，如表3－15所示①。

和基尼系数值类似，MLD指数和Theil指数总体上经历了先上升后下降再到稳定的趋势。1986—2003年，MLD指数和Theil指数上升速度较为明显，1986年的Theil指数为0.0178，2003年上升到0.0318，说明区域间生师比差距逐渐拉大。2004年MLD和Theil指数迅速下降，分别为0.0099和0.0097。之后，两指数小幅攀升到2006年，2007—2018年基本保持稳定，2018年两指数值分别为0.0115和0.0111，差距较小，说明近些年区域间生师比差距基本得到控制，处于较为稳定状态。从组内和组间差距的贡献率上看，两指数的组内差距占据了主要地位，大多数年份组间差距基本可以忽略不计，只有在1999—2014年，组间差距贡献率在10%—20%。以Theil指数为例，2018年组内差距贡献率为97.03%，而组间差距的贡献率只有2.97%。这一点与小学阶段的生师比差距情况类似。

① 全部年份参见附录Q。

表 3-15　　1986—2018 年 31 省区市初中生师比 GE 指数表（部分年份）

GE 指数 / 年份	MLD 指数					Theil 指数				
	组内		组间		两者之和	组内		组间		两者之和
	差距	贡献率	差距	贡献率		差距	贡献率	差距	贡献率	
1986	0.0175	94.95%	0.0009	5.05%	0.0184	0.0169	94.82%	0.0009	5.18%	0.0178
1990	0.0153	98.90%	0.0002	1.10%	0.0155	0.0152	98.90%	0.0002	1.10%	0.0154
1995	0.0228	99.56%	0.0001	0.44%	0.0229	0.0224	99.55%	0.0001	0.45%	0.0225
1999	0.0229	91.22%	0.0022	8.78%	0.0251	0.0212	90.61%	0.0022	9.39%	0.0234
2003	0.0280	80.94%	0.0066	19.06%	0.0346	0.0252	79.29%	0.0066	20.71%	0.0318
2004	0.0088	88.79%	0.0011	11.21%	0.0099	0.0086	88.64%	0.0011	11.36%	0.0097
2006	0.0131	83.97%	0.0025	16.03%	0.0156	0.0125	83.34%	0.0025	16.66%	0.0150
2007	0.0109	81.95%	0.0024	18.05%	0.0132	0.0106	81.52%	0.0024	18.48%	0.0130
2014	0.0119	90.95%	0.0012	9.05%	0.0130	0.0120	90.96%	0.0012	9.04%	0.0132
2018	0.0111	97.12%	0.0003	2.88%	0.0115	0.0108	97.03%	0.0003	2.97%	0.0111

进一步将总体组内指数进行分解成三大组群内部差距，可以看清组内差距的主要影响因素。表 3-16 以 Theil 指数为例①，对其组内差距进行了分解。从中可以看到，就平均水平来说，东部地区对总体组内差距的贡献率为 45.15%，中部、西部地区分别为 23.56% 和 32.24%，仍然以东部地区为主。而从变动趋势来看，中部地区组内差距对总体的贡献率处于不断上升的趋势，而西部地区的贡献率处于缓慢下降的趋势。这一点与小学阶段的生师比差距情况不完全相同。

总体上看，从基础教育的产出来看，当前区域间教育的生师比差距以地区内部的组内差异为主，区域间的组间差异为辅。从三大地区的组内差距来看，小学教育以中部地区内部差距为主，东部、西部次之；初中教育以东部地区内部差距为主，中部、西部次之。值得注意的是，从数据的变动趋势看，小学和初中阶段，中部地区内部差距有扩大的趋势。

① 全部年份参见附录 R。

表 3-16　1986～2018 年 31 省区市初中生师比 Theil 指数组内差距分解表（部分年份）

组内差距/年份	组内差距	东部		中部		西部	
		差距	贡献率	差距	贡献率	差距	贡献率
1986	0.0169	0.0070	41.56%	0.0023	13.71%	0.0075	44.74%
1989	0.0140	0.0068	48.71%	0.0018	12.87%	0.0054	38.38%
1990	0.0152	0.0076	50.01%	0.0029	18.85%	0.0047	31.12%
1995	0.0224	0.0115	51.49%	0.0044	19.58%	0.0065	28.93%
2000	0.0232	0.0099	42.69%	0.0058	24.86%	0.0075	32.42%
2005	0.0111	0.0064	57.24%	0.0029	25.95%	0.0019	16.86%
2010	0.0098	0.0037	37.44%	0.0023	23.35%	0.0038	39.18%
2015	0.0126	0.0049	38.65%	0.0038	29.83%	0.0040	31.50%
2018	0.0108	0.0053	48.71%	0.0033	30.98%	0.0022	20.32%
均值			45.15%		23.56%		32.24%

三、医疗服务供给差距

卫生经费的来源更为多元化，既有政府对医疗卫生事业的支出，又有个人和社会经费来源。本书在医疗服务投入方面选用的是政府人均医疗卫生支出，代表由政府提供的这一部分公共品，具体指标采用的是人均一般公共预算内医疗卫生经费的数据。在医疗服务的产出方面，我们采用的是每万人拥有的医疗机构床位数指标。数据来源于《中国统计年鉴》《中国卫生健康统计年鉴》《中国财政年鉴》各年和中经网统计数据库。由于1996 年之前医疗卫生经费在教科文卫经费中一起加总统计，无单独列支，我们采用的数据来源是 1996—2018 年。

（一）人均一般公共预算内卫生经费

1. 基尼系数

从卫生事业的投入来看，1996—2018 年 31 省区市人均一般公共预算内卫生经费增幅较为明显①。从平均水平来看，1996年人均预算内卫生经费46.12元，2018年上涨到1452.72元，剔除了物价水平变动后，人均实际卫生经费水平也是1996年的约21倍。但同时，地区间的差距也较为明显。从2018年的数据来看，北京和上海的人均卫生经费已达到3186元和2487元，但是辽宁省和黑龙江省的人均卫生经费尚未达到1000元，分别为830元和787元。值得注意的是，西部地区的西藏和青海，人均卫生经费分别为3819元和2608元，甚至超过了中东部地区的水平。这里的原因主要还是东部地区的人口数过大，导致人均经费额度较低。图3－10是1996—2018年各省份人均卫生经费基尼系数。从中可以看到，从整体趋势来看，基尼系数经历了先上升后下降的趋势。1996—2004年，基尼系数从0.3543小幅攀升到2004年的0.4033，说明这段时间内区域间卫生经费的差距在不断拉大；2004年后，基尼系数值迅速下降到2013年的0.2049，之后便较为稳定，2018年基尼系数值为0.2187。

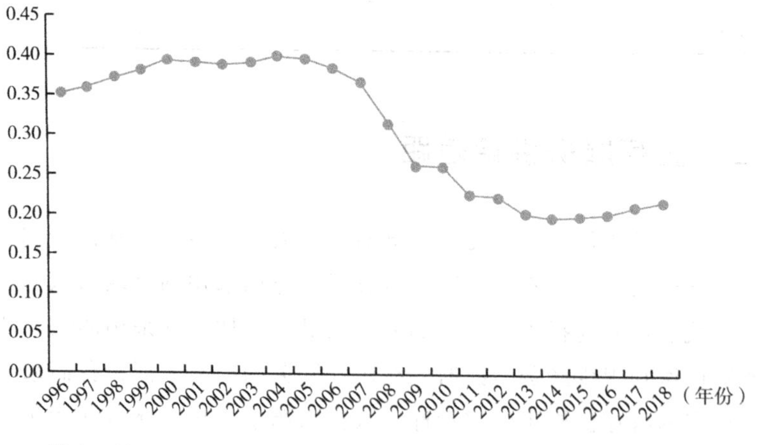

图3－10　1996—2018年31省区市人均预算内卫生经费基尼系数

2. GE指数

GE指数有助于将全国总体的人均卫生经费差距进一步分解成东部、中部和西部三个组内部差距和组间差距，表3－17列示了三个组的GE指数②。

① 参见附录S。

② 全部年份参见附录T。

表 3-17 1996—2018 年 31 省区市地方人均财政医疗支出 GE 指数表（部分年份）

GE 指数 / 年份	MLD 指数					Theil 指数				
	组内		组间		两者之和	组内		组间		两者之和
	差距	贡献率	差距	贡献率		差距	贡献率	差距	贡献率	
1996	0.1519	75.26%	0.0499	24.74%	0.2018	0.1844	80.55%	0.0445	19.45%	0.2289
2000	0.1780	69.16%	0.0794	30.84%	0.2574	0.2351	76.51%	0.0722	23.49%	0.3073
2004	0.1776	67.74%	0.0846	32.26%	0.2622	0.2236	74.39%	0.0770	25.61%	0.3006
2007	0.1765	78.69%	0.0478	21.31%	0.2244	0.2281	84.20%	0.0428	15.80%	0.2709
2010	0.0890	78.87%	0.0238	21.13%	0.1128	0.1099	83.53%	0.0217	16.47%	0.1316
2014	0.0500	76.91%	0.0150	23.09%	0.0650	0.0590	80.87%	0.0140	19.13%	0.0729
2018	0.0615	77.83%	0.0175	22.17%	0.0790	0.0737	81.93%	0.0163	18.07%	0.0900

总体上来看，MLD 指数和 Theil 指数呈现先缓慢上升再迅速下降趋势。以 Theil 指数来看，先从 1996 年的 0.2289 缓慢攀升到 2000 年的 0.3073，之后一直较为稳定，说明这段时间区域间的人均卫生经费差距还处于拉大阶段。2004 年 Theil 指数开始下降，特别是 2007 年后下降幅度明显，从 2007 年的 0.2709 下降到 2014 年的 0.0729，说明这段时间内我国区域间人均卫生经费的差距处于缩小状态。之后一直较为稳定，差距水平得到控制。

将总体指数分解成组内与组间的两个分解指数，组内差距一直是总体差距的重要原因。无论是从 MLD 指数还是从 Theil 指数来看，组内差距对总差距的贡献率都达到 80% 左右，而组间差距的贡献率只有 20% 左右。

如果进一步将总体组内指数进行分解，则可以得到如表 3-18 所示的三大组群内部差距①。就平均水平看，东部地区的组内差距是构成总体组内差距的主要因素，它对总体组内差距的平均贡献率为 67%。中部地区的组内差距贡献率一直较小，说明中部地区内部人均卫生经费差距较小。但是东部和西部地区的内部差距正在发生变化，2016 年之前，东部地区组内差距贡献率一直远高于中部、西部地区组内差距贡献率，但是从 2017 年开

① 全部年份参见附录 U。

始，西部地区组内差距贡献率已经反超东部，并且有持续上升趋势。因此，西部地区内部的人均卫生经费差距值得关注。

表 3-18　1996—2018 年 31 省区市人均财政卫生经费 Theil 指数组内差距分解表（部分年份）

组内差距 / 年份	组内差距	东部		中部		西部	
		差距	贡献率	差距	贡献率	差距	贡献率
1996	0.1844	0.1116	60.54%	0.0059	3.22%	0.0668	36.24%
2000	0.2351	0.1774	75.46%	0.0045	1.93%	0.0532	22.61%
2005	0.2334	0.1672	71.64%	0.0060	2.55%	0.0603	25.81%
2010	0.1099	0.0683	62.15%	0.0016	1.42%	0.0400	36.42%
2016	0.0609	0.0387	63.52%	0.0015	2.54%	0.0207	33.94%
2017	0.0666	0.0324	48.66%	0.0013	1.97%	0.0329	49.36%
2018	0.0737	0.0346	46.93%	0.0018	2.44%	0.0373	50.63%
均值			67.41%		2.14%		30.45%

（二）每万人拥有的医疗机构床位数

从医疗服务的产出来看，我们选择了每万人拥有的医疗机构床位数指标来衡量，数据来源于中经网统计数据库，数据可得年限是 1996—2018 年。

1. 基尼系数

从原始数据看①，在观察期内大多数省份每万人拥有的床位数处于不断增加的状态，说明在医疗投入的产出效果在提升。但也有部分省份该值一直变动不大，甚至有减少趋势，如上海、北京和天津。以北京为例，1996 年每万人拥有的床位数为 60 张，之后一直较为稳定，直到 2004 年才增长到 65 张。2004—2011 年这段时间，每万人拥有的床位数指标一直增长到 2011 年的 74 张。但是 2012 年又迅速下降到 48 张，之后缓慢上升，到 2018 年该值为 57 张，甚至低于 1996 年的水平。上海、北京和天津作为特大城市，城市人口数量增长迅速，因此尽管医疗卫生经费一直增长，但

① 参见附录 V。

每万人拥有的医疗机构床位数增长并不明显。另外，与其他指标不同的是，该指标在经济发达地区的数值要低于其他地区，如2018年北京、上海、浙江和广东四个地区每万人拥有的医疗机构床位数分别为59张、60张、60张和47张，而同期湖南、四川和黑龙江三个地区拥有的床位数分别为73张、75张和70张。主要原因是东部发达地区拥有的人口数较多，因而人均床位数较低。

图3－11描述了观测期内各省份每万人拥有医疗机构床位数基尼系数变动趋势。从中可以看到，从整体趋势来看，基尼系数值在不断降低，说明区域间每万人拥有的医疗机构床位数差距处于缩小状态，特别是2011年以后，基尼系数值从0.1364下降到2012年的0.0735。自2012年之后，基尼系数值较为稳定，只有小幅攀升，2018年该值为0.0760。

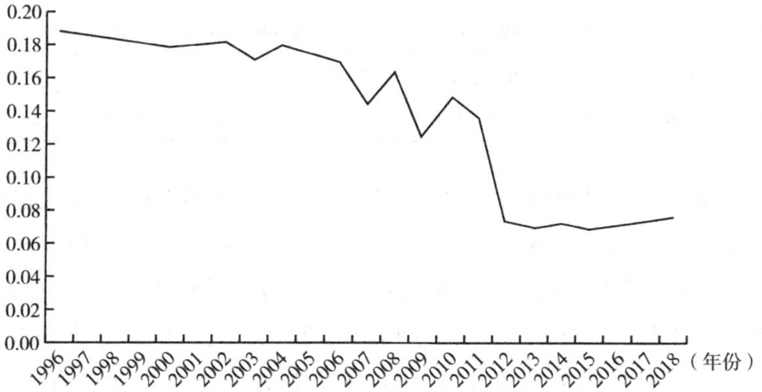

图3－11　1996—2018年31省区市每万人拥有医疗机构床位数基尼系数

2. GE指数

借用GE指数，我们将总体的拥有床位数差距进一步分解成东、中、西三个地区内部差距和组间差距，如表3－19所示①。

总体来说，MLD指数和Theil指数的变动趋势类似基尼系数，处于下降趋势，特别是2010年之后。2010年MLD和Theil指数分别为0.0364和0.0399，2018年两者下降到0.0096和0.0093。由于数值本身较小，所以反映差距的指数值也较小。目前，区域间每万人拥有床位数差距总体较

① 全部年份参见附录W。

小。从组内和组间差距的贡献率上看，两指数都是以组内差距为主，平均组内差距贡献率约为 80%，而组间差距贡献率约为 20%。

表 3-19　1996—2019 年 31 省区市每万人医疗机构床位数 GE 指数表（部分年份）

GE 指数 / 年份	MLD 指数					Theil 指数				
	组内		组间		两者之和	组内		组间		两者之和
	差距	贡献率	差距	贡献率		差距	贡献率	差距	贡献率	
1986	0.0482	87.05%	0.0072	12.95%	0.0554	0.0514	87.55%	0.0073	12.45%	0.0587
1990	0.0421	81.14%	0.0098	18.86%	0.0519	0.0463	82.28%	0.0100	17.72%	0.0563
1995	0.0406	79.16%	0.0107	20.84%	0.0513	0.0458	80.73%	0.0109	19.27%	0.0567
2000	0.0310	85.13%	0.0054	14.87%	0.0364	0.0344	86.21%	0.0055	13.79%	0.0399
2005	0.0068	90.45%	0.0007	9.55%	0.0075	0.0067	90.35%	0.0007	9.65%	0.0075
2010	0.0461	84.12%	0.0087	15.88%	0.0548	0.0499	84.88%	0.0089	15.12%	0.0587
2015	0.0419	77.26%	0.0123	22.74%	0.0542	0.0476	79.06%	0.0126	20.94%	0.0602
2018	0.0406	79.16%	0.0107	20.84%	0.0513	0.0458	80.73%	0.0109	19.27%	0.0567

进一步将总体组内指数进行分解成三大组群内部差距，可以看清组内差距的主要影响因素。表 3-20 以 Theil 指数为例①，对其组内差距进行了分解。从中可以看到，就平均水平来说，东部地区对总体组内差距的贡献率接近 58%，中部、西部地区分别为 14% 和 28%。但从变动趋势来看，东部地区组内差距对总体的贡献率处于不断下降的趋势，自 2012 年以来都在 30% 左右；而西部地区的贡献率却处于缓慢上升的趋势，2012 年以来都在 40% 以上，西部地区内部每万人拥有床位数差距逐渐高于东部、中部和西部地区。

表 3-20　1996—2019 年 31 省区市每万人医疗机构床位数 Theil 指数组内差距分解表（部分年份）

组内差距 / 年份	组内差距	东部		中部		西部	
		差距	贡献率	差距	贡献率	差距	贡献率
1996	0.0514	0.0324	63.10%	0.0078	15.09%	0.0112	21.80%
2000	0.0463	0.0319	68.97%	0.0063	13.51%	0.0081	17.53%

① 全部年份参见附录 X。

续表

年份＼组内差距	组内差距	东部		中部		西部	
		差距	贡献率	差距	贡献率	差距	贡献率
2005	0.0458	0.0332	72.47%	0.0047	10.34%	0.0079	17.19%
2010	0.0344	0.0245	71.27%	0.0042	12.28%	0.0057	16.44%
2012	0.0086	0.0033	38.73%	0.0010	11.67%	0.0043	49.61%
2016	0.0071	0.0025	34.42%	0.0016	22.98%	0.0030	42.62%
2018	0.0077	0.0028	36.89%	0.0014	17.55%	0.0035	45.50%
均值			57.66%		14.00%		28.34%

四、基础设施服务供给差距

随着政府预算口径的变化，对基础设施的支出常分列不同的预算科目下。2007 年以前，政府的预算口径中有单独的基础设施支出项目；2007 年政府预算收支分类改革之后，取消了基础设施支出项目，我们采用了反映交通运输类设施的交通运输支出指标来反映基础设施服务的投入，类似的做法参见魏福成和胡洪曙（2015），缪小林等（2017）。当然，2007 年前后数据不可比。在基础设施的产出方面，我们采用的是城市人均道路面积指标①。数据来源于《中国统计年鉴》和《中国财政年鉴》各年。

（一）人均基础设施投入

1. 基尼系数

从基础设施的投入数据来看②，1991—2018 年 31 省区市的增幅都较为明显。从平均水平来看，1991—2006 年，人均基础设施投入从 32.29 元上升到 460.52 元；1997—2018 年，人均基础设施投入从 159.37 元上升到 1378.14 元。但同时，地区间的差距也较为明显。从 2018 年的数据来看，北京和上海的人均基础设施经费已达到 3010 元和 2283 元，但是河北省和安徽省的人均值尚未达到 1000 元，分别为 577 元和 360 元。值得注意的

① 在这里我们将差距比较的重点放在三大区域之间，没有区分城市和农村的差距。

② 参见附录 Y。

是，西部地区的西藏和青海，人均基础设施经费分别为 11937 元和 2847 元，超过了中东部绝大多数地区的水平。这里的原因除了因为西部地区的人口数较少，还说明中央有大量的基础设施项目向西部地区倾斜，从而导致人均经费额度较高。图 3－12 是 1991—2018 年各省份人均基础设施经费基尼系数，其中 2007 年前后数据不可比。从中可以看到，从整体趋势来看，基尼系数值一直在 0.3 至 0.6 之间，说明地区间人均基础设施投入的差距较大。具体来说，2007—2018 年，基尼系数值经历了先下降后上升的趋势，2018 年基尼系数值为 0.4776，说明当前地区间人均基础设施投入的差距仍然较大。

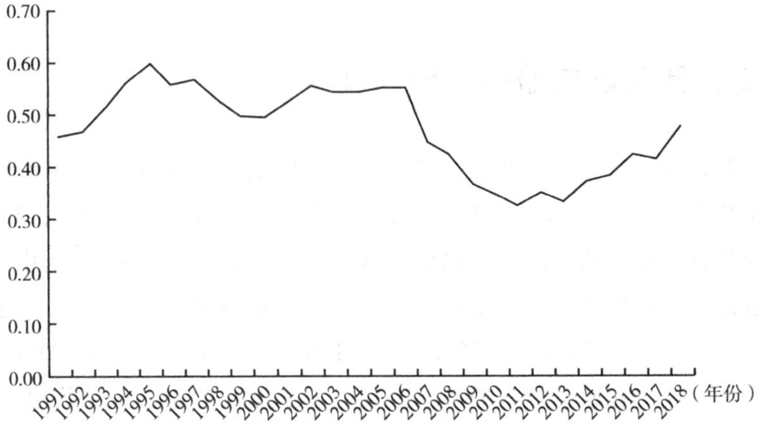

图 3－12　1991—2018 年 31 省区市人均基础设施投入基尼系数

2. GE 指数

借用 GE 指数，我们将总体的拥有床位数差距进一步分解成东、中、西三个地区内部差距和组间差距，如表 3－21 所示①。

总体来说，MLD 指数和 Theil 指数的变动趋势类似基尼系数，2007 年前处于波动和缓慢下降趋势；2007 年之后，处于缓慢攀升阶段。值得关注的是 2016 年以来，两指数上升趋势比较明显，2018 年 MLD 和 Theil 指数分别为 0.3847 和 0.5239，说明区域间基础设施投入的差距还在拉大。从组内和组间差距的贡献率上看，两指数都是以组内差距为主，平均组内差距贡献率约为 70%，而组间差距贡献率约 30%。

① 全部年份参见附录 Z。

表 3 - 21　1991—2018 年 31 省区市地方人均实际基础设施支出 GE 指数表（部分年份）

GE 指数 / 年份	MLD 指数					Theil 指数				
	组内		组间		两者之和	组内		组间		两者之和
	差距	贡献率	差距	贡献率		差距	贡献率	差距	贡献率	
1991	0.2640	73.24%	0.0965	26.76%	0.3605	0.2797	78.42%	0.0770	21.58%	0.3567
1995	0.4894	70.72%	0.2026	29.28%	0.6920	0.5290	78.99%	0.1407	21.01%	0.6698
2000	0.3003	73.55%	0.1080	26.45%	0.4082	0.3832	81.86%	0.0849	18.14%	0.4681
2004	0.3636	72.43%	0.1384	27.57%	0.5020	0.4776	82.00%	0.1048	18.00%	0.5824
2007	0.2167	62.25%	0.1314	37.75%	0.3480	0.3618	73.90%	0.1278	26.10%	0.4896
2012	0.1293	63.55%	0.0741	36.45%	0.2034	0.1771	72.06%	0.0687	27.94%	0.2457
2016	0.2016	68.61%	0.0922	31.39%	0.2938	0.2869	77.21%	0.0847	22.79%	0.3716
2017	0.1939	68.52%	0.0891	31.48%	0.2830	0.2689	77.24%	0.0792	22.76%	0.3482
2018	0.2511	65.26%	0.1336	34.74%	0.3847	0.4032	76.96%	0.1207	23.04%	0.5239

进一步将总体组内指数进行分解成三大组群内部差距，可以看清组内差距的主要影响因素。表 3 - 22 以 Theil 指数为例①，对其组内差距进行了分解。从中可以看到，就平均水平来说，西部地区对总体组内差距的贡献率接近 58%，中部、东部地区分别为 1% 和 41%。特别是从 2007 年后，西部地区的贡献率总体上接近 80%，说明近些年来，基础设施投入的总体组内差距主要存在于西部地区。从绝对数值看②，西部地区的西藏、青海、内蒙古等地的实际人均基础设施投入分别为 1834 元、437 元和 275 元，但是同为西部的广西和陕西投入只有 93 元和 115 元③，这主要是一些重大基础设施项目投入在西部地区，而西藏、青海的人口数量较少造成人均值较高的原因。

① 全部年份参见附录 AB。

② 参见附录 AC。

③ 物价水平以 1978 年为基础年份。

表 3-22　1991—2018 年 31 省区市人均基础设施投入 Theil 指数组内差距分解表（部分年份）

年份＼组内差距	组内差距	东部		中部		西部	
		差距	贡献率	差距	贡献率	差距	贡献率
1991	0.2797	0.1727	61.75%	0.0055	1.97%	0.1015	36.28%
1995	0.5290	0.2365	44.70%	0.0078	1.48%	0.2847	53.82%
2000	0.3832	0.2736	71.39%	0.0026	0.67%	0.1070	27.93%
2005	0.5011	0.2767	55.22%	0.0031	0.62%	0.2213	44.17%
2007	0.3618	0.0369	10.21%	0.0047	1.31%	0.3201	88.48%
2008	0.3710	0.0971	26.17%	0.0055	1.49%	0.2683	72.34%
2010	0.2307	0.0501	21.70%	0.0068	2.96%	0.1738	75.33%
2015	0.1896	0.0310	16.36%	0.0027	1.41%	0.1559	82.22%
2018	0.4032	0.0644	15.97%	0.0046	1.14%	0.3342	82.89%
均值			40.83%		1.36%		57.81%

（二）人均城市道路面积

从基础设施投入的产出来看，我们选择了人均城市道路面积指标来衡量，数据来源于中经网统计数据库，数据可得年限是 1999—2018 年。

1. 基尼系数

从原始数据看①，在观察期内大多数省份人均城市道路面积在不断增加，但也有部分省份该值一直变动不大，甚至有减少趋势，如天津、上海、山东和广东。其中，后三者的数据自 2013 年以来，变动不大，基本稳定；而天津市的数据则有减少趋势，2013 年人均值为 18.7 平方米，2018 年则下降为 11.67 平方米，说明城市道路增长速度低于人口增长速度。另外，与每万人拥有医疗机构床位数指标类似，该指标在经济发达地区的数值要低于经济欠发达地区。以东部地区为例，全国平均水平为 17.36 平方米，东部地区的北京、天津、辽宁、上海和广东五个地区的水平分别为 7.68 平方米、12.98 平方米、15.06 平方米、4.72 平方米和 13.6 平方米，以上海和北京为最低水平，说明特大城市人均拥有的公共品数量较少。

① 参见附录 AD。

图 3－13 描述了观测期内各省份人均拥有城市道路面积基尼系数变动趋势。从中可以看到，从整体趋势来看，基尼系数值在 2003 年前缓慢降低，2003 年后基本保持稳定，在 0.15 左右。联系到原始数据值本身偏小，说明区域间人均拥有城市道路面积的差距还有一定的规模。

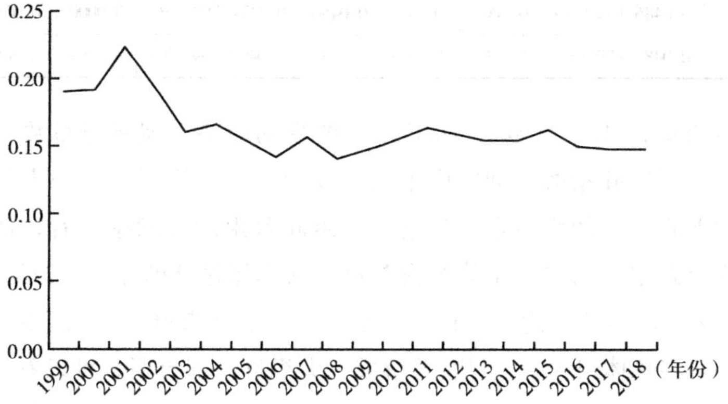

图 3－13　1999—2018 年 31 省区市人均拥有城市道路面积基尼系数

2. GE 指数

借用 GE 指数，我们将总体的拥有城市道路面积差距进一步分解成东、中、西三个地区内部差距和组间差距，如表 3－23 所示①。

表 3－23　　1999—2018 年人均城市道路面积 GE 指数表（部分年份）

年份 \ GE 指数	MLD 指数					Theil 指数				
	组内		组间		两者之和	组内		组间		两者之和
	差距	贡献率	差距	贡献率		差距	贡献率	差距	贡献率	
1999	0.0462	82.81%	0.0096	17.19%	0.0558	0.0486	83.26%	0.0098	16.74%	0.0583
2000	0.0477	83.65%	0.0093	16.35%	0.0570	0.0514	84.49%	0.0094	15.51%	0.0608
2002	0.0449	71.94%	0.0175	28.06%	0.0624	0.0453	71.65%	0.0179	28.35%	0.0633
2003	0.0349	78.13%	0.0098	21.87%	0.0446	0.0361	78.48%	0.0099	21.52%	0.0460
2004	0.0329	70.64%	0.0137	29.36%	0.0466	0.0345	71.21%	0.0139	28.79%	0.0484
2007	0.0445	97.67%	0.0011	2.33%	0.0455	0.0418	97.50%	0.0011	2.50%	0.0428

① 全部年份参见附录 AE。

续表

年份 \ GE 指数	MLD 指数					Theil 指数				
	组内		组间		两者之和	组内		组间		两者之和
	差距	贡献率	差距	贡献率		差距	贡献率	差距	贡献率	
2012	0.0496	94.49%	0.0029	5.51%	0.0525	0.0434	93.69%	0.0029	6.31%	0.0463
2016	0.0486	99.96%	0.0000	0.04%	0.0486	0.0424	99.95%	0.0000	0.05%	0.0425
2018	0.0480	99.83%	0.0001	0.17%	0.0481	0.0409	99.80%	0.0001	0.20%	0.0410

总体来说，MLD 指数和 Theil 指数的变动趋势类似基尼系数，2003 年之后 MLD 和 Theil 指数变动幅度不大，较为稳定，说明区域间人均城市道路面积的差距一直较为稳定。从组内和组间差距的贡献率上看，两指数都是以组内差距绝对为主，平均组内差距贡献率超过 99%，而组间差距贡献率不到 1%，说明总体的差距以三大地区内部的城市道路面积差距为主。

进一步将总体组内指数进行分解成三大组群内部差距，可以看清组内差距的主要影响因素。表 3－24 以 Theil 指数为例①，对其组内差距进行了分解。从中可以看到，就平均水平来说，东部地区对总体组内差距的贡献率接近 59%，中部、东部地区分别为 7% 和 34%，贡献率以东部地区为主。特别是从 2007 年之后，东部地区的贡献率总体上接近 70%，说明近些年来，从产出的角度基础设施人均拥有量的总体组内差距主要存在于东部地区。从绝对值来看②，东部地区的山东、福建、河北等地的城市人均道路面积分别为 25 平方米、21 平方米和 20 平方米，但是同为东部的上海和北京面积只有 4.7 平方米和 7.7 平方米，这还是由于特大城市人口数量过大造成人均值较低。

表 3－24　1999—2018 年人均城市道路面积 Theil 指数组内差距分解表（部分年份）

年份 \ 组内差距	组内差距	东部		中部		西部	
		差距	贡献率	差距	贡献率	差距	贡献率
1999	0.0486	0.0220	45.22%	0.0048	9.86%	0.0218	44.92%
2003	0.0361	0.0188	51.98%	0.0015	4.23%	0.0158	43.80%
2007	0.0418	0.0265	63.47%	0.0030	7.13%	0.0123	29.40%

① 全部年份参见附录 AF。

② 参见附录 AD。

续表

年份 \ 组内差距	组内差距	东部		中部		西部	
		差距	贡献率	差距	贡献率	差距	贡献率
2010	0.0437	0.0322	73.76%	0.0031	7.11%	0.0084	19.15%
2015	0.0472	0.0286	60.61%	0.0034	7.16%	0.0152	32.24%
2018	0.0409	0.0289	70.79%	0.0034	8.21%	0.0086	21.00%
均值			59.27%		7.27%		33.46%

第五节 本章小结

本章我们将地区间经济差距具体化为地区经济增长差距、地区政府财力水平差距和地区公共品供给差距三个指标，并运用变异系数法、基尼系数法和 GE 指数法分别对这三大差距做了总体描述和组内、组间差距的分解。结果如下：

1. 从区域经济增长差距来看，其差距有逐渐缩小的趋势，目前处于历史低位水平，其基尼系数值为 0.2847。其差距形成的原因包括东部、中部、西部内部差距和组间差距，两者的贡献率相当，各占约 50%。但值得注意的是从数据变动趋势来看，组间差距的贡献率越来越大，三大区域的组间差距将有可能成为未来经济增长差距逐渐重要的原因。而从组内差距的分解来看，组内差距 80% 左右来自东部地区内部，从数据的变动趋势来看，有缓慢降低的趋势；中部地区内部差距一直较小，并且稳定；西部地区内部差距不大，目前对总体组内差距的贡献率约为 16%，但有缓慢增长趋势。

2. 从区域财力水平差距来看，其变动趋势同区域经济增长差距的变动趋势类似，总体下降，目前也处于历史低位水平，其基尼系数值为 0.1917。其差距形成的原因主要以东部、中部、西部内部的组内差距为主，其对总体差距的贡献率达到约 70%，组间差距的贡献率只占约 30%，这和形成区域经济增长差距的原因略有不同。而从组内差距的分解来看，当前组内差距 82% 左右来自东部地区内部，从数据的变动趋势来看，该占比未有明显减缓趋势。区域财力水平差距的主体形成原因是东部内部的财力水平差距，从财力水平的具体数值看，东部一线发达地区如上海、北京，其人均财力水平已经远远超过其组群内部和全国财力平均水平，这一点比区域经济增长差距还要明显。

3. 区域公共品供给差距。从教育服务的投入来看，基础教育的生均财政性教育经费差距变动趋势较为稳定，特别是初中阶段，小学阶段的生均财政性教育经费差距略有缩小趋势。2018 年小学和初中阶段生均教育经费的基尼系数值分别为 0. 2681 和 0. 3045，初中阶段的区域间教育经费差距略高于小学阶段。从差距的分解显示来看，二者都是以组内差距为主，贡献率约为 70% 。从组内差距的分解来看，二者的共同趋势是东部地区的贡献率曾经占据主要地位，但随着时间的演进，当前西部地区的内部差距逐渐占据了主要地位。2018 年小学阶段和初中阶段西部地区组内差距对总体组内差距的贡献率分别为 50. 68% 和 51. 88% 。这里面主要是由于中央财政对教育的转移支付导致西部部分地区如西藏、青海和新疆地区，其生均教育经费远远高于组内其他地区。除此以外，三大区域间的差距也不可忽视。以 2018 年为例，小学生均经费东、中、西三大地区的财政平均投入分别为 22753 元/生、10348 元/生和 12834 元/生，初中则分别为 36445 元/生、14402 元/生和 16514 元/生，东部地区投入水平远远高于中西部地区，特别是初中阶段。从教育服务的产出来看，小学和初中阶段的生师比差距自改革开放后处于不断缩小的状态，但初中阶段的生师比差距自 2007 年后基本保持不变，基尼系数值保持在 0. 08—0. 10，不再有缩小趋势。相对而言，小学的生师比差距要小于初中的生师比差距。二者相类似的是，总体差距的分解都是以组内差距为主，组间差距贡献率几乎可以忽略不计，这一点比教育投入更甚。不同的是，小学阶段的组内差距分解显示以中部地区的贡献率为主，2018 年达到 53. 58% ；而初中阶段的组内差距分解显示以东部地区的贡献率为主，2018 年达到 45. 15% 。总体而言，教育投入和产出的差距分解结果并不一致，教育投入的差距显示以西部地区的组内差距为主，当然组间的绝对差距也不可忽略；但是教育的产出差距却显示以中部地区和东部地区的组内差距为主，这可能还是因为各地教育投入产出的效率不同。

从医疗服务的投入来看，一般预算内人均卫生经费的基尼系数值经历了先上升后下降的趋势，当前基尼系数值为 0. 2178，为历史低位水平，说明整体上卫生经费的差距控制在一定程度之内。从差距的分解显示来看，卫生经费的差距以组内差距为主，贡献率约为80%。从组内差距的分解来看，以东部和西部的组内差距为主，2018年二者的贡献率分别为47%和50%。从数据变动趋势看，东部地区的贡献率处于下降趋势，而西部地区的贡献率处于上升趋势。这说明从投入上看东部地区的医疗服务均等化正在逐渐改善，而西部地区却处于差距逐渐拉大阶段，中部地区一直较为均等。从医疗服务的产出来看，每万人拥有的医疗机构床位数基尼系数值总体上处于下降趋势，当前基尼系数值为0.0760，为历史低位水平，说明整体上医疗服务的产出差距控制在一定程度之内。从差距的分解显示来看，医疗机构床位数差距以组内差距为主，贡献率约为80%，这一点和医疗服务的投入类似。另外，从组内差距的分解来看，也与医疗投入情况类似，都是以东部和西部的组内差距为主，2018年二者的贡献率分别为37%和45%。同样，从数据变动趋势看，东部地区的贡献率处于下降趋势，而西部地区的贡献率处于上升趋势。总体而言，与教育投入与产出差距情况不同，医疗服务的投入和产出的差距分解结果较为一致，都显示东部和西部地区内部的医疗服务供给差距较大，中部地区内部差距较小。但是东部地区的供给差距正在缩小，而西部地区却处于差距逐渐拉大阶段，值得警惕。

从基础设施服务的投入来看，人均基础设施投入的基尼系数值经历了先下降后上升的趋势，特别是在2011年之后，基尼系数值一直扩大，2018年为0.4776，说明当前区域间基础设施投入的差距较大。从差距的分解显示来看，组内差距和组间差距的贡献率分别为70%和30%，以组内差距为主。从组内差距的分解来看，西部的组内差距占据主要地位，2018年的贡献率为83%。并且从数据变动趋势看，该贡献率并没有下降趋势。从基础设施服务的产出来看，人均城市道路面积基尼系数值2003年后一直较为稳定，约在0.15。从差距的分解显示来看，同样以组内差距为主，贡献率约为99%，组间差距几乎可以忽略不计，这一点比基础设施投入更甚。从组内差距的分解来看，与基础设施投入情况不同，显示是以东部组内差距为主，2018年贡献率为71%。而从数据变动趋势看，同样，该贡献率并没有下降趋势。尽管基础设施的投入和产出差距的情况不一致，但根本原因都是东部一线发达地区人口过于集中，造成人均值都较低。东部地区的公共服务存在过度拥挤现象，值得警惕。

总体来看，随着经济水平的提高，政府对区域协调发展的重视也逐渐增强，随着不少相关措施出台，区域间的经济增长和财力差距处于相对缩小的趋势。但从绝对差距来看，部分一线发达地区无论是财力还是经济发展水平都已经处于绝对领先地位，这导致了部分公共品的供给差距客观存在，并且近些年来这种差距处于相对稳定状态，并没有降低的趋势，如教育和医疗。

值得注意的是，三大指标差距中，除了经济增长差距的分解显示组间差距的贡献率不可忽视，甚至未来有可能扩大以外，其他两个指标差距分解中都显示以三大地区内部的组内差距为主，财力水平组内差距主要以东部地区为主，而公共品供给的组内差距却显示教育投入和医疗投入以西部地区的内部差距为主，基础设施的产出以东部地区的内部差距为主。

第四章 财政竞争对区域发展差距的影响机制分析

第一节 地方政府行为目标与财政竞争

一、地方政府行为目标分析

（一）政府及地方政府

在政府产生以后，不断有学者发问，为什么要有政府？或者可以理解为政府存在的理由是什么？这显然应该是个规范的问题。以 Samuelson 为代表持“公共财政”观点的人会赞同政府存在的理由是为了弥补市场的失灵，提供市场不能有效提供的物品。而公共选择学派对此问题虽然没有进行正面回答，但是他们从实证角度对政府行为进行了观察后，认为“政府不过是一个无意识、无偏好的‘稻草人’。因为，政府是由政治家和政府官员组成的，政府决策和政府行动是由这些人做出的，因此，政府行为和政府目标在很大程度上受政治家和官员的动机支配”（史卓顿和奥查德，2000）。公共选择学派更多是重视政府当前行为的背后动机。政府提供公共品的行为与其背后动机之间的关系在 Niskanen（1971）看来是官员与政治家之间的一种双边垄断交易。官员将他们的产出——公共品只“卖给”政治家，政治家只从官员处“购买”公共品提供给选民。政治家出于赢取选票的目标，关心提供给选民公共品的预算规模是否达到最大化；而官员为了赢得自身利益的最大化也需要预算规模最大化。Breton（1996）将人们对政府讨论的前提假设归纳为两类：一种看法认为政府是所有公民共同意志的体现，它存在的任务是为了提供共同需要的物品；另一种看法是政府是掌权者及其合谋者利益的体现，政府的存在是为了使少数人的利益最大化服务。公共财政论显然应该被归属在前一类假设中，而公共选择学派无疑属于后一类假设范围。

本书部分认同公共选择学派观点，认为政府由不同个体组成，政府行为受到这些个体利益动机的影响。但同时对公共选择学派遵从的基本假设，即假定人们在政治和经济活动中都是本着一样的目的去实现个人利益最大化的假设持批判态度。这不仅是因为如某些学者所说的那样，“大多数人的动机中包含着程度不同的慷慨因素、无私的品德因素、对他人义务的习惯接受、对金钱以外的回报兴趣，同时，他们的动机中也有大量对物质利益的自利的欲望”（史卓顿和奥查德，2000）。用单一动机概括人的行为动机失之偏颇，更因为，公共选择学派本身强调的“规则”对人的自利行为的约束性不可忽视。因此，本书认为，在观察政府行为时，既要考虑到组成其中的官员的行为，还要对不同政府组织形式下的制度约束予以重视。

在现实观察中，政府的组织架构都是多层级的，本书论述的重点是“地方政府”，是指除中央政府之外的省级及以下地方政府。地方政府除了具有以上论述中所涉及的政府普遍功能外，还具有其他一些特征，一方面，它比中央政府更靠近居民，对居民有关公共品的偏好需求更为了解，因而承担了主要提供公共品的任务；另一方面，由于要素在辖区间的可流动性，它还在提供公共品以及为提供公共品而筹资的过程中都将受到其他同级政府的竞争。

（二）我国地方政府行为目标分析

1. 地方政府官员绩效考评制度

在我国，对地方政府的绩效考评主要取决于对地方政府官员的绩效考评制度。改革开放以来，我国对干部的考核逐渐改变了以往政治挂帅的方式，对干部任用的考核标准越来越强调政绩考核，而政绩考核又主要是以经济为导向的。

一些学者将新中国成立以来我国干部考核评价机制的发展大体划分为三个阶段。第一阶段是1949—1978年。这一阶段是我国对干部考核评价机制进行探索的阶段，这一阶段的考核标准主要围绕“德、能、勤、绩”展开。第二阶段是1979—1998年。这一阶段陆续出台了一系列深化干部考核的标准和意见，包括1979年的《关于实行干部考核制度的意见》、1989年的《中央国家机关司处级领导干部年度工作考核方案（试行）》、1996年的《县级党政领导班子政绩考核办法及考评标准体系》和1998年的《党政领导干部考核工作暂行规定》，可以视为我国干部考核评价机制的规范化和制度化阶段。第三阶段自1998年至今，这一阶段主要是针对新时期的实践工作出现的各种问题，对考核机制不断进行补充和完善。如2000年的《深化干部人事制度改革纲要》提出干部考核指标体系要以工作实绩为主要内容；2002年的《党政领导干部选拔任用工作条例》在传统的“德、能、勤、绩”考评标准基础上又增加了“廉”的内容；2006年的《体现科学发展观要求的地方党政领导班子和领导干部综合考核评价试行办法》则强调了科学发展观对干部考核标准的指导作用，对干部考核要综合考虑经济建设、政治建设、文化建设、社会建设和党的建设五个方面的成效。2009年印发和实施的《关于建立促进科学发展的党政领导班子和领导干部考核评价机制的意见》，是对我国的干部考核评价机制的具体完善。2012年党的十八大提出要完善干部考核评价机制，促进领导干部树立正确的政绩观。而围绕“一个中心、三个发展主线”是完善干部绩效考核机制的根本价值取向。其中，“一个中心”是指围绕以发展经济社会大局为中心。

2. 地方政府的绩效考评体系

上级政府对下级政府的绩效考评制度决定了下级政府的绩效指标，这些指标决定着下级政府的行动方向。而当前中国地方政府的绩效考核体系主要是由上级政府来制订的，通常是将本级政府的战略目标层层分解给下级政府。因此，地方政府绩效考评体系制订时遵从的指导思想也主要是完成上级政府的任务和指标，服从上级政府是其主要特征。

欧阳静（2018）列示了某基层县直单位的综合考评方案，并分析了在总分300分的考评体系中，比重最大的是县域经济发展，占总分值的53%。在“压力型”行政体制下，地方政府会把所有工作区分为“中心工作”和“业务性工作”，所有资源和精力主要投入到“中心工作”上。而

“中心工作”在当前的绩效考评指标体系下常常是围绕加快经济发展与建设展开，以“招商引资”和加快“园区建设”和“城区建设”为主。为了吸引资本的流入，提升当地经济发展的绩效，上级政府甚至会采取诸如召开“流动现场会”等类似策略在下级政府间引入竞争机制（欧阳静，2018）。

类似地，在实践中大多数地方政府的绩效评价内容主要包括年度经济指标完成情况、职责履行情况、廉政建设情况和工作效率情况等，其中经济指标完成情况占主要地位，考核的重心在于GDP的增长率、招商引资项目数、地方财政状况和老百姓的人均收入等。而在具体表现上，又因为缺乏统一、明确的政绩观的指导，各地政府设计出的绩效指标体系也是各不相同。

3. 基于多重目标委托—代理视角的我国地方政府行为目标分析

地方政府相当于中央政府的代理机构，承担了中央政府委托的任务。通常这些任务是一揽子的，而不是单一目标的，至少包括提供地区公共品、发展经济及维护社会稳定等几大块内容。为了实现对下级政府的有效管理，上级政府常常给下级政府制订一系列绩效考评指标，并对下一级的同级政府实行打分制，使其相互之间展开竞争。由于考评的指标有多个，但每个指标所占的权重并不相同，并且衡量任务的难易程度不同，导致下级政府行为为了迎合这种考评，目标可能并不是从该管辖区域的民众利益出发的。

由于中央和地方政府对具体委托任务的执行情况所了解的信息程度不同，在这种委托人和代理人之间信息不对称且有利益冲突的情况下，可以考虑使用委托—代理模型。通常代理人拥有私人信息，委托方不具有私人信息因而害怕代理人存在“道德风险”，需要通过设计一个契约来使委托人对代理人的私人信息更加显现化或使代理人的努力方向与委托人一致。因此中央政府将通过制订一系列的激励措施来对地方政府有效激励，从而使后者的行为符合前者的利益。Holmstrom 和 Milgrom（1991）认为在传统的委托—代理模型中，激励措施的职能是风险分配和奖励努力工作，而在多重任务目标的委托—代理模型中，激励报酬不仅充当风险分配、激励努力工作的职能，还起到在代理人的多重任务目标中如何分配努力的作用。在多任务委托代理模型中，一个基本假设是代理人的成本依赖于他在所有项目任务上的总的努力程度，因此代理人如果想提高某项任务的回报，势必会分散他在其他项任务上的努力。

（1）多重目标委托代理模型①。

Holmstrom 和 Milgrom（1991）假设委托人的偏好是风险中性的，代理人是属风险规避型，代理人的效用函数具有不变的绝对风险规避的特征，$u(w) = -e^{-rw}$。其中 r 是代理人风险厌恶系数，w 是代理人的回报，u 是代理人的效用函数。

假设代理人只从事两种性质的工作②，一类是可观测的或易于衡量的，为任务 1；另一类是难以观测或难于衡量的，为任务 2。代理人的努力维度为 $t = (t_1, t_2)$，其中 t_1 是代理人花在易于衡量任务上的努力程度，t_2 是花在难以衡量任务上的努力程度，代理人的成本函数设为 $C(t)$，委托人的收益函数为 $B(t)$。而由于外生扰动，使委托人对代理人的努力观测值为 $\theta = t + \varepsilon$，ε 是外生扰动项，服从标准正态分布，协方差矩阵为 Σ。

假设委托人对代理人提供的是线性激励合同，代理人的工资为 $w(\theta) = \beta^{T}\theta + w_0$，其中 w_0 是代理人的固定工资，β^{T} 是委托人对代理人不同性质工作的激励系数向量。

代理人的期望效用是 $u(CE) = E\{u[w(t) - C(t)]\}$，其中，$CE$ 表示代理人确定性等价货币收入（Certainty Equivalence）。

代理人的确定性等价货币收入是代理人的期望工资减去代理人的行动成本再减去风险成本之差。

$$CE = E(w) - C(t) - \frac{1}{2}rVAR(w)$$

$$= \beta^{T}t + w_0 - C(t) - \frac{1}{2}r\beta^{T}\sum\beta$$

因为委托人是风险中性的，因此，委托人的期望效用等于期望收入：

$$E(U_1) = E[B(\theta) - w(\theta)]$$

$$= B(t) - \beta^{T}t - w_0$$

因此，委托人和代理人加总确定性等价收入为两者之和，即 $B(t) -$

① 本模型为 Holmstrom 和 Milgrom（1991）模型，朱红琼（2008）也曾对此有过类似讨论。

② 这并不影响模型结论也适用于代理人从事多项工作的情况。

$C(t)-\frac{1}{2}r\beta^{T}\sum\beta$，最优合同（$t$，$\beta$）必须满足加总确定性等价收入的最大化，即：

$$\underset{t,\beta}{\mathrm{Max}}B(t)-C(t)-\frac{1}{2}r\beta^{T}\sum\beta \tag{4-1}$$

$$t\in\arg\max\beta^{T}t+w_{0}-C(t)-\frac{1}{2}r\beta^{T}\sum\beta \tag{4-2}$$

令式（4-2）一阶导为0，得到：

$$\beta_{i}=C_{i}(t),i=1,2 \tag{4-3}$$

成本函数的下角代表偏导数。

对式（4-3）求微分，可以得到委托人提供对任务的报酬与代理人投入努力之间的激励关系：

$$\frac{\partial B}{\partial t}=[C_{ij}] \tag{4-4}$$

对式（4-1）求解得到：

$$\beta=(I+r[C_{ij}]\sum)^{-1}B' \tag{4-5}$$

其中，B'是委托人收益函数的偏导向量。

当任务2的努力程度难以观测时，委托人只能观测到任务1的努力程度：

$\theta=t_{1}+\varepsilon$，并且$\sigma_{2}^{2}=+\infty$，$\sigma_{12}=0$：

式（4-5）具体化为：

$$\beta_{1}=(B_{1}-B_{2}C_{12}/C_{22})/[1+r\sigma_{1}^{2}(C_{11}-C_{12}^{2}/C_{22})]$$

当任务1和任务2为替代性质时，C_{12}为正值，此时需要注意不能使β_{1}太大，因为它将会强烈削弱本应该投入任务2的努力程度。此时对某项任务的激励既可以通过提高对它的报酬，也可以削弱它的机会成本。由于任务2的努力程度难以观测，因此要激励任务2的完成，只能削弱对任务1的激励。

（2）模型结论及启示。

如果将中央政府视为委托人，将地方政府视为代理人，借鉴这个模型的结论，在中央政府委托给对地方政府的考核任务中，有些任务是易于量化的，如财政收入、地区生产总值；而另一些任务则相对难以量化，如扶贫、教育支持等。因而如果对前者激励将会引起地方政府将更多的努力投入前项任务中去，而减少了后项任务的投入力度。在这种考评方式下，一个自然的假设是地方政府的支出行为将会产生一定程度的偏向，偏向于那些能促进地区生产总值和财政收入指标增长的支出项目上，而倾向于减少一些难以量化的公共服务投入，如教育、医疗卫生等项目上。已经有不少实证文献表明我国地方政府的行为目标确实是有此类倾向，如平新乔和白洁（2006），朱红琼（2008），张军等（2007），傅勇和张晏（2007）等。

因此，这对我们的政策启示是要合理导向地方政府对公共品的供给，一方面需要弱化对易量化的经济指标的考核，另一方面对难以量化的公共服务要选取合适的指标量化，使其绩效更易于测量，这两方面结合使代理人在多项任务上的努力分配方式也将重新调整。

尽管如此，地方政府在支出行为上的偏向在激励机制没有改变前将是客观存在的，这也是它们在展开横向的政府间竞争的基本外围环境。

二、地方政府间竞争与财政竞争

（一）政府竞争

Breton（1996）认为政府是某些类产品的生产和提供者，在这些产品的生产和提供上，它们与政府之外的机构之间存在竞争。而在政府内部，它们与上级、下级政府在纵向资源配置上存在相互竞争，与同级政府在横向资源配置上存在竞争。本书主要关注的是地方政府竞争，它是指除了中央政府之外的其他级别的政府间横向竞争；但同时中央政府与地方政府之间的纵向竞争关系可以视为地方政府横向竞争的外围环境。

在已有文献中，对政府竞争的理解有多种意思。刘汉屏和刘锡田（2003）认为地方政府竞争是指一个国家内部不同行政区域地方政府之间为提供公共物品，吸引资本、技术等生产要素而在投资环境、法律制度、政府效率等方面开展的跨区域政府间的竞争。中国地方政府竞争课题组（2002）认为地方竞争是市场经济中当地政府，当地化的企业、居民、区位和资源等非流动要素围绕获得更多的价值收益在吸引、拥有、控制和转化资源，占领和控制市场等方面与其他城市所进行的竞争，并且把地方竞争分解为两个层面，即产品市场面的竞争和非流动要素面的竞争。在前一种定义中，包含地方政府竞争的主要目的是提供公共品的假设，而后一种理解则认为地方政府的竞争的目的是获得更多的价值收益，这种价值收益狭义理解则是资本投资回报。并且还认为地方之间的竞争主体不仅局限于政府，其他各类主体也会参与到整体竞争中。从这个角度来说，“地方竞争”覆盖的范围比“地方政府竞争”还是要更广阔。但有一点是明确的，地方政府竞争的内容是多维的，包括“制度竞争、公共物品供给与融资的竞争、公共政策竞争、政府管理竞争、资本可得性以及地方政府学习过程的竞争等”（课题组，2002）。

冯兴元和李文钊（2006）参考了Breton的思想指出“政府竞争不仅指一地政府与另一地政府之间的竞争，而且还涉及政府内部部门之间的竞争以及政府与政府之外的组织与个体的竞争。也就是说，政府竞争包括政府间竞争，政府内部的竞争以及政府内外的竞争。顾名思义，地方政府竞争是指地方政府涉足其中的政府竞争行为”。这种解释无疑是最广泛意义上的政府竞争，本书所指范围仅存在于政府之间的竞争。

周业安等（2004）认为“地方政府竞争”这一概念基于一种一般性的想法，即市场经济各区域经济体中的政府围绕吸引具有流动性的要素展开竞争，以增强各区域经济体自己的竞争优势。区域经济体设计竞争战略（包括制度环境、政策、区位、营销等），旨在吸引资本、劳动和其他投入要素以尽可能提高当地的福利和人均收入。

从这几种理解中可以看出政府竞争是全方位的，包括政策制度、区位位置、政府管理服务等，而竞争的直接目标被定位于吸引生产要素。财政竞争属于政府竞争的一部分，它是政府关于公共品提供和融资的竞争。

（二）财政竞争

在理论上人们对财政竞争的认识是一个逐渐深入的过程。最初，学者们多关注税收竞争（Starret，1980；Wilson，1985 & 1986；Zodrow 和 Mieszkowski，1986；Hoyt，1990），认为其是财政竞争的主要形式，某些情况下人们更是将其混同一体。如 Mintz 和 Tulkens（1986）认为财政竞争源于某个辖区具有通过调整区域内税收政策而对其他辖区的税基产生影响的可能。直到 Wildasin（1988）指出税率仅是财政政策的一方面，财政支出政策也是重要的财政竞争策略，财政竞争才和税收竞争得以区别。理论上，财政竞争包括税收竞争。Day（1992）验证的财政竞争策略不仅包括税收竞争和财政支出竞争，还包括政府转移支付和失业保险金的策略。显然，财政竞争的范围或竞争的策略手段要比之前宽泛得多。

本书论述的财政竞争表现为地方政府间财政政策的策略互动（Strategy Interaction）行为，是指某一地区的财政政策受到其他地区相对应政策的影响。Brueckner（2003）曾将政府间的策略互动划分成两种，相对应地，财政竞争的机制也可以概括为两种：一种是由要素流动引起的，政府间围绕总量水平固定的要素争夺引起的财政竞争，主要是指税收竞争；另一种是由于某地区的财政政策产生外溢性，从而使其他地区进行类似的模仿政策，支出竞争可以被归纳为此类。因此，本书所述财政竞争既包括财政收入竞争即税收竞争，也包括财政支出竞争。第五章主要述及的是税收竞争，第六章主要述及的是财政支出竞争，第七章则包括两种形式的财政竞争。

第二节　地方政府财政竞争与区域发展差距

一、财政竞争与区域政府财力差距

在压力型体制下，地方政府的工作围绕任务指标的分解和下达展开，通过责任制和相应的考评奖励制度开展工作，绩效考评的结果往往直接与干部的收入和职位晋升相关（欧阳静，2018）。围绕中心工作，一些基层政府将“招商引资”工作列入重点，甚至是“全员招商”：由地方主要领导担任招商引资工作指挥部的主要负责人；对干部考核评价体系中，主要看干部是否有招商引资的成效，是否懂经济、能发展经济；各级领导干部参与招商，所有部门、岗位都与招商有关；专门成立招商引资考核办和投资软环境建设办；专门成立招商小分队或招商分局（张晨，2012）。

在这样的招商引资背景下，地方政府常用的吸引资本流入的政策优惠包括税收优惠、财政补贴、土地优惠、招工服务和前期基础设施建设等方面。其中税收方面的优惠政策既包括充分利用国家法定优惠政策、随意减免属于地方征收企业所得税部分，还包括各种奖励企业发展的“先征后返”政策。为了吸引一些重点项目或企业的流入，相关地区会竞相给出不同力度的税收“打折”优惠政策，从而使地区的实际税负竞相降低，短期来看，影响了地方政府的财力收入，使得预算收入与实际收入不符（欧阳静，2018；周金梅，2019）。

随着市场经济的博弈程度加深，东部由于地理位置、历史基础和优惠政策重新占据了经济发展中的优势地位，产业进一步集聚到东部地区。东部地区的招商引资政策已从单一的奖励性政策发展到落户奖励 + 年度贡献奖励 + 地价优惠 + 厂房补贴 + 基金支持等一揽子组合政策，其中已经不再需要过度依赖税收优惠政策，甚至一些地区已经难见单独税收优惠政策的身影了（杨银峰，2020）。发达地区招商引资政策的改变既是应国家政策的要求，因为 2014 年 12 月国务院下发了《关于清理税收等优惠政策的通知》[①]，要求 2015 年全面取消与清理地方政府税收优惠政策；同时，也是因为招商引资工作的发展需要，对于发达地区当前的经济发展重点已经不是传统的引入资金和企业，而是要打造产业集群，打通产业链，推动产业升级转型以及科技创新等。因此，传统的招商引资已经在向招商“选资”转变，这种背景下，税收优惠政策必然已经和欠发达地区不一样（杨银锋，2020；郝志运，2020）。而且即使是在全面取消与清理地方政府税收优惠政策后，东部地区由于具有良好的发展基础和配套设施，仍然将在新一轮招商引资中胜出；而中西部非民族自治地区由于不再享受优惠政策，引资难度进一步增大（薛斌，2015）。因此，地区间的税收竞争策略将发生同质性向异质性转变，而且将会影响到地区间的财力水平。

二、财政竞争与区域公共品供给差距

招商引资的另一个重要措施就是前期基础设施的建设，各地在吸引资本进入之前要包装好本地的项目，其中重要的一个步骤就是前期基础设施的完善，比如土地平整前的“三通一平”“五通一平”，甚至“七通一

① 国发（2014）62 号文，中国政府网，http：//www. gov. cn/zhengce/content/2014 - 12/09/content_9295. htm。

平"[①]。企业在决定投资意向前通常都会实地考察，考察的内容包括整体营商环境，其中重要的一环就是是否拥有完善的基础设施，这也被作为评判地方政府整体市场发展环境或治理能力的一个方面（孙海珍，2020）。在税收优惠政策逐渐降低影响力的同时，基础设施支出的政策将进一步得到加强。各地围绕着招商引资中心工作，在项目包装上将进一步加大力度，基础设施支出的竞争性会进一步增强。

招商工作除了引入资本以外，各级政府越来越重视"引智"工作。高层次、高学历、高技术人才是各地促进经济发展的重要资源，而高素质人口流动注重的是高质量民生类产品和公共服务，包括教育、医疗、社会保障等方面。发达地区和欠发达地区对人才吸引上竞争策略有所差异，发达地区常常使用高水平公共服务—高水平生存成本的策略，同时辅以对高素质人才的定向优惠补助政策；而欠发达地区对人才的吸引更多是一种被动的竞争策略政策，采用的是低水平公共服务—低水平生存成本的策略，更加注重人口"量"的集聚（李春根和王丽娟，2016）。差异化的竞争策略将会进一步影响地区间的公共品供给差距。

三、财政竞争与区域经济增长差距

财政竞争的两种策略手段税收竞争和公共支出竞争直接影响到地方政府的实际税负水平和公共品供给状况。一般认为，降低税负有利于促进经济的增长，但是这种结论是建立在降低税负吸引了新的资本流入的前提上。在资本总量固定的假设条件下，税收竞争类似于"零和博弈"，在博弈中胜出的地区成功引入新企业和资本，将会有利于促进经济的增长。而在博弈中淘汰的地区只能承担税基缩小的损失，并未引入新的资金流入，影响经济的增长。

同样，地方政府要想在资本流入方面展开竞争，则基础设施的支出投资上也会展开相互模仿、竞争的行为。Barro（1990）将政府部门融入内生经济增长模型中，并且将政府的支出划分成了生产性支出和非生产性支出。此后，在这一框架下，大量的研究探讨了财政支出和经济增长的关系

① 指通给水、通排水、通电、通信（包括网络）、通路、通燃气、通热力以及场地平整。

（Devarajan 等，1996；庄子银和邹薇，2003；傅勇和张晏，2007；谢贞发和张玮，2015）。虽然一般认为生产性支出竞争有利于地区经济增长，但是资本总量是固定的，过度投资于基础设施，势必会造成许多没有经济效益的重复性建设，这些也会影响经济的增长。总体上来讲，地区经济增长受到基础设施支出的两种方向相反的影响，到底是会促进还是影响经济增长取决于这两种作用的大小。

因此，虽然税收竞争与财政支出竞争都会影响到经济增长中的重要变量，但是税收竞争与财政支出竞争是否会直接对经济增长速度以及地区经济发展差距产生影响还需取决于实证分析。

第五章　财政竞争对区域政府财力差距的影响

第一节　新经济地理理论与税收集聚租

一、传统税收竞争理论

传统税收竞争的理论源头可以追溯到 Tiebout（1956），虽然这篇论文只字未提税收竞争，论证的重心主要放在政府间竞争上。但是自此之后，关于具体税收竞争行为的研究便如雨后春笋般层出不穷。（Starret，1980；Wilson，1985 & 1986；Zodrow 和 Mieszkowski，1986；Hoyt，1990；Wilson 和 Wildasin，2004；Keen 和 Konrad，2014；Altshuler 和 Goodspeed，2015）

早期税收竞争理论研究较为单一，研究的主要目的也是探讨对地方公共品的主要影响，隐含的基本假设就是基于对流动性资本的征税会引起辖区之间的竞争而竞相降低税率，因此基本结论之一就是辖区财力水平会下降。而其遵循的研究框架主要是静态的古诺—纳什竞争框架（Oates，1972；Starret，1980；Epple 和 Zelenitz，1981；Wilson，1985 & 1986；Zodrow 和 Mieszkowski，1986；Hoyt，1990；Wilson，1999；Wilson 和 Wildasin，2004；Keen 和 Konrad，2014；Altshuler 和 Goodspeed，2015）和竞争主体数目有限的不完全竞争框架（Mintz 和 Tulkens，1986；Wildasin，1988）。在古诺—纳什竞争框架中，辖区都是同质的，竞争结果属对称均衡，单个辖区相对于整体规模较小，因而其政策影响有限，除了税率和公共支出等财政策略是内生变量，价格、资本回报率等变量都可视为外生给定的。不完全竞争框架研究更趋向于反映实践，这个框架通常考虑有限的竞争辖区数量，其中某个辖区竞争策略的变化会引起其他辖区的对策变化。因此，某个辖区的最优策略必须是在考虑了竞争辖区的策略基础之上做出的。

在空间计量方法应用于经济学研究之后，它在税收竞争领域也得到了合适的运用，出现了为数不少的经验实证分析（Heyndels 和 Vuchelen，1998；Brueckner 和 Savvadra，2001；Brueckner，2003；沈坤荣和付文林，2006；袁浩然，2008；王丽娟，2011；龙小宁等，2014；禚铸瑶，2021；龚锋等，2021）。虽然这一阶段所作的分析都是以各国的经验数据来验证税收竞争是否在实践中存在以及它的具体效应如何，但是分析的理论框架并没有在前期基础上有重大突破。当然，空间计量的空间权重设计已经区分了竞争主体之间的异质性，但是这种异质性主要表现为竞争主体中其他同伴影响力的大小不同。

因此，总体来说，传统税收竞争理论的一个根本性标志是它的研究对象之间没有本质的异质性区别，这给新经济地理理论在税收竞争领域的应用留下了大量空间。

二、新经济地理理论

新经济地理理论一般认为始自 Krugman（1991），区别于传统的微观经济学，Krugman（1991）将空间因素引入经济学研究中，对产业组织理论和国际贸易理论进行了一个创新。他提出一个两地区、两部门和两种生产要素的极简假设模型，农业部门以不变的规模报酬来生产农产品，而工业部门以递增的规模报酬来生产工业品，最终探讨了经济集聚如何形成以及影响经济集聚的因素。在满足运输成本较低、全社会对工业品消费比重较大以及工业生产规模报酬较大时，经济集聚较容易形成，从而使生产工业和农业的不同地区分化成中心—外围（core - periphery）模式。他的贡献使经济地理和区域经济学领域掀起了一股研究热潮。

之后的理论研究继续沿用这种“中心—外围”模式，并且不断放松 Krugman（1991）经典模型的假设，进行了进一步的探讨，包括放松到多区域以及三部门（颜银根，2013）。研究发现如果是多区域的情况，有些地区的初始优势会起到不断强化的作用（Krugman，1992），而引入了资本部门的模型则使生产要素的种类得到了扩展，更加接近现实（Baldwin 等，2001）。Head 和 Mayer（2004）首先开展了对新经济地理的实证研究，之后该理论越来越多地与各种经济学科进行了融合。

三、税收集聚租

税收竞争理论在与新经济地理理论结合后也有了实质性的进展，根据新经济地理理论，由于区域间存在经济集聚效应，不同的区域不再被看作同质性研究对象，而是分为中心—外围（core - periphery）模式。在这种模式下，区域间或国家间的税收竞争将变得更为隐秘或微妙，发达区域或国家就像是垄断竞争模型中的垄断者可以设定价格一样（Baldwin 和 Krugman，2004），由于中心区域具有要素集聚的优势，可以征收税收集聚租（agglomeration rent），从而中心区域可以采取与外围地区不同的竞争策略，并不需要都采用一致降低税负的策略，因而中心区域的地方政府税收收入并不一定减少（Baldwin 和 Krugman，2004；付文林和耿强，2011；梁涵，2012；Jordi，2013；Luthi 和 Schmidheiny，2014；Kato，2015；陈静和马小勇，2014）。

国内近些年在这方面也初步涌现出一些相关实证研究。在验证税收竞争是否存在税收集聚租方面，钱学锋等（2012）认为不存在，而多数学者持支持态度（吴斌，2019；薛刚等，2020）。值得注意的是，前者和后者观察的数据时间段和数据库都不同，钱学锋等（2012）观测的时间段是1999—2007 年中国的地级市工业企业数据，而后两位学者更多是从 1996 年后开始观察，并且所用数据库为省级宏观数据库。

关于具体在哪个经济发展阶段存在税收集聚租，吴斌等（2019）认为经济集聚和实际税负存在非线性的“U”形关系，在经济集聚初期，税收竞争仍保持着传统的“竞次”秩序，只有在形成一定规模的集聚状态时，才会出现税收竞争集聚租。薛刚等（2020）也认为在经济发达地区已存在税收集聚租，而经济欠发达地区还没有出现税收集聚租。

本章余下部分将采用 2005—2018 年的经济集聚和税负水平数据，验证发达地区是否采取了与欠发达地区不一样的税收竞争策略，是否已对经济集聚开始征收税收集聚租，并在此基础上分析税收竞争对地区政府财力差距的影响。

第二节　税收竞争、经济集聚与税负水平

中国的经济在地区间早已形成了经济集聚的状态，在集聚的中心区由于相近的产业链、配套的上下游企业、完善便捷的基础交通设施，企业的选址不会过于关注实际税负。对于地方政府而言，集聚的产业集群，需要为之提供更为规范的公共服务，包括税收征管的规范化，也会降低不规范的税收优惠措施，这些因素将会改变地区间同质性的财政收入竞争策略和行为。

一、宏观税负和经济集聚的地区分布

（一）宏观税负

我们将全国划分为东部、中部和西部三大地区，对其税收收入占地区GDP之比的宏观税负做比较分析，具体如图5－1所示。从中可以发现，

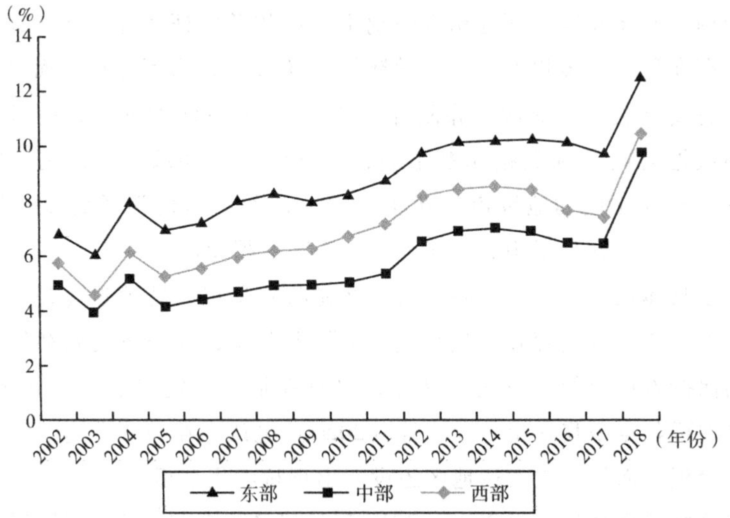

图5－1　税收负担的地区分布

总体而言，三大地区税收负担呈现上升的趋势，且变动趋势较为一致，2004 年和 2017 年是税负变动的转折点。从三大区域看，税收负担差距明显，东部地区税收负担最重，多数年份在 8% 和 10% 之间；西部地区税收负担次之；中部地区的税收负担最轻，多数年份在 4% 和 6% 之间。

（二）经济集聚

1. 全国总体经济集聚

我们用 HHI 指数（赫芬达尔—赫希曼指数）来衡量地区生产总值和工业总产值的集中度，计算方式为 $HHI = \sum_{i=1}^{N}(X_i/X)^2$，其中 i 表示地区，X 代表生产总值和工业总产值。图 5－2 显示了全国总体的工业生产总值和地区生产总值的集聚程度，前者略高于后者，二者变化趋势类似。2005 年全国总体的经济集聚程度较高，2012 年前有缓慢下降趋势，可能与中央政府为了协调各地区发展先后出台西部大开发、中部崛起以及振兴东北等政策有关；2012 年之后，全国总体经济集聚程度，特别是工业生产总值的集聚程度又缓慢攀升，说明地区间的经济集聚达到了一个新的发展阶段。

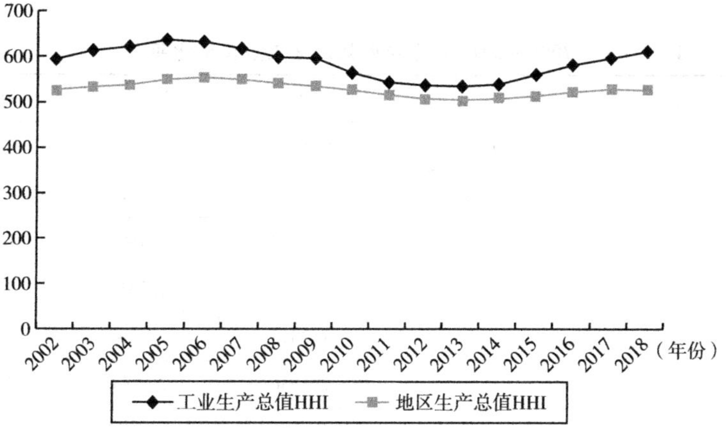

图 5－2　全国总体地区生产总值和工业生产总值 HHI

2. 分地区经济集聚

经济集聚不仅是总量上的集聚，集聚还存在于各个地区的各个经济部门，接下来我们将从地区的角度来考虑经济集聚。本小节中我们采用以下公式来计算各地区的集聚程度：

$$a_{i,t} = \sum_{v=1}^{s} \frac{X_{i,v,t}}{X_{v,t}} \tag{5-1}$$

其中，$X_{i,v,t}$年度 v 产业在地区 i 的产值，$X_{v,t}$表示 t 年度 v 产业的全国产值，即采用地区所有产业市场份额的和度量这一地区的经济集聚水平。

如表 5－1 所示，2005 年工业集聚水平高于 1 的省市有 8 个，其中 7 个省市位于东部地区；2011 年工业集聚水平高于 1 的省市有 7 个，其中 6 个省市位于东部地区；2016 年工业集聚水平高于 1 的省市有 6 个，其中 5 个省市位于东部地区。这说明我国工业制造业呈现出发展不平衡的局面，东部工业集聚水平远高于西部和中部，绝大部分工业制造业都集中在东部地区。在这 12 年的发展过程中，东部地区的工业集聚水平不断下降，上海市的工业集聚水平下降尤为显著，从 2005 年的 1.2823 下降到 2016 年的 0.5933；中西部地区工业集聚水平不断上升，如江西 2005 年集聚水平为 0.3593，2016 年上升到 0.6678，工业的地区集聚现象得以缓解，工业有向中部和西部发展的趋势；东部地区中除江苏省外，其余省份的工业集聚水平都在下降，中部和西部地区各省份的工业集聚水平都有所增加，但是东部地区省份仍然集中了大部分的工业制造业。

表 5－1　　2005—2016 年东中西部地区工业集聚水平

		2005 年	2011 年	2016 年
东部地区	北京	0.5903	0.4143	0.3241
	天津	0.5927	0.6325	0.564
	河北	1.2108	1.199	1.1686
	辽宁	1.0703	1.231	0.443
	上海	1.2823	0.8244	0.5933
	江苏	2.8546	3.0076	3.134
	浙江	2.1887	1.7174	1.4541
	福建	0.6841	0.7447	0.8579
	山东	3.2492	2.8474	3.0821
	广东	2.794	2.2799	2.0596
	海南	0.0761	0.0572	0.0501

续表

		2005 年	2011 年	2016 年
中部地区	山西	0.5675	0.4741	0.4174
	吉林	0.3844	0.5012	0.5201
	黑龙江	0.5856	0.4507	0.3337
	安徽	0.4866	0.6939	0.8242
	江西	0.3593	0.5386	0.6678
	河南	1.3813	1.6309	1.8158
	湖北	0.5904	0.8052	0.9614
	湖南	0.6222	0.9172	0.8801
西部地区	内蒙古	0.4068	0.626	0.7566
	广西	0.2754	0.3671	0.4781
	重庆	0.2485	0.2844	0.3879
	四川	0.7022	1.0302	1.0563
	贵州	0.1941	0.1901	0.3266
	云南	0.4645	0.3791	0.4021
	西藏	0.0059	0.0064	0.0088
	陕西	0.4851	0.5278	0.7452
	甘肃	0.2238	0.199	0.2212
	青海	0.0815	0.0674	0.0751
	宁夏	0.0714	0.0687	0.1009
	新疆	0.2702	0.2865	0.2897

数据来源：《中国工业经济统计年鉴》，2005—2016 年。

表 5－2 反映的是第三产业集聚水平，31 个省区市第三产业集聚水平的平均值为 0.1935，从各省份数据可以看出，2005 年第三产业集聚水平大于 0.1935 的省份有 11 个，除河南省与四川省外，其余 9 个省份均处于东部地区；2011 年和 2016 年第三产业集聚水平大于 0.1935 的省份增加了湖北省和湖南省；2016 年辽宁省第三产业集聚水平跌落平均值。可以看出东部、中部、西部的第三产业集聚水平仍然表现为东部地区集中了大量第三产业的相关行业。虽然西部地区中 11 个省份的第三产业集聚水平偏弱，但是整体都有增长，第三产业集聚和工业集聚类似，也有向中部地区发展的趋势。

表 5－2　　　　　　　各地区第三产业集聚水平

		2005 年	2011 年	2016 年
东部地区	北京	0.373	0.317	0.272
	天津	0.119	0.144	0.147
	河北	0.24	0.254	0.226
	辽宁	0.239	0.233	0.184
	上海	0.381	0.304	0.297
	江苏	0.493	0.595	0.58
	浙江	0.425	0.414	0.377
	福建	0.196	0.202	0.199
	山东	0.489	0.499	0.493
	广东	0.743	0.686	0.671
	海南	0.028	0.037	0.042
中部地区	山西	0.124	0.119	0.121
	吉林	0.104	0.095	0.096
	黑龙江	0.129	0.127	0.131
	安徽	0.155	0.141	0.156
	江西	0.108	0.114	0.125
	河南	0.265	0.258	0.291
	湖北	0.188	0.201	0.227
	湖南	0.182	0.197	0.206
西部地区	内蒙古	0.125	0.156	0.145
	广西	0.125	0.124	0.122
	重庆	0.101	0.109	0.141
	四川	0.229	0.203	0.256
	贵州	0.059	0.086	0.094
	云南	0.105	0.101	0.104
	西藏	0.01	0.008	0.008
	陕西	0.103	0.124	0.132
	甘肃	0.059	0.053	0.055
	青海	0.015	0.014	0.017
	宁夏	0.02	0.026	0.023
	新疆	0.067	0.058	0.064

数据来源：《中国工业经济统计年鉴》2005—2016 年。

3. 分行业的地区经济集聚

从行业角度来看，我们用地区某行业产值占该行业全国产值之比来表达地区行业集聚度，如表5－3① 所示，各个行业在各个地区的集聚程度不一样。江苏省在化学原料及化学制品制造业的产值占全国产值的35.37%，占比高，产业集聚度高，上下游企业数量多，大部分化学及化学制品制造业企业在选址方面必然会首先考虑江苏省；云南省和新疆维吾尔自治区分别在金属制品业和仪器仪表及文化办公机械制造业占有一定的集聚优势，集聚度分别为17.27%和10.26%，但是在其他的行业，优势不明显；吉林省和江西省在所列举的行业里都不具有明显的集聚优势。各省份不一样的环境会吸引不同的工业制造业，从而引导产业的集中。

表5－3　　2016年部分省份部分行业集聚度

	吉林	江苏	江西	新疆	云南
金属制品业	0.0149	0.0599	0.0203	0.0045	0.1727
化学原料及化学制品制造业	0.0082	0.3537	0.0111	0.0133	0.0018
仪器仪表及文化办公机械制造业	0.0268	0.0052	0	0.1026	0
石油和天然气开采业	0.0167	0.0798	0.0077	0.0171	0.0221

资料来源：《中国工业经济统计年鉴》，2016年。

二、税负的空间相关性验证

为了验证三大地区间的宏观税负水平是否有空间交互性，也即地区间税收是否存在竞争效应，我们使用Moran指数（Moran'I）来反映这个问题。Moran指数的度量包括全局Moran指数与局部Moran指数，空间交互性的度量通常使用前者，其计算公式为：

① 仅选择2016年金属制品业、化学原料及化学制品制造业、仪器仪表及文化办公机械制造业、石油和天然气开采业四个行业和吉林、江苏、江西、新疆、云南五个省区。

$$I = \frac{N\sum_i \sum_j w_{ij}(X_i - \bar{X})(X_j - \bar{X})}{\sum_i \sum_j w_{ij} \sum_i (X_i - \bar{X})^2} \tag{5-2}$$

其中，N 为观测对象数目，w_{ij}为观测对象的空间权重矩阵，X_i 和 X_j 为不同的观测对象，$\bar{X}$ 为观测对象的平均值。全局 Moran 指数主要用于对整个空间序列空间集聚的考察，指数的取值通常在［－1，1］，指数为正表示存在正向空间关系，指数为负则表示存在负向的空间关系。其中权重矩阵采用的两地经纬度数据计算的距离权重矩阵，权重矩阵为 $W_G = \left\{\frac{\frac{1}{d_{ij}}}{\sum \frac{1}{d_{ij}}}\right\}$，$i \neq j$，$d_{ij}$ 为两地之间的距离。

全局 Moran 指数结果如表 5－4 所示，2005—2016 年的 Moran 指数均大于 0，说明我国各地区的税负有空间交互性，存在税收竞争的行为。

表 5－4　　2005—2016 年税负全局 Moran 指数表

时间	2005 年	2006 年	2007 年	2008 年
Moran 指数	0.107	0.094	0.117	0.093
时间	2009 年	2010 年	2011 年	2012 年
Moran 指数	0.096	0.098	0.100	0.072
时间	2013 年	2014 年	2015 年	2016 年
Moran 指数	0.068	0.102	0.139	0.130

三、模型介绍与模型选择

由于税负存在空间交互性，我们需要借助空间计量模型来模拟这种地区间的税负交互性。

1. 空间计量模型介绍

模仿与竞争使地方政府在进行决策时不再是相互独立状态，而是会考虑竞争对手的策略，采用模仿或差异化的竞争策略，展开空间互动效应（Spatial Interaction Effects）。这使得传统计量模型要求研究对象服从独立同分布的同质性个体假设条件不再满足，需要考虑空间计量模型进行模拟。Anselin（1988）将这种个体间的互动效应分为两种，一种是直接的互动效应，即研究对象之间会观测到对方的某种竞争策略，直接采取相同或相反的竞争策略，从而造成观测指标之间的直接相关性；另一种是间接的互动效应，即研究对象之间由于随机效应或遗漏变量造成的同向或反向变动。前者用空间自回归模型（Spatial Atuo – Regreesive Model，SAR）来进行模拟，形如：

$$Y = \rho WY + X\beta + \varepsilon \tag{5-3}$$

它是通过在等式右边引入空间滞后量 ρWY 来对观测对象间的互动行为进行模拟。后者形如：

$$Y = X\beta + U,$$
$$U = \phi WU + \varepsilon \tag{5-4}$$

它是通过在等式右边的残差中引入空间滞后量 ϕWU 来对观测对象间的互动行为进行模拟。具体在实践应用中选择哪种模型，可以参考 Lmlag 和 Lmerror，以及加强检验 R_Lmlag 和 R_Lmerror 的检验结果。

LeSage 和 Pace（2009）指出空间互动性有可能存在于外生变量中，因此自变量的空间互动效应也不可忽略，在此基础上提出空间杜宾模型（SDM）和空间杜宾误差模型（SDEM），分别形如：

$$Y = \rho WY + X\beta + \theta WX + u \tag{5-5}$$

和

$$Y = X\beta + WX\theta + u,$$
$$u = \lambda Wu + \varepsilon \tag{5-6}$$

可以看出 SDM 模型是对 SAR 模型的拓展，而 SDEM 模型则是对 SEM 模型的拓展，本书将根据 LM 检验结果判断选择合适的模型。

2. 模型选择

根据表 5 – 5 LM 检验值，虽然无论是在地理权重下，还是在经济权重下，Lmlag 和 Lmerror 的值都通过显著性检验，但是加强检验表明，只有 Lmerror 的值通过了显著性检验，因此我们在模型使用上最终选择 SDEM 模型。

表 5－5　　全国税负水平（tax_t）LM 检验表

指标	地理权重 WG				经济权重 WE			
	LMlag	LMerror	Robust L－lag	Robust LMerror	LMlag	LMerror	Robust LMlag	Robust LMerror
value	36.8104	136.5302	0.3676	100.5819	18.5137	47.1315	0.0001	28.8126
prob	0.0000	0.0000	0.0000	0.0000	0.4837	0.0000	0.7809	0.0004
chi	17.6110	17.6110	17.6110	17.6110	6.64	6.64	6.64	6.64
nobs	348	348	348	348	348	348	348	348
nvar	6	6	6	6	6	6	6	6

因此构建模型：

$$tax_{i,t} = \beta_1 agl_{i,t} + \beta_2 Wagl_{j,t} + \beta_3 X_{i,t} + u_{i,t}$$

$$u_{i,t} = \lambda W u_{j,t} + \varepsilon_{i,t} \tag{5-7}$$

其中，$tax_{i,t}$表示 i 地区 t 时期的实际税收负担，$agl_{i,t}$表示 i 地区 t 时期的经济集聚程度，$Wagl_{j,t}$为 $agl_{j,t}$的空间滞后项，W 为权重矩阵，X 为控制变量，ε 为误差项；λ 为空间相关系数、β_1、β_2 和 β_3 为待估参数。

3. 变量说明与数据选取

地区税负水平（$tax_{i,t}$）：我们采用地区宏观税负水平 txa_t。此外，考虑到地区间竞争吸引的首要是资本要素流入，给予企业的主要是企业所得税的税收优惠。因此，我们还考虑了企业所得税负 tax_c、增值税税负 tax_v 和营业税税负 tax_b 等指标。其中，企业所得税税负为分地区的企业所得税收入占 GDP 的比值；增值税税负为分地区的增值税收入占 GDP 的比值；营业税税负为分地区的营业税收入占 GDP 的比值。

经济集聚水平：参考付文林和耿强（2011），各地区经济集聚指数的计算公式如下：

$$agl_{i,t} = \ln \sum_{v=1}^{s} \left(\frac{X_{i,v,t}}{X_{v,t}} * 100 \right)^2 \tag{5-8}$$

其中，$X_{i,v,t}$表示 t 年度 v 产业在地区 i 的产值，$X_{v,t}$表示 t 年度 v 产业的全国产值，即采用地区所有产业市场份额的平方和度量这一地区的经济集聚水平。该指标越大的地区，经济集聚度越高。已有关于经济集聚、产业集聚的研究主要集中于制造业，属于第二产业范畴，但是中国经济中第三产业份额日趋增多，故本书经济集聚指数的统计范围包括工业经济集聚水平（agl1）和第三产业经济集聚水平（agl2）：agl1 有 27 个工业行业①；agl2 有第三产业中的 6 个服务型行业②。

控制变量：我们控制了市场开放度（for）、产业结构（is）、地区经济发展水平（pc）、基础设施建设水平（infras）等因素对税收增长的影响。市场开放度（for）的计算方式是分地区的进出口金额占当期该地区的 GDP 的比重，地区对外贸易程度越高，税收增长会因出口退税等优惠政策受到影响；产业结构（is）以第二、第三产业 GDP 占地区 GDP 的比重来度量，产业结构的不同会影响税收增长，一般第一产业的宏观税负低于第二产业和第三产业；地区经济发展水平（agdp）通过取地区人均实际 GDP 来衡量；地区基础设施建设水平（infras）以地区人均城市道路面积来衡量，完善的基础设施建设水平能够吸引更多的企业进驻该地区，从而影响税收收入的增长。税负值和产业结构等比值数据取了乘以 100 之后的数值。

由于数据的可获得性，我们选取了全国 29 个省份 2005—2016 年的相关数据③，各变量的描述性统计如表 5－6 所示。

表 5－6　　变量的描述性统计

变量	平均值	标准差	最小值	最大值	观测值
tax_t	7.25	2.94	3.20	19.90	348
tax_c	1.01	0.75	0.14	4.67	348
tax_v	1.42	0.62	0.64	5.68	348
tax_b	2.41	1.05	0.84	6.59	348
agl1	5.70	1.61	1.37	8.77	348
agl2	3.70	1.70	－1.12	6.97	348

① 27 个工业行业为：煤炭开采和洗选业；石油和天然气开采业；黑色金属矿采选业；有色金属矿采选业；农副食品加工业；食品制造业；酒、饮料和精制茶制造业；烟草制品业；纺织业；造纸和纸制品业；石油加工、炼焦和核燃料加工业；化学原料和化学制品制造业；医药制造业；化学纤维制造业；非金属矿物制品业；黑色金属冶炼和压延加工业；有色金属冶炼和压延加工业；金属制品业；通用设备制造业；专用设备制造业；交通运输设备制造业；电气机械和器材制造业；计算机、通信和其他电子设备制造业；仪器仪表制造业；电力、热力、燃气及水生产和供应业。

② 6 个服务型行业为：交通运输、仓储和邮政业；批发和零售业；住宿和餐饮业；金融业；房地产业；其他服务业。

③ 剔除了海南和西藏。

续表

变量	平均值	标准差	最小值	最大值	观测值
for	0.34	0.42	0.04	1.80	348
is	88.88	5.25	76	100	348
agdp	8.73	0.65	7.25	10.61	348
infras	13.18	4.35	4.04	25.82	348

四、实证分析结果

1. 全国范围实证分析

采用SDEM计量模型，分别将地区宏观税负（tax_t）、企业所得税税负（tax_c）、增值税税负（tax_v）和营业税税负（tax_b）作为被解释变量进行模型回归，回归结果如表5-7第（1）、第（2）、第（3）、第（4）列所示[①]。我们可以发现：

首先，对于空间相关系数λ其估计值都通过了显著性水平检验，说明地区间的税负水平存在明显的空间互动。其符号为负，说明地区间的税负水平互动策略已经呈现出了差异化策略，不完全是同向竞争策略。联系图5-1，地区间税负水平差异较大。东部地区税负水平最高，这些地区拥有相对较强的经济实力和产业、技术、劳动资本优势使得地方官员不会因为晋升压力而采取与相邻地区类似的跟随策略（陈鑫，2019）。

其次，对于关键解释变量agl1（工业经济集聚水平）来说，其在企业所得税税负（tax_c）和增值税税负（tax_v）回归中都通过了显著性检验，但符号各不相同。在增值税税负回归中，符号为正，说明在工业集聚水平较高的地区，如东部地区，已经存在增值税的税收集聚租了。而在企业所得税税负回归中，符号为负，说明工业集聚水平较高的地区税负还较低，企业所得税还存在着大量的税收优惠。这可能是因为流转税和所得税的不同特点决定的，相对来说，所得税的征收更为直接易见，即使是工业集聚地区也不愿意取消税收优惠，造成资本流失。而增值税相对来说是间接

① 由于营业税主要针对第三产业的行业征税，因此，其回归结果中没有放入agl1变量。

税，税负可以不同程度转嫁，因此加强税收征管也不会造成资本的流失。

表 5 -7　　　　不同税种的实证检验结果

变量	tax_t	tax_c	tax_v	tax_b
	(1)	(2)	(3)	(4)
agl1	-0.4930*** (2.9805)	-0.1863*** (-4.5074)	0.1675*** (3.1775)	
agl2	0.0754 (0.4189)	0.2052*** (4.5621)	-0.2157*** (3.7744)	-0.2338*** (5.9918)
agdp	2.0960*** (8.3107)	0.5402*** (8.5808)	0.3028*** (3.8245)	0.1507 (1.4079)
is	0.0890*** (2.3653)	0.0276*** (2.9449)	0.0221*** (1.8670)	0.0278* (1.7200)
infras	-0.0935*** (3.3563)	-0.0581*** (8.3597)	-0.0422*** (4.8086)	-0.0051 (0.4415)
for	1.8493*** (4.1289)	0.1463 (1.3081)	0.3175*** (2.2422)	1.5362*** (8.0268)
W * agl1	-0.6822 (0.5479)	-0.3887 (1.2483)	0.3267 (0.8188)	
W * agl2	0.7953 (0.6460)	0.3799 (1.2337)	-0.5813 (1.4675)	0.3054 (1.2211)
W * agdp	-1.7645 (1.0960)	-0.3921 (0.9732)	0.1287 (0.2465)	-1.0185 (1.4382)
W * is	0.9628*** (4.0234)	0.2326*** (3.8849)	0.0945 (1.2178)	0.1871* (1.7751)
W * infras	0.1491 (0.7577)	0.0115 (0.2347)	-0.0597 (0.9448)	0.1038 (1.2712)
W * for	-6.0810 (2.1661)	-1.5655*** (2.2258)	0.3225 (0.3496)	-1.8623 (1.5093)
λ	-0.9900*** (4.4994)	-0.9569*** (8.058)	-0.5749*** (2.8180)	-0.6879*** (3.2831)
R^2	0.7672	0.6805	0.51071	0.6749

注：*、**、*** 分别代表在 10%、5%、1% 的显著水平下通过检验，括号内是 t 统计量值，以下同。

对于另一关键解释变量 agl2（第三产业经济集聚水平）来说，其在不同回归中都通过了显著性检验，并且符号主要为负。在增值税税负（tax_v）回归中，其符号为负，意味着第三产业在本地的集聚会使得增值税税负的降低，原因可能是服务业、软件技术开发业、动漫行业等行业的增值税税收优惠政策使更多的同类型企业集聚在一起从而获得增值税减免，使地区整体增值税税负降低。在营业税税负（tax_b）回归中，其符号也为负，这意味着从营业税的角度看，本地第三产业经济集聚并没有提高企业对营业税税负的容忍度，反而加剧了地方间降低营业税税负的竞争方式。在对这种回归结果的解释上，营业税为地方税，税收征管由地方税务局负责，沈承诚（2019）指出地方经济绩效是地方官员晋升考核的核心指标，为了实现职位晋升，地方官员便有动机放松营业税的税收征管吸引更多企业，实现经济绩效，从而表现出集聚度越高，税收征管越放松，经济绩效越好，职位晋升可能性越高。但是 agl2 在企业所得税税负（tax_c）回归中符号为正，说明第三产业的企业所得税存在税收集聚租，与工业行业的情况不同，有可能是高端服务业如金融业、房地产业等，相对制造业来说，对企业选址更为挑剔，相对流动性会降低。

从其他解释变量来看，地区经济发展水平（agdp）、产业结构（is）和市场开放度（for）都是影响税负水平的显著变量。经济发展水平越高，税负水平越高，有可能是税收的征管水平会随着经济发展水平的增加而提升，使税负水平越高。

而相邻地区的经济集聚滞后项指标（W * agl1、W * agl2）均未通过显著性检验，说明相邻地区经济集聚对本地税负水平无显著影响。

2. 分地区实证分析

（1）对东部地区的实证检验。

对东部地区的税负水平进行空间检验，发现其也存在显著的空间互动性。进一步用 LM 检验以估计模型，结果如表 5 - 8 所示，lmlag 值没有通过显著性检验，只有 lmerror 值通过了显著性检验，因此选择 SDEM 模型进行模拟。

具体的回归结果如表 5 - 9 所示[①]，经济集聚指标 agl1 和 agl2 均在 1%

① 选择汇报了部分重要的解释变量回归结果。

的显著水平下通过检验，工业经济集聚指标（agl1）的系数符号为负，说明东部地区工业集聚水平的提高会导致税负的减少，这也意味着东部地区并未对工业集聚租征税，这个结果与全国范围的实证检验结果相同。第三产业经济集聚指标（agl2）的系数符号在增值税和所得税税负回归中为正，说明东部地区这两个税种在第三产业行业中存在税收集聚租情况，但是在营业税中还存在享受税收优惠的情况。总体来说，对于第三产业行业，集聚水平的提高会导致税负的提高，这意味着在东部地区有对第三产业集聚租征税，即第三产业经济集聚能够有效遏制住东部地区税率“逐底”的税收竞争方式。

表 5-8　　　东部地区税负水平 LM 检验

指标	地理权重 WG		经济权重 WE	
	LM - lag	LM - error	LM - lag	LM - error
value	0.0401	12.2485	0.1574	7.8904
prob	0.8414	0.0004	0.6916	0.0050
chi	17.6110	17.6110	17.6110	17.6110

表 5-9　　　东部地区实证检验结果

变量	tax_t	tax_c	tax_v	tax_b
a1	-2.0276*** (-3.6784)	-0.3623 (-1.4762)	-1.3011*** (-4.7423)	
a2	2.7511*** (5.4595)	0.5248*** (2.3391)	1.4519*** (5.7885)	-0.1997*** (-2.5886)
agdp	3.1967*** (6.5870)	0.4746*** (2.2049)	0.0801 (0.3328)	0.4009* (1.7120)
is	0.1083 (1.0186)	0.1038*** (2.1970)	-0.0099 (-0.1875)	0.0551 (1.0913)
for	0.3961 (-0.5421)	-0.6028** (-1.8497)	-0.4395 (-1.2077)	1.2237** (3.2896)
λ	-0.9279*** (-5.1167)	-0.7309*** (3.9220)	-0.7959*** (4.2944)	-0.6689*** (3.5819)
R^2	0.8875	0.7684	0.5944	0.7128

(2) 对中部地区的实证检验。

对中部地区的税负水平进行空间检验，发现其也存在显著的空间互动性。进一步用 LM 检验以估计模型，结果如表 5－10 所示，lmlag 和 lmerror 值都显著通过了显著性检验，但是后者明显大于前者，加强的 LM 检验也显示只有加强的 lmerror 值通过了显著性检验，因此选择 SDEM 模型进行模拟。

表 5－10　　中部地区税负水平 LM 检验

指标	地理权重 WG		经济权重 WE	
	LM－lag	LM－error	LM－lag	LM－error
value	15.7061	53.2631	8.1010	21.2336
prob	0.0000	0.0000	0.0004	0.0000
chi	17.6110	17.6110	17.6110	17.6110

模型的估计结果如表 5－11 所示，工业经济集聚指标 agl1 没有通过显著性检验，说明中部地区税负水平和工业集聚之间尚没有发现存在显著的相关关系。agl2 在增值税税负回归中通过显著性检验，并且符号为负，说明第三产业的集聚在中部地区还处在开始阶段，中部地区在第三产业的吸引上还存在“逐底的”税收竞争。这与中部地区的实际情况也相符合，国家对中部地区发展的关注和东部地区产业向内陆转移意味着中部地区政府会首要考虑吸引更多的企业，从而采取措施降低企业税负与成本。

表 5－11　　中部地区实证检验结果

变量	tax_t	tax_c	tax_v	tax_b
agl1	0.1194 (0.4656)	－0.0686 (－1.1264)	0.0392 (0.3005)	
agl2	－0.6337* (－1.8770)	0.0890 (1.0844)	－0.5003*** (－2.8540)	0.1714 (0.8332)
agdp	2.3218*** (4.3170)	0.5635*** (4.3517)	－0.1901 (－0.6847)	0.4734 (1.3496)
is	0.1020*** (2.3740)	0.0338*** (3.3892)	0.0669*** (3.1012)	0.0248 (0.8662)

续表

变量	tax_t	tax_c	tax_v	tax_b
for	6.8119*** (3.0239)	1.4342** (2.7436)	-2.7506*** (-2.4384)	5.5282*** (3.4996)
λ	-0.5759*** (-3.4567)	-0.9900*** (-6.9001)	-0.8999*** (-5.9469)	-0.7229*** (-4.4563)
R^2	0.9454	0.8557	0.8229	0.7002

（3）对西部地区的实证检验。

对西部地区的税负水平进行空间检验，发现其也存在显著的空间互动性。进一步用 LM 检验以估计模型，结果如表 5-12 所示，lmlag 和 lmerror 值都通过了显著性检验，但是后者明显大于前者，加强的 LM 检验也显示只有加强的 lmerror 值通过了显著性检验，因此选择 SDEM 模型进行模拟。

表 5-12　　西部地区税负水平 LM 检验

指标	地理权重 WG		经济权重 WE	
	LM-lag	LM-error	LM-lag	LM-error
value	15.2040	21.5570	21.2255	27.9200
prob	0.0000	0.0000	0.0004	0.0000
chi	17.6110	17.6110	17.6110	17.6110

模型的估计结果如表 5-13 所示，与全国估计结果类似，不同税种的税负水平与经济集聚的关系不同。对于工业经济集聚指标 agl1 来说，其在所得税税负回归中符号为负，与全国和东部地区一样，工业集聚还处在初始阶段，地方政府尚未开征税收集聚租，担心造成资本流失。但是由于增值税是流转税，其对企业造成的税负感较为隐秘且可以转嫁给下游企业或消费者，因此已经存在增值税的税收集聚租了。

对于第三产业经济集聚指标 agl2 来说，其在增值税税负（tax_v）和营业税税负（tax_b）回归中，符号都为负，原因同前，意味着在西部地区第三产业的集聚还处于较低水平，因此还存在着“逐底”的税收竞争。但是 agl2 在企业所得税税负（tax_c）回归中符号为正，说明第三产业的企业所得税存在税收集聚租，与工业行业的情况不同，有可能是高端服务业如金融业、房地产业等，相对制造业来说，对企业选址更为挑剔，相对流动性会降低。

表 5-13　　　　西部地区实证检验结果

变量	tax_t	tax_c	tax_v	tax_b
a1	-0.5812*** (-2.5943)	-0.1387*** (-4.7187)	0.2319*** (3.9428)	
a2	0.3504* (1.7422)	0.1377*** (5.2188)	-0.3271*** (-6.1936)	-0.1126* (-1.8327)
agdp	0.7655 (1.5036)	0.0158 (0.2370)	-0.4320*** (-3.2313)	-0.2926 (-1.0346)
is	0.1768*** (3.0818)	0.0578*** (7.6842)	0.0115 (0.7678)	0.0727*** (2.3255)
for	-1.632 (-0.8719)	-0.5958*** (-2.4215)	0.1271 (0.2585)	-1.7892* (-1.6565)
λ	-0.9479*** (-4.1319)	-0.9739*** (-4.2421)	-0.9519*** (-4.1487)	-0.8189*** (-3.6004)
R^2	0.6087	0.7492	0.5011	0.3077

五、本节小结

本节以地方级税收收入（包括增值税、营业税、企业所得税）为研究对象，利用2005—2016年省级面板数据，对中国经济集聚和税收竞争行为进行检验。得出以下结论。

第一，三大地区间税负水平差异较大，东部地区最高，中部地区最低，但空间上税负水平的互动效应较为显著。空间互动系数的符号为负，说明税负变动的方向是相反的，各地区税负水平的变动呈现差异化现象。

第二，经济集聚对税收竞争行为产生一些影响，不同地区和不同税种的表现不尽相同。总体来说，对于工业经济集聚，其还处于集聚的初始阶段，各地由于担心征收税收集聚租会导致资本流失，只是在增值税这一间接税种上存在，在企业所得税暂不存在税收集聚租。相反，企业所得税税负回归中，agl1 的符号为负，说明工业经济集聚并没有缓解企业所得税的

“逐底”税收竞争。而对于第三产业经济集聚，东部地区和中西部地区的税收竞争行为表现差异较为明显。东部地区第三产业税收集聚租显著存在于增值税和企业所得税中，而中西部地区则是在第三产业上还存在较为明显的“逐底”税收竞争行为，特别是在增值税和营业税税负上。目前，尚未发现相邻地区的经济集聚与本地税负水平有显著的相关关系。

第三节　经济集聚背景下税收竞争对区域财力差距的影响

既然地方政府间税负水平存在较为明显的空间互动，税收竞争效应显著存在，并且经济集聚对地方政府间的税收竞争行为产生了影响，在不同地区存在程度不同的税收集聚租现象。本节我们关注税收集聚租的存在是否会进一步拉大地区间原有的财力水平差距。

一、基准模型

考虑构建以下模型来反映经济集聚和税收竞争对区域财力差距的影响：

$$Rgap_{i,t} = c + \beta_1 TC_{i,t} + \beta_2 Agl_{i,t} + X\beta_3 + d_i + year_t + \varepsilon_{it} \quad (5-9)$$

其中，$Rgap$ 指的是地区政府财力水平差距，用本地和财力最高水平地区的差值衡量①；$TC_{i,t}$ 是税收竞争指数，参考傅勇和张晏（2007），张福进（2014）等的做法：

$$TC_{i,t} = \frac{Tax_{it}/GDP_{it}}{Tax_t/GDP_t} \quad (5-10)$$

其中，Tax_t/GDP_t 是样本期内所有地区宏观税负的均值；Tax_{it}/GDP_{it} 是某地区某年宏观税负比值。某地区宏观税负值越低，TC 的数值越小，表明该地区参与税收竞争越激烈。

---

① 由于在观测期间财力最高水平地区一直是上海，所以财力差距是各地财力与上海的财力水平差距，这里的观测省份减少为28个。

$Agl_{i,t}$是前面所述的工业集聚指数，分别用工业集聚指数（*agl*1）和第三产业集聚指数（*agl*2）衡量。控制变量同前仍控制了市场开放度（for）、产业结构（is）、地区经济发展水平（agdp）、基础设施建设水平（infras）等因素对税收增长的影响。

对式（5－9）进行时间和地区固定效应后的估计结果如表5－14所示，可以看到以宏观税负衡量的税收竞争指数*TC*对地区政府财力水平差距Rgap有显著影响，符号为负，说明*TC*值越小，参与税收竞争程度越高，越不利于缩小本地同发达地区的财力水平差距。从经济集聚角度来看，地区的工业集聚水平越高，会显著降低地区间的财力水平差距。其中，工业集聚水平每提高1个百分点，将有效降低2个百分点的地区间财力水平差距。但是第三产业集聚水平的提高对地区间财力水平差距无显著影响。值得注意的是，控制变量agdp的系数符号为正，且显著性程度较高，说明随着经济发展程度的增加，地区间财力差距有拉大的趋势，这一点说明了财力增长有发散的趋势。

表5－14　　税收竞争对地区政府财力差距的影响

变量	(1)	(2)
	Rgap	Rgap
TC	－0.687* (－1.96)	－0.769** (－2.18)
agl1	－2.043*** (－2.60)	
agl2		－9.616 (－1.18)
agdp	1.630*** (3.78)	1.695*** (3.87)
indus	－0.007 (－0.38)	－0.013 (－0.72)
infras	0.038** (2.21)	0.033* (1.91)

续表

变量	(1)	(2)
	Rgap	Rgap
openm	0.007*** (2.80)	0.007*** (2.74)
popu	0.954* (1.81)	0.989* (1.86)
Constant	-5.874* (-1.68)	-5.816 (-1.64)
Observations	336	336
R-squared	0.755	0.750
地区固定效应	YES	YES
时间固定效应	YES	YES

二、稳健性检验

(一)替换核心解释变量

考虑到前面所述企业所得税、营业税和增值税等具体税种的税收竞争方式和效应有所不同，我们考虑分别构建以企业所得税税负、营业税税负和增值税税负为元素的税收竞争指数去替代核心解释变量。根据替换后的核心解释变量估计得的模型回归结果如表5-15所示，其中CC、BC和VC分别表示企业所得税竞争指标、营业税税收竞争指标和增值税税收竞争指标。可以看到VC的系数估计值通过1%显著性水平检验且符号为负，与基准模型估计结果一致。

表5-15 替换解释变量后税收竞争对地区政府财力差距的影响

变量	(1)	(2)	(3)	(4)	(5)	(6)
	Rgap	Rgap	Rgap	Rgap	Rgap	Rgap
BC	0.261 (1.43)	0.243 (1.29)				

续表

变量	(1)	(2)	(3)	(4)	(5)	(6)
	Rgap	Rgap	Rgap	Rgap	Rgap	Rgap
VC			-0.743*** (-4.75)	-0.795*** (-4.89)		
CC					0.003 (0.03)	-0.006 (-0.06)
agl1	-2.374*** (-2.99)		-2.544*** (-3.34)		-2.184*** (-2.78)	
agl2		-12.548 (-1.48)		-20.121** (-2.47)		-9.673 (-1.18)
agdp	1.217*** (2.79)	1.282*** (2.90)	0.790* (1.87)	0.844** (1.98)	1.401*** (3.33)	1.441*** (3.37)
indus	-0.006 (-0.32)	-0.014 (-0.76)	0.015 (0.82)	0.009 (0.47)	-0.011 (-0.58)	-0.018 (-0.94)
infras	0.041** (2.38)	0.037** (2.11)	0.030* (1.84)	0.030* (1.75)	0.041** (2.40)	0.036** (2.07)
openm	0.005** (2.04)	0.005** (2.05)	0.004 (1.63)	0.004* (1.75)	0.006** (2.42)	0.006** (2.29)
popu	0.900* (1.70)	0.935* (1.75)	0.951* (1.86)	1.005* (1.95)	0.905* (1.67)	0.925* (1.69)
Constant	-3.240 (-0.93)	-3.085 (-0.88)	-0.291 (-0.09)	-0.127 (-0.04)	-4.209 (-1.22)	-3.944 (-1.12)
Observations	336	336	336	336	336	336
R-squared	0.753	0.748	0.769	0.765	0.751	0.746
地区固定效应	YES	YES	YES	YES	YES	YES
时间固定效应	YES	YES	YES	YES	YES	YES

但是企业所得税竞争指标（CC）和营业税税收竞争指标（BC）都对地区间财力差距无显著影响，说明总体的税负竞争对地区间财力差距的影响主要是通过增值税税收竞争效应引致的。

从关键解释变量经济集聚水平的估计结果看，与基准模型估计结果类似，agl1 的系数都通过了显著性水平检验，agl2 的系数在增值税税收竞争模型中通过了显著性水平检验，并且二者符号都为负，说明经济集聚水平提高有助于缩小地区间财力水平差距。并且 agl2 的系数绝对值显著大于 agl1 的系数绝对值，说明第三产业集聚对缩小地区间财力差距的效果会更加明显。

从其他控制变量来看，地区经济发展水平（agdp）的系数估计值显著为正，说明经济发展水平的提升会进一步拉大地区间财力差距。

（二）分地区检验

将全国分为东部、中部、西部地区进一步检验税收竞争对地区间财力差距的影响，得到的估计结果如表 5－16 所示。从中可以看到中部地区税收竞争对财力差距的影响较为显著，表现为宏观税收竞争、增值税税收竞争和营业税税收竞争系数估计值都通过了显著性检验，并且符号为负，与基准模型一致，说明在中部地区税收竞争会拉大区域间的财力水平差距。东部地区主要表现为增值税税收竞争会拉大区域财力差距，而西部地区主要是宏观税负税收竞争对区域财力差距影响较为显著，增值税和企业所得税税收竞争对区域财力差距的影响显著性略差，达到 13% 以上的概率水平。这些表现还是与各地区税收竞争的激烈程度有关，中部地区的税收竞争程度最高，因而通过税收竞争对区域间财力水平差距的影响较为显著。

表 5－16　　东中西部地区税收竞争对区域财力差距的影响

变量		(1)	(2)	(3)	(4)	(5)	(6)	(7)	(8)
		Rgap	Rgap	Rgap	Rgap	Rgap	Rgap	Rgap	Rgap
东部	TC	－1.127 (－1.05)	－1.347 (－1.27)						
	VC			－1.078** (－2.08)	－1.132** (－2.13)				
	BC					0.215 (0.33)	0.164 (0.25)		
	CC							0.249 (0.93)	0.264 (0.97)

续表

变量		(1)	(2)	(3)	(4)	(5)	(6)	(7)	(8)
		Rgap	Rgap	Rgap	Rgap	Rgap	Rgap	Rgap	Rgap
中部	TC	-0.509*** (-4.84)	-0.503*** (-5.16)						
	VC			-0.188*** (-3.72)	-0.178*** (-3.62)				
	BC					-0.165** (-2.30)	-0.180** (-2.64)		
	CC							-0.040 (-1.39)	-0.042 (-1.52)
西部	TC	-0.586 (-1.58)	-0.666* (-1.79)						
	VC			-0.404 (-1.64)	-0.387 (-1.58)				
	BC					0.035 (0.15)	-0.005 (-0.02)		
	CC							-0.176 (-1.50)	-0.189 (-1.60)

第四节　本章小结

本章我们描述了我国东中西部地区现有的税负分布情况和经济集聚情况，通过梳理，我们发现东部地区税收负担水平最高，中部地区税收负担水平最低。从经济集聚的情况看，第二产业和第三产业主要都集中在东部地区，但从数据的历史变迁来看，经济集聚的情况正在从东部地区逐渐转移向中部地区。

我们通过空间杜宾误差模型（SDEM）对各地区的税负水平进行了回归，结果表明各地税负水平存在较为显著的空间互动性，说明税收竞争效应显著存在。空间互动系数的符号为负，说明税负变动的方向是相反的，各地区税负水平的变动呈现差异化现象。

经济集聚对税收竞争行为产生一些影响，不同地区和不同税种的表现不尽相同。总体来说，对于工业经济集聚，其还处于集聚的初始阶段，由于税收集聚租会导致资本流失，目前只是在增值税这一间接税种上存在，并不存在于企业所得税上。相反，企业所得税税负回归中，agl1 的符号为负，说明工业经济集聚并没有缓解企业所得税的“逐底”税收竞争。而对于第三产业经济集聚，东部地区和中西部地区的税收竞争行为表现差异较为明显。东部地区第三产业税收集聚租显著存在于增值税和企业所得税中，而中西部地区则是在第三产业上还存在较为明显的“逐底”税收竞争行为，特别是在增值税和营业税税负上。目前，尚未发现相邻地区的经济集聚与本地税负水平有显著的相关关系。

分税种的实证结果表明，税收竞争效应广泛存在于增值税、营业税和企业所得税等具体税种上。分地区的实证结果表明，经济集聚对税收竞争行为的影响不尽相同。东部地区在增值税税负上存在工业企业的税收集聚租，在增值税和企业所得税税负上存在第三产业的税收集聚租。西部地区也发现存在增值税税负上的工业企业税收集聚租和企业所得税税负上的第三产业税收集聚租。而中部地区尚未发现显著的税收集聚租，有可能是因为中部地区税收竞争效应最大。同时，各地区都存在不同程度的“逐底”税收竞争效应，特别是在工业行业上；而中西部地区对于第三产业也存在显著的“逐底”式税收竞争。

从税收竞争、经济集聚对地区政府财力水平差距的影响来看，实证结果表明税收竞争会拉大区域间财力水平差距，这个结论在中部地区尤为明显，这可能与中部地区税收竞争程度最为显著有关。东部地区我们发现增值税的税收竞争会显著拉大地区间财力水平差距，这与东部地区已经对增值税征收税收集聚租有关。

本章的结果表明在要素集聚背景下，要素集聚中心地区和外围地区分别采用了不同的财政收入竞争策略，从而有可能进一步拉大地区间的财力差距。

第六章　财政竞争对区域公共品供给差距的影响

第一节　财政竞争与区域公共品供给

一、蒂布特模型简要回顾

Tiebout（1956）构建了一个理想化的地方政府竞争模型，竞争的策略是税收成本—公共品产出的组合。每个地区提供公共品的数量或类型是事先给定的，要承担的税收成本等信息也是公开透明的。如果每个居民，同时也是各类公共品的消费者，他们可以在地区间自由迁徙，不用考虑工作、情感等其他影响迁徙的因素，那么每个居民将会选择最适应自己偏好的辖区。由此，将各类辖区的公共品加总便能得到满足所有居民偏好的公共品供给最优规模。应该说，Tiebout 模型（也称蒂布特模型）是为了解决揭示居民对公共品偏好机制而设计的，但是这个模型中最为著名的部分却是由于它引入了政府间竞争机制。由于在模型中竞争的主要策略是税收成本—公共品产出组合，因此，本质上这是一个政府间财政竞争的模型。

为了使模型得出的结论更为直接，Tiebout 做了一系列的研究假设，包括人口可以在地区间自由流动，即假设人口的迁徙不需要成本。同时，地方政府提供的公共品由于各种客观条件的限制，有一个最优规模的问题，即对应一个最优规模的人口数量。超过这个规模，人群享受公共品会有拥挤，人口会流出。而低于这个规模，人均承担公共品的成本则会增加，不利于经济化，因此辖区有吸引人口流入的动力。人口可以自由流入与流出可以说是相当于私人品市场供给机制中的“投票机制”，因此又被称为公共品供给中的“以脚投票”机制，正是这种机制保证了公共品供给的有效性。而政府竞争的目标就是吸引人口流入，保证地方人口规模在达到最优规模前，公共品的平均供给成本要尽量低（李春根和王丽娟，2016）。

二、财政竞争对区域公共品供给影响机制

虽然蒂布特模型强调辖区间竞争的主要目标是吸引人口流入，但是联系我国实际情况，地方政府竞争在较长一段时间内的首要目标是吸引资本的流入。在“压力型”行政体制下，地方政府会把所有工作区分为“中心工作”和“业务性工作”，所有资源和精力主要投入到“中心工作”上。而“中心工作”在当前的绩效考评指标体系下常常是围绕着加快经济发展与建设展开，以“招商引资”和加快“园区建设”和“城区建设”为主（欧阳静，2018）。因此，在地方政府的财政支出中很重要的一块即是基础设施支出。为了吸引资本的流入，提升当地经济发展的绩效，上级政府甚至会采取诸如召开“流动现场会”等类似策略在下级政府间引入竞争机制（欧阳静，2018）。这种竞争最终将体现在包括基础设施在内的各种相关财政支出上。

另外，对人口的吸引只是在近些年才表现得较为突出，特别是对高素质人才的吸引，地方政府“为增长而竞争”正在向“为人才而竞争”转变（赵全军，2021）。李春根和王丽娟（2016）比较了发达地区和欠发达地区对人才吸引上竞争策略的差异，发达地区常常使用的是高水平公共服务—高水平生存成本的策略，同时辅以对高素质人才的定向优惠补助政策；而欠发达地区对人才的吸引更多是一种被动的竞争策略政策，采用的是低水平公共服务—低水平生存成本的策略，更加注重人口“量”的集聚。这里的生存成本主要指落户享受公共服务如教育、医疗保险和社会保障所需要的住房。

实际上，从资本流动的角度关注税收竞争的文献已经较为丰富，但是从人口流动的角度讨论财政竞争及其对公共品供给影响的文献则相对欠缺。通常来说，在将人口引入辖区间的财政竞争研究中，则问题将会变得更加复杂。原因是人口作为生产的重要因素之一，其在不同辖区间的流

动，既会对其他生产要素的边际产出产生影响，同时，人口有时也是其他生产要素的拥有者，比如其可能是资本要素的拥有者，因此它的流动也势必影响到资本在辖区间的配置。正因如此，这类文献一直较少。而实际上，围绕对优质生产要素的竞争从来都是辖区间重要的竞争内容。在我国，从改革开放以来各大城市为吸引优质人口而特别设计的“蓝印户口”到高层次人才安家落户的优惠政策，再到各地在人口出生率下行背景下的“抢人大战”等种种落户政策[①]，一直持续不断。由于人口同时是社会的消费者，因此，从公共经济学角度来看，如何评判不同辖区在提供公共品上的努力程度，“以脚投票”机制应是一种好的办法。在像我国这样实现户籍管理的国家中，人口对公共品的评价是否得到反映，人口流动是否会影响各地方政府提供公共品的竞争程度并进而对地区间公共品的供给程度产生影响是本章内容关注的重点。

本章第二节先从一个理论模型入手，比较人口在流动和不流动时，不同辖区间税收竞争程度如何，进而判断其对公共品提供状态有何影响，模型的结论可以作为一个规范价值判断标准。第三节则是联系我国实践，运用空间计量模型对地方政府间是否为吸引资本和人口流入而展开公共品支出竞争进行实证；同时，探究如果竞争存在，这种竞争是否会对地区间公共品供给差距产生影响。第四节则是对本章内容的一个小结。

第二节　人口流动、税收竞争与公共品供给

——基于对 Zodrow – Mieszkowski 模型的修正分析

一、引言及文献综述

在研究税收竞争理论时，我们关注的一个重要问题是不同辖区间的税收竞争会对辖区政府提供公共品的职能有什么影响。有不少西方经济文献

① 任泽平：《城市“抢人大战”：高质量发展、大都市圈战略和土地财政》，搜狐网 2018 年 6 月 10 日，https://www.sohu.com/a/234948844_99912039。

已经从人口在辖区间完全禁止流动的假设出发，研究得出辖区间的税收竞争可能会导致公共品供给的低效。这一结论虽然具有启示意义，但是假设条件的严格性也使得结论仍存在较明显的局限性。联系我国的实践背景，我们更为关注如果人口流动被放松管制，辖区间税收竞争的程度会有怎样的变化，其对公共品的供给状况又将有怎样的影响，这些理论探讨对我国实践中有关公共政策的制订和调整有一定的启发性。

Tiebout（1956）的文章孕育了财政竞争的最初思想，流动人口在不同辖区间的“以脚投票”将迫使地方政府为提供更有效率的税收——公共品组合展开竞争。在这之后，人们对该模型思想进行了更多方面的解读，将人口流动扩展为不同要素的流动性都将引起辖区间的财政竞争，特别是从资本流动引起不同地区间税收竞争进而影响对公共品提供的角度撰写的文献较多，其中以 Zodrow 和 Mieszkowski（1986）讨论税收竞争对公共品供给影响的模型（下文简称 Z－M 模型）较为经典，由于其简单性和典型性，这一模型被大量引用修改作为分析税收竞争的基本模型（Wilson，1999）。这些文献倾向于认为由资本流动引起的税收竞争会使地方政府倾向于设置低税率，从而对公共品提供不足。这里的比较标准以总额税为公共品提供来源时所达到的 Samuelson 标准为标准（Zodrow 和 Mieszkowski，1986），即公共品和私人品在不同消费者之间的边际效用替代率之和等于边际生产转换率，即 $\sum_{i=1}^{n} MRS_{X,Y} = MRT_{X,Y}$，其中，$X$ 是公共品，Y 是私人品组合。在讨论资本流动引起税收竞争时，文献一般假定另一生产要素劳动力为非流动性[①]，在这样的假设下，得出资本流动引起的税收竞争将会导致公共品供给状态低于由人头税供给公共品的最优状态。Burbridge 和 Mayers（1994）虽然将人口流动性引入税收竞争模型中，将税收竞争的传统结论扩大到包括人口流动。他们根据人口流动程度的不同将人口的流动性从完全非流动到完全流动连续性，得出在税收来源仍然是人头税时，不管人口流动性程度大小，纳什均衡的有效性都得到保持。但是当税收来源包括资本税时，除非是各辖区是完全同质性的，否则辖区之间需要通过转移支

① 这里的人口与劳动力是一体的，有的文献还将人口区分为劳动力和土地租金收取者等不同类别。

付控制人口流动来保持有效性。

总体来说，从人口流动的角度关注不同地区间财政竞争到底对公共品的提供有什么影响的相关文献较少。本部分在Z－M模型基础上，对该模型提出修正，主要是对人口在辖区间非流动这一假设作出更改，在税收来源仍然是资本税的情况下，比较人口可流动时与不流动时政府间税收竞争的激烈程度是否加强对公共品的供给情况的影响。在我国这样一个人口流动性受到一定限制的国家，这种研究尤其必要。

二、Z－M模型的假设及基本结论

Zodrow和Mieszkowski（1986）在他们著名文章中用一个经典模型验证了同质性辖区间资本税收竞争对资本税率和公共品提供水平的影响。模型的假设包括：

1. 若干个同质性辖区。考虑一个经济体中有若干个同质性竞争辖区$i(i=1, 2, \cdots, N)$，每个辖区有相同数量的土地供给（L）、资本初始存量（K）和同样数量的居民。其中，整个经济体的资本总量固定的$\bar{K}$（$\bar{K}=NK$）。

2. 资本可流动，人口和土地不可流动。资本在辖区间是充分流动的，资本的投资回报率r因而是外生变量，辖区间围绕着流动资本展开财政竞争，竞争策略主要是税收竞争。辖区间进行的是Courant－Nash竞争。

3. 居民收入由土地要素回报和资本收益两部分组成。居民人均等分持有资本总量，所持资本投资区域没有限制。

4. 每一辖区的产出由竞争性企业采用二阶可微、规模报酬不变技术生产的。生产函数的投入要素包括土地和资本，由于土地要素在辖区间固定的，生产函数简写为$F(K)$，其对投入要素的偏导性质是$F_K>0$，$F_{KK}<0$。

5. 辖区政府的收入来源包括人头税和资本税。辖区政府以追求辖区居民的效用最大化为目标。

Z－M模型先从单个代表性辖区入手，当达到Courant－Nash竞争均衡时，单个代表性辖区将倾向设置较低资本税率，从而使辖区的公共品供给状态低于当人头税为公共品唯一资金来源时的公共品最优供给状态。

三、对 Z－M 模型的修正

（一）基本假设

仍然考虑一个经济体中有若干个同质性竞争辖区 $i(i=1, 2, \cdots, N)$，每个辖区有相同数量的土地供给（LA）、资本初始存量（K）和同质性居民（L）。其中，整个经济体的资本总量和人口总量分别是固定的 $\bar{K}(\bar{K}=NK)$ 和 $\bar{L}(\bar{L}=NL)$，人口等分拥有资本。但假设资本和人口在辖区间是充分流动的，从而资本的投资回报率 r 和人口的劳动回报率 w 是外生变量，辖区间围绕着流动资本和劳动力展开财政竞争，竞争策略包括税收策略和公共支出策略。

每一辖区的产出仍由竞争性企业采用二阶可微、规模报酬不变技术生产的，但生产函数的投入要素不仅包括土地和资本，还包括劳动力。假设土地要素在辖区间固定的，生产函数简写为 $F(K, L)$，其对投入要素的偏导性质是 $F_K>0$，$F_L>0$，F_{KK}，$F_{LL}<0$，F_{KL}，$F_{LK}>0$。

居民收入不仅来自土地收益，还包括劳动收益，资本在辖区间的投资方向不确定。由于辖区居民是同质性的，可以假设每个辖区的居民为单个代表性居民（representative individual），其他数量单位也都是人均单位。

政府只对资本征收资本税，对劳动收入不征税①，资本税作为提供公共品的唯一资金来源。假设政府只需提供一种公共品 P，政府的目标是追求辖区居民利益最大化。居民的效用来自消费私人品组合 C 和公共品 P。

（二）几点修正

1. 人口可流动。人口可流动时，它对资本税率的变化也是敏感的。在 Z－M 模型中，人口是非流动的，因此辖区的居民收入中资本收益部分是固定的。在修正模型中人口是流动的，每个辖区人口的资本收益部分不再

① 这与实际中一个国家不同区域对劳动收入征收统一税率的实践有一定类似性。

是固定值 $r\frac{\bar{K}}{N}$，而是随着人口量的变动而变动 $r\frac{\bar{K}}{N}\frac{L}{\frac{\bar{L}}{N}}$。

2. 生产函数的投入要素除了原模型中土地和资本外，增加了劳动力要素。

3. 修正后的模型中假设不再有人头税，只有资本税作为税收收入①。

4. 在 Z－M 模型中，辖区土地在辖区居民间等分持有，由于人口固定，辖区居民收入中的土地收入回报也固定；修正后，当人口流动时，假设土地要素回报不会随人口流动而流动，而是统一为当地某个政府中介所拥有，最终属于本区居民拥有②。

（三）模型推导

模型的推导类似于 Z－M 模型，仍然是从单个代表性辖区的视角出发的。

1. 当人口流动时

政府决定公共品的提供水平以使代表性居民的效用最大，即：

$$\max U(C,P) \tag{6-1}$$

$$s.t.\ P = TK \tag{6-2}$$

居民的私有品为：

$$C = [F(K,L) - (r+T)K - wL] + r\frac{\bar{K}}{N}\frac{L}{\frac{\bar{L}}{N}} + wL \tag{6-3}$$

其中，土地要素的回报为 $F(K,L) - (r+T)K - wL$。

对于生产企业来说，当辖区竞争达到均衡时，需满足：

$$r + T = F_K(K,L) \tag{6-4}$$

对式（6－4）进行全微分得到：

---

① Z－M 模型讨论的重点是比较由人头税还是由资本税提供公共品更有效率，本模型的重点是比较人口流动对公共品提供状态的影响，因此假设外生变量人头税为 0，对结论没有影响。

② 实践中，对于公共土地租金，大部分时候为政府所攫取。这里假设政府是遵从选民利益最大化的，因此这部分攫取利润并没有用作公共支出，而是作为选民收入的一部分。

$$dT = F_{KK}dK + F_{KL}dL \tag{6-5}$$

从式（6-5）可以看出，相比较 Z-M 模型来说，由于添加了劳动力要素，税率的变动不仅影响到资本，还会影响到与资本按一定比例配合的另一生产要素劳动力。并且由于劳动力是流动的，当资本税率提高时，一方面资本流出的倾向导致现有居民也产生流出倾向；另一方面，资本税率的增加会使公共品提供增加，吸引外地居民流入，从而对资本的需要量会进一步增加。最终，辖区资本是否会随着税率的提高而流出，取决于这两种作用的合力。

对式（6-5）作变动，得到当税率变化时，令其对资本的影响为 ϕ：

$$\phi = -\frac{dK}{dT} = -\frac{\dfrac{(dT - F_{KL}dL)}{F_{KK}}}{dT} = -\frac{1}{F_{KK}}\left(1 - F_{KL}\frac{dL}{dT}\right), \tag{6-6}$$

式（6-6）表明，当人口流动时，某辖区的资本税率提高对资本的影响不仅取决于资本要素对生产函数的贡献率，还取决于人口对生产函数的贡献率以及人口受到的税率变化影响。

当居民观察到某个辖区的公共支出水平较高时，便存在流动的倾向①，则：

$$L = L(P),$$

$$\frac{dL}{dT} = \frac{dL(P)}{dT} = \frac{dL}{dP}\frac{dP}{dT} = L_P\left(K + T\frac{dK}{dT}\right) \tag{6-7}$$

由式（6-7）可知，当资本税率提高时，辖区居民净流量的变动取决于因税率变动导致的公共品净提供量的变动。一方面，随着税率增加，税基固定不变前提下，税源增加，公共品供给量亦会增加；同时，税率增加致使资本有流出倾向，税源减少，公共品供给量亦会减少，最终公共品净提供量的变动是这两种作用的合力。如果公共品供给量的变动对于居民是可观察的②，则最终由资本税率变动引起的人口净流量的变动 $\frac{dL}{dT}$ 取决于资本对税率弹性 $\theta = \dfrac{\frac{dK}{K}}{\frac{dT}{T}}$ 的取值。

---

① 假设居民对公共品资金来源的税收负担较公共品供给较不敏感，这与不同地区对个人所得税施行同一税负的现实有一定相关性。

② 这显然意味着对财政公开度有相当高的要求。

（1）当资本税率弹性较大时，$\theta \in (-\infty, -1)$，

$$K + T\frac{dK}{dT} < 0, \frac{dL}{dT} < 0, \tag{6-8}$$

$$\phi = -\frac{dK}{dT} = -\frac{1}{F_{KK}}\left(1 - F_{KL}\frac{dL}{dT}\right) > 0 \tag{6-9}$$

此时，税率提高导致资本流出；并且由于资本对税率弹性较大，导致税源净变动量 $K + T\frac{dK}{dT}$ 为负，公共品供给减少，人口变动净值为负。

（2）当资本税率弹性缺乏时，$\theta = \dfrac{\frac{dK}{K}}{\frac{dT}{T}} \in (-1,0)$，

$$K + T\frac{dK}{dT} > 0, \frac{dL}{dT} > 0, \tag{6-10}$$

此时，税率提高导致资本流出，但资本税率弹性缺乏，使得税基变动导致的税源减少效用低于税率提高对税源的增加效用，因而税源净变动量 $K + T\frac{dK}{dT}$ 为正，公共品供给增加，人口变动净值为正。

另外，在式（6-9）中由于 $\phi = -\frac{dK}{dT} > 0$，则需要保证 $1 - F_{KL}\frac{dL}{dT} > 0$，得到：

$$\frac{dL}{dT} < \frac{1}{F_{KL}} \tag{6-11}$$

说明由资本税率变动导致的净人口变动量的改变并不是无限的，而是有一个极限值，受到生产技术水平的限制。

要实现居民效用最大化，将式（6-11）对变量 T 求一阶微分，并令其为0，得到：

$$U_C\left[F_K\frac{dK}{dT} + F_L\frac{dL}{dT} - r\frac{dK}{dT} - \left(K + T\frac{dK}{dT}\right) + r\frac{\bar{K}}{\bar{L}}\frac{dL}{dT}\right] + U_P\left(K + T\frac{dK}{dT}\right) = 0$$

其中，U_P 和 U_C 分别为效用函数对公共品和私有品的一阶偏导，整理得：

$$\frac{U_P}{U_C}=-\frac{-K+\left(F_L+r\frac{\bar{K}}{\bar{L}}\right)\frac{dL}{dT}}{K+T\frac{dK}{dT}}=\frac{K-\left(F_L+r\frac{\bar{K}}{\bar{L}}\right)\frac{dL}{dT}}{K+T\frac{dK}{dT}} \tag{6-12}$$

2. 当人口被限制流动时

$$dL=0,\frac{dL}{dT}=0 \tag{6-13}$$

$$\phi'=-\frac{dK}{dT}=-\frac{\frac{(dT-F_{KL}dL)}{F_{KK}}}{dT}=-\frac{1}{F_{KK}}>0 \tag{6-14}$$

显然，在人口不流动时，辖区资本税率的提高也一定会致使辖区资本流出，但此时资本净流量的变动只取决于资本要素对生产的贡献率，与人口要素无关。并且，人口对税率变动从而公共品供给量的变动缺乏敏感。

四、模型比较及结论

（一）税收竞争程度比较

用式（6-9）减去式（6-14），可以比较人口在是否流动时由资本税率提高导致的资本流出量的大小，得到：

$$\Delta\phi=\phi-\phi'=-\frac{1}{F_{KK}}\left(1-F_{KL}\frac{dL}{dT}\right)-\left(-\frac{1}{F_{KK}}\right)=\frac{F_{KL}}{F_{KK}}\frac{dL}{dT} \tag{6-15}$$

1. 当资本税率缺乏弹性时，由式（6-10）可知，$\Delta\phi<0$。当辖区间人口可流动时，由资本税率提高导致的资本流出量要低于人口限制流动时的资本流出量，税收竞争程度相对缓解。这也意味着对于资本税率弹性缺乏敏感的辖区而言，应鼓励实行辖区间人口可流动的政策，这将帮助减少由资本税率提高而致使的资本流出量。

2. 当资本税率具有弹性时，由式（6-8）可知，$\Delta\phi>0$。说明辖区间人口可流动时，由资本税率提高导致的辖区资本流出量要更多，税收竞争程度增加。因此，对资本税率弹性较大的辖区而言，政府可能会倾向于赞成限制人口流动的公共政策，以此来降低税收竞争程度和因税率提高而导致的资本流出量。

（二）公共品供给量比较

将式（6－13）代入式（6－12）中，得到人口被限制流动时公共品边际效用与私有品边际效用的比值①：

$$\left(\frac{U_P}{U_C}\right)' = \frac{K}{K + T\frac{dK}{dT}} > 1 \tag{6-16}$$

由于公共品假设是由政府提供的私人品，因此这里的有效标准是 $MRS = MRT = 1$，式（6－16）表明此时公共品供给低于有效状态。

用式（6－12）减去式（6－16），得到：

$$\Delta\left(\frac{U_P}{U_C}\right) = \frac{U_P}{U_C} - \left(\frac{U_P}{U_C}\right)' = -\frac{\left(F_L + r\frac{\bar{K}}{\bar{L}}\right)\frac{dL}{dT}}{K + T\frac{dK}{dT}}, \tag{6-17}$$

由于$\frac{dL}{dT}$与$K + T\frac{dK}{dT}$的取值符号同方向，说明：

$$\frac{U_P}{U_C} < \left(\frac{U_P}{U_C}\right)',$$

显然，随着辖区间人口的自由流动，辖区竞争均衡时公共品提供的低效状态得到缓解。原因可能是当人口被限制流动时，缺少对公共品提供状态的反应，即$\frac{dL}{dP} = 0$，从而$\frac{dL}{dT} = \frac{dL}{dP}\frac{dP}{dT} = 0$，也即居民对资本税负的变动缺乏敏感或者难以表达反应，政府也缺乏提供公共品的积极性。

（三）结论

由以上可知，在放宽人口不流动假设条件基础上，对 Z－M 模型进行修正的结果是如果人口观察到辖区间公共品提供水平的变化且可以自由流

---

① 这个结果与 Z－M 模型的推导结果一样。

动时，则资本税率的调整不仅会影响到资本，还会导致人口净流量产生变动。具体来说，

1. 当人口可流动时，辖区间的税收竞争程度相比较人口限制流动时是否加强，取决于资本税率弹性的大小。当资本对税率弹性较大时，人口流动会加剧辖区间的税收竞争程度；当弹性较小时，人口流动反而会减缓辖区间的税收竞争程度。

2. 相对于人口在辖区间被限制流动，人口的可自由流动将有助于提高辖区政府对公共品的供给量。

修正后的模型从理论上验证了“以脚投票”机制对地方政府税收竞争以及对公共品供给的影响，在一系列假设条件得以满足的条件下，我们可以得知人口的可自由流动将会有助于地方政府对公共品的提供。并且据此还可以得知不同的地区其最优的财政竞争策略应有所区别。虽然这些结论局限于理论意义，但是对实践中有关公共政策的制订和调整具有一定的理论借鉴性。

第三节　财政支出竞争对公共品供给影响实证分析

地方政府对不同类的公共品供给偏好可能是不同的，对于促发展的基础设施类产品出于绩效的考核有较强的支出动力，而对于“民生类”公共品如教育、医疗的支出是按政府相关政策要求必须支出的。《中华人民共和国义务教育法》规定各级政府对教育的拨款支出不得低于财政经常性收入增长的速度，因此教育类支出随着经济发展的增长一直也保持着增长。我们关注的是，由于地方政府间的“为增长而竞争”，不同类别的公共品供给是否也存在着相互竞争，也即某地的公共支出是否会参照对手的水平作出调整。空间计量模型有助于帮我们捕捉到公共品支出是否存在着这种竞争，即空间互动性。

我们将政府的支出范围 $gspend_{i,t}$ 将分别采用基础设施支出和教育支出来区分两类不同性质的公共支出，基础设施支出指标采用第三章人均交通运输支出指标（trans）代替，教育支出则用小学阶段生均教育经费数据

(edu) 来衡量。

一、全国范围实证分析

(一) 空间相关性检验

根据表 6-1 的检验结果，对基础设施支出和教育支出进行空间效应检验，得到无论是在地理权重下还是经济权重下，Moran 指数值都为正值，且通过 1% 显著性水平检验，表明地区间基础设施支出和教育支出都存在显著的正向空间互动效应。并且基础设施支出的 moran 值在 0.3 以上，明显大于教育支出的 moran 值，说明前者的空间互动效应更为明显。

表 6-1　　空间相关性检验

指标	Trans		Edu	
	地理权重 WG	经济权重 WE	地理权重 WG	经济权重 WE
value	0.1495	0.1169	0.1326	0.1113
istat	23.0161	12.1098	8.1519	3.7146
prob	0.0000	0.0000	0.0000	0.0002

(二) 模型与指标解释

为了判别对两类支出的空间互动效应适用哪种模型，我们又进行了 lag 和 lmerror 检验，以及加强的 Robust Lmlag、Robust Lmerror 检验，结果显示如表 6-2 所示。从中可以看到，对于两类支出 Trans 和 Edu 来说，无论是在经济权重还是地理权重下，Lmerror 值都比 Lmlag 值显著，说明这两类支出的空间互动模型用 SEM 或 SDEM 模型模拟更适合。为了揭示是否受相邻地区控制变量的影响，我们选择汇报 SDEM 模型的估计结果。

因此，我们将模型设定为：

$$Y_{i,t} = \beta_1 X_{i,t} + \beta_2 WX_{j,t} + d_i + Year_j + u_{i,t}$$

$$u_{i,t} = \lambda \sum_{j=1}^{J} wu_{j,t} + \varepsilon_{i,t} \tag{6-18}$$

表 6-2 Lmlag 和 Lmerror 检验

指标	Trans				Edu			
	地理权重 WG		经济权重 WE		地理权重 WG		经济权重 WE	
	Lmlag	Lmerror	Lmlag	Lmerror	Lmlag	Lmerror	Lmlag	Lmerror
value	14.0885	69.2749	2.0450	13.4808	0.4906	54.5185	0.0774	12.2291
prob	0.0001	0.0000	0.1527	0.0002	0.4837	0.0000	0.7809	0.0004
chi	17.6110	17.6110	17.6110	17.6110	17.6110	17.6110	17.6110	17.6110
nobs	348	348	348	348	348	348	348	348
nvar	5	5	5	5	5	5	5	5

地区间的财政支出竞争效应主要体现在 λ 的估计值上，其是否能够通过显著性检验，代表财政支出竞争效应是否显著存在。根据 λ 值的符号，我们判断支出竞争策略是同向的相互模仿竞争策略，还是相反的差异化竞争策略。

式（6-18）的实证结果分别如表 6-3 和表 6-4 所示。从表 6-3 中我们可以看出 λ 的估计值都通过了显著性检验，说明地区间的基础设施支出确实存在相互竞争效应。在只考虑地区固定效应时，我们发现平均相邻地区的人均基础设施支出每增加 1 个百分点，受影响地区将增加 0.46 个百分点。经济权重下，这种效应略低，降到了 0.18 个百分点。但是，考虑了时间固定效应后，我们发现这种正向的相互竞争变成了负向的差异化竞争。综合考虑了时间和地区双固定效应后，在地理权重下 λ 的系数为 -0.6219，说明随着时间的推进，地区间基础设施支出的竞争策略已经变成了互补性竞争策略，即当相邻地区的基础设施支出人均增长 1 个百分点，受影响地区的基础设施支出反而降低了 0.62 个百分点，差异化的竞争策略使得部分地区基础设施支出增长，另一些地区则处于减少的趋势，地区间的基础设施支出差距可能会逐渐拉大。

从控制变量来看，地区经济发展水平（agdp）以及高素质人口（popu）都与基础设施支出有显著的正向相关关系。平均地区经济发展水平每增长 1 个百分点，人均基础设施支出将增长约 1.02 个百分点，经济和统计效果都非常显著。高素质人口通常集聚在经济发达地区，因此比重越大，代表经济程度越高，与基础设施支出的正相关性越大。城市人均道路面积（infras）和市场开放度（for）与基础设施支出有负向相关关系，但是由于估计值系数较小，经济意义不显著。从相邻地区的控制变量来看，考虑了双固定效应后，只有少数变量如相邻地区的产业结构（w * is）在地理权重下通过了显著性检验，其他均没有通过显著性检验，可以认为没有显著受到相邻地区控制变量的影响。

表 6－3　基础设施支出 SEM 模型估计结果

变量	WG			WE		
	地区固定	时间固定	双固定	地区固定	时间固定	双固定
agdp	1.0151*** (9.2780)	0.9178*** (8.1710)	1.0239*** (9.4177)	0.8694*** (8.1837)	0.9342*** (8.2552)	1.0425*** (9.4990)
is	－0.0051 (0.3155)	0.0146 (0.8912)	0.0106 (0.6144)	0.0092 (0.6253)	0.0105 (0.5899)	0.0043 (0.2669)
infras	－0.0276*** (2.7103)	－0.0342*** (3.4926)	－0.0288*** (3.0868)	－0.0198** (2.0665)	－0.0304*** (3.0898)	－0.0231*** (2.4196)
for	－0.0087*** (5.5962)	－0.0105*** (6.0737)	－0.0106*** (6.4549)	－0.0079*** (5.3225)	－0.0103*** (6.0123)	－0.0100*** (6.0464)
popu	0.8097*** (2.6860)	0.7988*** (2.8983)	0.7333*** (2.7055)	0.8428*** (2.8609)	0.7745*** (2.7344)	0.7130*** (2.6324)
W * agdp	－1.0928*** (3.7825)	－0.8825 (1.1369)	－0.8928 (1.1625)	－0.8402*** (4.7545)	－0.0588 (0.7825)	－0.0539 (0.1835)
W * is	0.0652* (1.7727)	0.2871*** (2.6527)	0.2881*** (2.7745)	0.0393* (1.8492)	0.0256 (0.7727)	0.1777 (0.4195)
W * infras	0.0870*** (2.3042)	0.0919*** (1.3527)	0.0861 (1.3054)	0.0671*** (3.5549)	0.0603** (2.1842)	0.0601** (2.2668)
W * for	0.0123** (2.4181)	－0.0173 (1.4181)	0.0173 (1.5820)	0.0093*** (3.1810)	－0.0123*** (0.0418)	0.0010 (0.2167)
W * popu	1.6347 (0.8605)	1.1147 (0.8605)	0.9984 (0.5605)	0.1695 (0.2289)	0.0634 (0.8605)	0.0565 (0.0830)
λ	0.4589*** (4.5595)	－0.5799*** (2.8336)	－0.6219*** (3.0127)	0.1799** (2.1247)	－0.2999*** (3.3269)	－0.3139*** (3.4879)
R^2	0.3806	0.4232	0.4873	0.3676	0.4142	0.4790
log－likelihood	－335.54426	－331.0019	－309.9134	－347.9035	－332.6529	－311.6670

从表6－4可以看出，教育支出与基础设施支出类似，其在地区间的空间互动效应也非常显著，表现为空间互动系数 λ 的估计值都通过了1%水平的显著性检验。并且在固定地区效应时 λ 的符号为正，考虑时间效应后，λ 的符号也变为负，说明相互竞争策略也变差异化竞争策略。从双固定效应模型的估计结果看，平均当相邻地区的生均教育支出每增加1个百分点，受影响地区的生均教育支出将会降低0.2—0.4个百分点，地理权重的影响效应更大，但都低于基础设施支出的竞争效应。

表6－4　　教育支出SEM模型估计结果

变量	WG			WE		
	地区固定	时间固定	双固定	地区固定	时间固定	双固定
agdp	1.1624*** (16.8557)	1.1388*** (16.1645)	1.1800*** (17.0999)	1.0787*** (16.2672)	1.1431*** (16.1522)	1.1817*** (16.9648)
is	−0.0090 (0.9209)	−0.0045 (0.4488)	−0.0041 (0.4094)	−0.0022 (0.2414)	−0.0072 (−0.6980)	−0.0062 (0.6051)
infras	−0.0064 (1.0613)	−0.0042 (0.6933)	−0.0018 (0.3125)	−0.0031 (0.5341)	−0.0015 (0.2482)	0.0006 (0.1133)
for	−0.0042*** (4.1137)	−0.0044*** (4.1005)	−0.0045*** (4.3544)	−0.0036*** (3.6239)	−0.0042*** (3.9652)	−0.0044*** (4.1874)
popu	0.5491*** (2.9390)	0.4539** (2.5205)	0.4249** (2.4667)	0.6112*** (3.2500)	0.5306*** (2.9697)	0.5062*** (2.9474)
W * agdp	−0.7648*** (4.6093)	−0.5326 (1.0835)	−0.4769 (0.9910)	−0.6122*** (5.6281)	−0.0527 (0.2745)	−0.0647 (0.3461)
W * is	0.0438** (2.0667)	0.1409** (2.0536)	0.1382** (2.0751)	0.0304** (2.2844)	0.0003 (0.0150)	0.0061 (0.2305)
W * infras	0.0463** (2.1303)	0.1454*** (3.3827)	0.1470*** (3.4770)	0.0342*** (2.9427)	0.0500*** (2.9143)	0.0476*** (2.8452)
W * for	0.0086*** (2.9731)	−0.0001 (−0.0151)	0.0008 (0.1175)	0.0066*** (3.6567)	0.0030 (0.9510)	0.0028 (0.9093)
W * popu	0.8632 (0.6930)	0.0649 (0.0546)	−0.1206 (0.1065)	0.5359 (1.1677)	0.4612 (1.0261)	0.4429 (1.0220)
λ	0.3849*** (3.4392)	−0.3739* (1.9491)	−0.4149** (2.1323)	0.1519* (1.7704)	−0.2209** (2.4160)	−0.2339*** (2.5615)
R^2	0.6850	0.7041	0.7309	0.6753	0.6986	0.7243
log − likelihood	−173.2517	−166.6902	−149.8816	−182.8762	−169.0475	−153.0737

另外，教育支出还受到初始经济水平及高素质人口占比的正相关影响，平均地区经济发展水平增长1个百分点，教育支出将增长1.18个百分点，符合教育支出增长快于经济增长的规定。高素质人口占比平均每增长1个百分点，教育支出将增长0.4—0.5个百分点，说明高素质人口的集聚有利于促使当地提高教育支出的增长，人口流动特别是高素质人口流动对地方软公共品的供给有一定的影响，“以脚投票”机制一定程度地存在。

二、分地区实证分析

分别对东部、中部和西部地区的样本进行空间Moran检验和LM检验，结果如表6－5和表6－6所示[①]。从表6－5中可以看到，基础设施支出和教育支出在不同地区间的Moran系数都通过了显著性水平检验，说明在不同地区内部这两类支出也存在空间互动。总体来看，教育支出的Moran系数要高于基础设施支出的值，说明教育支出的空间互动效应可能更为显著。

表6－6验证了表6－5的结果，中西部地区的LM值明显大于东部地区的值。而Lmerror值都通过了显著性水平检验，大于Lmlag值，说明空间互动效应更适合用SEM模型模拟[②]。三地区的模型估计结果如表6－7所示。

分地区的实证结果同全国实证结果总体一致，在考虑双固定效应后，各地区的基础设施支出和教育支出都表现出显著的空间互动效应，并且λ的估计值符号为负，说明各地区内部在考虑了时间效应之后，相互展开的也是互补性竞争策略。同时，可以看出，教育支出的λ估计值显著大于基础设施支出，说明地区间在教育支出上的空间互动效应要大于基础设施支出的互动效应。

从控制变量看，同全国估计结果一致，这两类支出都与经济水平紧密相关，平均经济水平每增长1个百分点，中部地区的基础设施支出要增长2个百分点，教育支出要增长1.8个百分点。东部地区这两类支出受经济水

① 由于篇幅所限，我们只汇报了地理权重下的LM检验值，经济权重下的LM检验值比地理权重下的值显著性要低。

② 考虑到全国样本邻近地区的控制变量大多没有通过显著性检验，这里没有继续用SDEM模型模拟。

表 6－5　　东中西部地区基础设施支出和教育支出 Moran 检验表

指标	基础设施支出（Trans）						教育支出（Edu）					
	东部		中部		西部		东部		中部		西部	
	WG	WE	WG	WE	WG	WE	WG	WE	WG	WE	WG	WE
value	0.1041	0.0902	0.2884	0.2096	0.2304	0.2123	0.1205	0.1631	0.4578	0.3956	0.3319	0.3491
istat	2.5436	1.8442	4.8578	3.2390	6.0650	4.7123	2.8768	2.8975	7.4758	5.8108	8.5518	7.5203
prob	0.0110	0.0652	0.0000	0.0012	0.000	0.000	0.004	0.0038	0.0000	0.000	0.000	0.000

表 6－6　　东中西部地区基础设施支出和教育支出 LM 检验表

指标	基础设施支出（Trans）						教育支出（Edu）					
	东部		中部		西部		东部		中部		西部	
	Lmlag	Lmerror	Lmlag	Lmerror	Lmlag	Lmerror	Lmlag	Lmerror	Lmlag	Lmerror	Lmlag	Lmerror
value	0.0005	3.8257	1.0698	17.5136	1.6389	26.8513	6.2463	5.1249	0.0026	44.1371	0.0027	55.7160
prob	0.9818	0.0505	0.3010	0.0000	0.2005	0.0000	0.0124	0.0236	0.9591	0.0000	0.9582	0.0000
chi	17.6110	17.6110	17.6110	17.6110	17.6110	17.6110	17.6110	17.6110	17.6110	17.6110	17.6110	17.6110

平的影响效应要低于中西部地区，也反映了随经济增长水平的增加，这两类支出的增速会出现收敛的迹象。同时，东部和中部的高素质人口占比也对教育支出起到了正相关作用。

表 6-7　东中西部地区基础设施支出和教育支出的 SEM 模型估计

变量	基础设施支出（Trans）			教育支出（Edu）		
	东部	中部	西部	东部	中部	西部
agdp	1.1291*** (5.4243)	2.0181*** (6.8003)	1.7820*** (9.4230)	1.2627*** (9.7108)	1.8397*** (14.5706)	1.4825*** (14.4440)
is	0.1587*** (3.8992)	-0.0181 (0.7904)	0.0426* (1.6992)	0.1341*** (5.2685)	-0.0226*** (2.3652)	-0.0047 (0.3522)
infras	0.0339* (1.8137)	-0.0115 (0.3832)	-0.0707*** (3.2137)	0.0481 (4.1060)	-0.0045 (0.3645)	-0.0207* (1.7373)
for	-0.0051 (1.5508)	-0.0219 (1.1529)	-0.0107*** (1.2371)	-0.0054*** (2.6429)	0.0226*** (3.0335)	-0.0102** (2.1985)
popu	0.2733 (0.8024)	0.1732 (0.4313)	0.4269 (1.1024)	0.3076** (1.5841)	0.3476*** (2.1061)	0.3079 (1.4722)
λ	-0.6989*** (3.7445)	-0.5569*** (3.3295)	-0.4759** (2.2345)	-0.7289*** (3.9109)	-0.9900*** (6.9015)	-0.7039**** (3.1410)
R-squared	0.7070	0.7810	0.7142	0.8509	0.9087	0.8417
Log 值	-74.1758	-21.9429	-74.6857	-17.6306	65.5478	6.4674
地区固定效应	YES	YES	YES	YES	YES	YES
时间固定效应	YES	YES	YES	YES	YES	YES

第四节　本章小结

本章主要从财政竞争对区域公共品供给的影响机制入手，梳理了由资本流动会引起基础设施支出竞争，而由人口流动会引起教育等软公共品供给。

修正的 Z-M 模型表明当人口观察到辖区间公共品提供水平的变化且

可以自由流动时，则资本税率的调整不仅会影响到资本，还会导致人口净流量产生变动。即当资本对税率弹性较大时，人口流动会加剧辖区间的税收竞争程度；当弹性较小时，人口流动反而会减缓辖区间的税收竞争程度。同时，模型结果表明人口的可自由流动将有助于提高辖区政府对公共品的供给量。

模型结论从理论上验证了“以脚投票”机制对地方政府税收竞争以及对公共品供给的影响，在一系列假设条件得以满足的条件下，我们可以得知人口的可自由流动将会有助于地方政府对公共品的提供。并且据此还可以得知不同的地区其最优的财政竞争策略应有所区别。

运用空间计量模型对基础设施支出和教育支出分别进行估计，结果表明这两类支出都存在显著的空间互动效应，即财政支出竞争。空间反应系数的符号为负，表明支出竞争的策略是相反的差异化竞争，即当相邻地区的财政支出增加时，受影响地区可能采取减少财政支出的竞争策略。分地区的实证结果也表明三大地区内部这两类支出也存在显著的财政竞争效应，并且空间反应系数的符号也为负，说明地区内部这两类支出由于财政竞争也可能存在差距拉大的趋势。并且我们发现教育支出的反应系数绝对值要高于基础设施支出，说明教育支出由于财政竞争效应造成的影响可能要高于基础设施支出。

同时，我们发现人口流动特别是高素质人口流动对地方软公共品的供给有一定的影响，存在一定程度的“以脚投票”机制。分地区的经验表明这种机制主要存在于东部和中部地区。

第七章　财政竞争对区域经济增长差距的影响

地方政府进行政府间竞争的主要目的就是吸引生产要素流入，促进本地的经济增长，维护自身经济利益。而财政竞争可以通过税收收入和财政支出两方面的政策来吸引资本、技术和劳动力等要素流入，从而影响区域的经济增长。本章将围绕这两块主要政策，分别展开财政收入竞争和财政支出竞争对区域经济增长的影响，并在此基础上探讨其对区域间经济增长差距的影响。

第一节　税收竞争对区域经济增长差距的影响

一、税收竞争与区域经济增长

税收竞争是地方政府间为吸引生产要素流入所采取的一些策略竞争，包括资本、人才和技术进步等。针对不同的要素形式，采取的竞争策略也不尽相同。通常吸引资本流入的竞争策略主要以税收优惠、税收返还、财政补贴、土地优惠、简化审批等公共政策为主。其中，对于企业的税收优惠主要体现在特殊行业的企业所得税、增值税和营业税税收优惠上；而对于吸引优质人才的税收优惠政策，则是以个人所得税为主。

资本是促进经济增长的重要要素之一，因此，税收竞争短期来说降低了企业税负，有助于吸引资本流入，促进了资本流入地的经济增长。

假设一：税负水平特别是企业所得税税负水平的降低有利于经济

增长。

但是竞争是相互的，在争夺资本要素的流动时，各地区处于零和博弈状态。如果相邻地区竞争越激烈，则资本有可能会流出。因此，我们提出：

假设二：相邻地区的税负水平越低，越不利于本地经济增长。

另外，每个地方政府在年初的政府工作计划中都会根据上级政府的计划来制订合理的增长目标，这些增长目标既会考虑到自身的发展情况，也会着重根据与自身发展水平近似的竞争对手进行调整（黄亮雄等，2015；欧阳静，2018）。而政府经济增长目标一旦制订，后期所有的工作都将围绕达成此目标而展开，因此，除了宏观经济波动比较大的年份外，大部分年份年终的经济增长目标都在年初的目标上下波动。据此，我们提出：

假设三：地方政府的经济增长率可能有溢出效应，空间上呈现相关性。

二、税负水平、税收竞争对经济增长影响的实证分析

（一）基准模型

1. 模型与指标解释

除了考虑税负水平对经济增长的影响，经济增长的初始水平也对经济增长速度起着重要影响。经济收敛说支持经济增长速度会随着经济水平的增长而收缓；而经济发散说持相反观点。同时，在经济全球化越来越深入一国经济内部，市场开放程度也对经济增长水平至关重要。而一地的产业结构的不同也会影响经济增长；完善的基础设施建设水平能够吸引更多的企业进驻该地区，从而影响经济增长率；而高素质的人才更是促进经济增长的重要因素。

因此，参考师博和任保平（2019），本部分的基准模型为：

$$g_{i,t+1} = c + \beta_1 tax\_c_{i,t} + X\beta_2 + d_i + year_t + u_{it} \quad (7-1)$$

其中，$g_{i,t+1}$指的是某地区下一时期的经济增长率，考虑到本期的税负水平对经济增长率的影响有可能有滞后，采用了下一时期的数据。

$tax_c_{i,t}$是平均企业所得税税负，用本地企业所得税/本地 GDP。我们关注模型中 β_1 的系数值，如果其值为负，说明税负水平与地区经济增长率呈

反向相关关系，降低税负水平有利于经济增长。

X是其他控制变量，包括本地区经济初始水平，市场开放度、产业结构、基础设施建设水平、人口素质等因素对经济增长的影响。本地区经济初始水平（agdp）用本地实际人均GDP来衡量，当滞后期足够长时，其系数估计值为负则说明经济增长存在收敛；否则，说明经济增长呈现发散状态[①]。市场开放度（for）的计算方式是分地区的进出口金额占当期该地区的GDP的比重，地区对外贸易程度越高，对经济增长的影响越明显；产业结构（is）以第二、第三产业GDP占地区GDP的比重来度量；地区基础设施建设水平（infras）参照第三章基础设施产出指标采用人均城市道路面积来衡量；人口素质（popu）采用地区高中及以上学历人口占比指标。另外，为绝对值agdp取了自然对数，所有百分比数值取了乘100之后的数值。

数据来源于《中国统计年鉴》《中国税务年鉴》各年，鉴于数据的可得性，数据观测期间为2002—2018年。

2. 变量的描述性统计

各变量的描述性统计如表7-1所示。从标准差来看，地区企业所得税税负（tax_c）和基础设施水平（infras）的数值较大，而从标准差和平均值的比值来看，则是市场开放程度（for）和人口素质（popu）的数值比较大，说明区域间市场开放程度和人口素质的差异比较大。

表7-1　　变量的描述性统计

变量	平均值	标准差	最小值	最大值	观测值
g	0.13	0.08	-0.28	0.4	493
tax_c	1.02	0.83	0.14	8.65	493
agdp	8.75	0.72	7.08	10.81	493
is	0.89	0.05	0.76	1	493
for	0.32	0.39	0.02	1.8	493
infras	12.83	4.68	3.85	25.82	493
popu	0.06	0.12	0.01	0.91	493

① 但是在这里，滞后期只有一期，只能粗略表示。

（二）空间相关性检验

为了得到更准确的模型估计，我们用 Moran 检验和 Walds 检验来验证式（7－1）的残差项是否存在空间自相关性，结果如表 7－2 所示。

表 7－2　　空间相关性检验

指标	地理权重 WG		经济权重 WE	
	moran	walds	moran	walds
value	0.0371	6.3755	－0.0083	0.0499
istat（moran） chi1（walds）	2.8513	6.635	－0.1782	6.635
prob	0.0044	0.0116	0.8586	0.8232

根据表 7－2 的检验结果，对式（7－1）的残差项进行空间效应检验，在地理权重中，Moran 指数值 0.0371，通过 1% 显著性水平检验，表明观测样本间确实存在一定程度的正向空间效应，Wald 检验也证明了类似的结论。但是用经济权重进行检验的结果均不能通过显著性检验，因此，这种空间相关性有可能只存在地理的相邻位置上。

（三）拓展模型

为了进一步判别模型适用 SAR 还是 SEM 模型，我们对式（7－1）进行了 lmlag 和 lmerror 检验。结果如表 7－3 所示。

表 7－3　　**Lmlag 和 Lmerror 检验**

指标	地理权重 WG		经济权重 WE	
	Lmlag	Lmerror	Lmlag	Lmerror
value	2.0361	6.0377	0.8228	0.0965
prob	0.1536	0.0140	0.3644	0.7561
chi	17.6110	17.6110	17.6110	17.6110
nobs	493	493	493	493
nvar	6	6	6	6

根据表 7－3 的检验结果，在地理权重下 lmerror 检验通过了显著性检

验，而 Lmlag 的检验显著性程度不高，因此无须做加强的 Robust Lmlag、Robust Lmerror 检验，判断可以采用 SEM 模型。将式（7－1）拓展为：

$$g_{i,t+1} = c + \beta_1 tax\_c_{i,t} + X\beta_2 + d_i + year_t + u_{it},$$

$$u_{i,t} = \lambda \sum_{j=1}^{J} wu_{j,t} + \varepsilon_{i,t} \qquad (7-2)$$

此时，我们将关注 λ 的系数符号以及是否通过显著性检验，如果 λ 能通过显著性检验，说明这种“经济增长竞赛”确实存在。式（7－2）的实证结果如表 7－4 所示，从中可以看到 β_1 的符号估计都为负值，说明降低本地的企业所得税税负水平（tax_c）有利于地区经济增长率的提升。此外，地区经济增长率的增速受地区初始水平（agdp）的约束较大，agdp 的符号为负，且显著性程度较高，说明地区经济增长呈现收敛状态，平均人均实际 GDP 每增长 1 个百分点，地区经济增长率将会减缓 5—6 个百分点。产业结构的提升对地区经济增长效应明显，平均第二、第三产业占 GDP 的比值每提高 1 个百分点，地区经济增长率将会提升 0.3—0.4 个百分点。λ 的系数值均通过显著性检验，说明地区间的经济增长率确实存在空间互动动性。只考虑地区固定效应时，平均相邻地区的经济增长率每增长 1%，受影响地区的经济增长率将会增长约 0.23%，假设一得到了验证。但是考虑了时间效应之后，这种同向竞争策略也出现了分化，变成了差异化竞争，反映了地区间经济增长策略变动的互补性，即有些地区追求经济增长率的上升，另一些地区出于其他因素的考虑主动采取降低经济增长率的策略，地区间的经济增长模式出现分化局面。

表 7－4　　经济增长率的 SEM 模型估计结果

变量	地区固定效应	时间固定效应	双固定效应
tax_c	－0.9256* （－1.6166）	－0.7629 （1.2472）	－0.8154 （1.3308）
agdp	－5.4351*** （6.3637）	－6.4562*** （6.2166）	－6.7180*** （6.4006）
is	0.3002*** （2.5744）	0.3686*** （2.5993）	0.4213*** （2.9404）
infras	－0.2232*** （2.4495）	－0.1595* （1.5946）	－0.1690** （1.6874）

续表

变量	地区固定效应	时间固定效应	双固定效应
for	0.0146 (1.1697)	0.0232** (1.6718)	0.0193 (1.3913)
popu	-7.2124*** (2.7682)	-6.2200*** (2.3834)	-6.100*** (2.3842)
λ	0.2320*** (2.0743)	-0.4140*** (2.5327)	-0.4540*** (2.5957)
R^2	0.2358	0.2631	0.2840
log-likelihood	-1642.7043	-1632.8584	-1625.5191

进一步考虑到本地经济增长率有可能受到相邻地区税负水平的影响，将式（7-2）拓展为式（7-3），即为空间杜宾误差模型（SDEM）：

$$g_{i,t+1} = \beta_1 tax\_c_{i,t} + \beta_2 X + \theta W tax\_c_{j,t} + d_i + year_t + u_{i,t}$$

$$u_{i,t} = \lambda W u_{j,t} + \varepsilon_{i,t} \tag{7-3}$$

此时我们除了关注 β_1 和 λ 的系数符号和显著性，还将关注 θ 的系数符号以及是否通过显著性检验。式（7-3）的实证结果如表7-5所示，从中可以看到同式（7-2）的估计结果类似，β_1 和 λ 的系数估计值都通过了显著性检验，说明地区间的经济增长率确实有空间相关关系。从双固定效应模型的估计结果看，λ 的系数估计值符号也为负，说明地区间的经济增长率互动策略是有差异的。但是新添加的 θ 系数估计值没有通过显著性检验，说明就全国范围来看，本地经济增长率尚未显著受到相邻地区税负水平的影响。

表7-5　　　　经济增长率的SDEM模型估计结果

变量	地区固定效应	时间固定效应	双固定效应
tax_c	-1.2260*** (2.1068)	-1.14281** (-1.8253)	-1.2224*** (1.9977)
agdp	-4.4888*** (5.1908)	-5.4331*** (5.2076)	-6.1098*** (5.9276)
is	0.1040 (0.8805)	0.1538 (1.0829)	0.2362** (1.6827)

续表

变量	地区固定效应	时间固定效应	双固定效应
infras	-0.1496* (1.6268)	-0.0566 (-0.5625)	-0.0506** (0.5131)
for	0.0554*** (4.3378)	0.0693*** (4.9973)	0.0666*** (4.9339)
popu	-8.3134*** (-3.1717)	-7.9372*** (3.0259)	-7.5513*** (2.9786)
θ	0.0796 (0.0758)	-0.8161 (-0.2434)	-0.5685 (0.0061)
λ	0.2449*** (2.2186)	-0.6809*** (3.8735)	-0.7069*** (3.9996)
R^2	0.2235	0.2461	0.2967
log - likelihood	-1645.9094	-1634.2015	-1616.3691

（四）稳健性检验

1. 替换核心解释变量

为了验证之前的实证结果是否稳健，我们替换了核心解释变量 tax_c，将其改为地区宏观税负水平（tax_t）和税收竞争指数（CC），[①] 结果如表 7-6 所示。

核心解释变量换成地区税负总水平（tax_t）之后，其显著性程度和系数符号都和替换前（tax_c）一致，符号为负，说明税负水平与经济增长率呈反向相关关系，假设一进一步得到了证明。但是税收竞争指数（CC）的系数估计值未通过显著性检验，说明税收竞争与经济增长率之间无显著相关关系。agdp 的系数估计值显著为负，说明经济增长速度仍然呈现收敛状态，随着人均 gdp 水平的提升，经济增长率的速度逐渐下降。λ 的系数估计值仍然为正，说明地区间的经济增长率有空间相关性，假设三进一步得到了验证。但 θ 的系数估计值仍然同前一样没有通过显著性水平，说明相邻地区的税负水平尚未明显显著影响本地经济增长率，假设二没有得到支持。

① 参见第四章第三节该指标的构建。

表 7-6　替换核心变量的空间杜宾误差模型估计结果

tax_t	-0.3463** (2.4465)	
CC		1.0411 (1.1074)
agdp	-4.2487*** (3.1200)	-5.3358*** (6.2900)
is	0.0992 (0.3967)	0.0276 (0.2198)
infras	-0.1380 (0.1231)	-0.0210 (0.2338)
for	0.0522*** (4.7600)	0.0442*** (3.1814)
popu	-7.9361*** (4.0025)	-8.2517*** (3.1317)
λ	0.2259** (2.4445)	0.2449** (2.2165)
θ	0.0366 (0.8939)	-0.8801 (0.7367)
R^2	0.2246	0.2191
log-likelihood	-1646.0607	-1647.3645
观测数	493	493

2. 分地区检验

对全国样本进行东部、中部、西部地区分样本实证分析，结果如表 7-7 所示。从中可以看到，三个地区中只有中部地区的 λ 的系数估计值通过显著性检验，且为正，说明地区经济增长率的空间相关性主要集中在中部地区。θ 的显著性程度较低，结果和全国范围的样本结果一致，即税收竞争并没有显著影响地区经济发展水平。agdp 和 tax_c 的系数估计值符号都为负，且显著性程度较高，说明地区经济增长率主要受经济本身的收敛趋势和税负水平的影响。特别是在中西部地区，税负水平越低，经济增长速度越快。

表 7-7　　东中西地区 SDEM 模型估计结果

变量	东部	中部	西部
tax_c	-0.7497 (1.1695)	-4.8572*** (2.7070)	-5.9185*** (4.0012)
agdp	-4.6845*** (2.8642)	-13.2463*** (6.1152)	-3.9543*** (3.0123)
is	0.3724 (1.2723)	0.5397*** (2.3413)	0.3215*** (2.7203)
infras	-0.2116 (1.5428)	0.7555*** (2.5120)	-0.4149*** (3.0173)
for	-0.0138 (0.5751)	-0.0708 (0.4497)	-0.0119 (0.8659)
popu	-6.1870* (1.7077)	-4.5412 (0.9256)	-11.8654** (2.5176)
λ	0.1109 (0.9045)	0.3849*** (4.100)	-0.1639 (0.2993)
θ	0.6970 (0.6330)	-4.5684 (1.1304)	4.5940 (1.6197)
R^2	0.1783	0.3189	0.3156
log-likelihood	-566.2118	-441.3898	-611.4775

三、税收竞争对经济水平差距影响的实证分析

在上述分析基础上，为了进一步得到税收竞争对地区经济发展差距的影响，我们将被解释变量地区经济增长率 g 替换为各地人均 gdp 同最高水平的差距值（ggap），以此来分析税收竞争与经济水平差距的关系，结果如表 7-8 所示。被解释变量被替换成地区间经济水平差距后，首先，我们发现只有解释变量是所得税税负水平（tax_c）时，系数估计值通过显著性检验，且符号为正，说明税负水平降低对缩小地区间的经济水平差距有改善作用。其次，λ 的系数估计值显著性程度很高，并且系数值也较大，达到 0.7 以上，说明地区间经济水平差距存在非常显著的空间正向相关性。平均当相邻地区与最发达地区的经济水平差距每缩小 1 个单位，受影响地

区的经济水平差距将缩小 0.7 个单位以上。但是税收竞争指数（CC）并没有通过显著性检验，说明尚未有显著发现税收竞争与地区经济发展水平差距之间的关系。最后，θ 的符号为负，说明相邻地区的税率降低后，本地与发达地区的经济水平差距反而扩大，但是这种显著性程度不是很高，可以理解为尚未发现本地经济发展水平差距受到相邻地区税负影响。

表 7-8　　经济水平差距 SDEM 模型估计结果

变量	(1)	(2)	(3)
tax_c	0.0656*** (3.001)		
tax_t		0.0670*** (12.2835)	
CC			-0.0138 (0.3805)
agdp	0.2260*** (5.8183)	0.0797** (2.2544)	0.2676*** (6.9340)
is	-0.0013 (0.2826)	-0.0046 (1.2647)	0.0008 (0.1678)
infras	0.0150*** (3.7372)	0.0259*** (7.4100)	0.0096** (2.2170)
for	-0.0067*** (13.0808)	-0.0067*** (15.3356)	-0.0064*** (11.6300)
popu	-0.0373 (0.4781)	0.0076 (0.0916)	0.0267 (0.2971)
λ	0.7349*** (16.670)	0.7669*** (19.5573)	0.7749*** (20.4300)
θ	-0.0522 (0.5567)	-0.0332 (1.5083)	-0.0931 (0.8975)
R^2	0.3582	0.4827	0.3316
log-likelihood	15.2289	83.5385	11.4872

四、本节小结

本节通过对地区的税负水平与地区经济增长率的空间计量实证分析，我们发现，第一，地区间确实存在经济增长率的空间相关关系，特别是在中部地区，东部和西部地区这种空间相关性较不明显。第二，我们发现地区经济增长率呈现收敛状态，降低税负水平有利于促进经济增长。但尚未有显著发现地区间的税收竞争会直接影响地区经济增长率水平。第三，地区间的经济水平差距也呈现较为显著的空间相关关系，说明“标杆竞争”的显著存在，各地区都以最高水平的地区为模仿对象。但同样，也没有显著发现地区间的税收竞争会对经济水平差距有影响。

第二节　财政支出竞争对区域经济增长差距的影响

一、财政支出竞争与区域经济增长

Romer（1986）开创性地提出了考虑知识在内的资本可能会产生要素的边际收益递增，因而建立在要素回报收益递减理论基础上的传统经济增长理论持有的地区增长趋同理论被打破，地区发展差距可能会进一步扩大。Barro（1990）在此基础上将政府部门融入模型中，并且将政府的支出划分成了生产性支出和非生产性支出。此后，在这一框架下，大量的研究探讨了财政支出和经济增长的关系（Devarajan 等，1996；庄子银和邹薇，2003；傅勇和张晏，2007；谢贞发和张玮，2015）。

在晋升锦标赛的压力驱动下，地方行政官员的主要政绩体现依赖于地区的经济增长指标。为了促进经济增长，除了通过税负的降低来吸引资本流入，更多的企业投资需要政府前期的基础设施投入。良好的基建工程，包括交通道路、港口、机场等建设状况都是投资商选址时需要看重的因素。因此，地方政府要想在资本流入方面展开竞争，则基础设施的支出投资上也会展开相互模仿、竞争的行为。虽然一般认为生产性支出竞争有利于地区经济增长，但是资本总量是固定的，过度投资于基础设施支出，势必造成许多没有经济效益的重复性建设，这些也会影响经济的增长。总体上来看，地区经济增长受到基础设施支出的两种方向相反的影响，到底是会促进还是影响经济增长取决于这两种作用的大小。

二、财政支出竞争对经济增长影响的实证分析

（一）全国样本

第六章已经表明地方政府间在教育支出和基础设施支出上都存在显著的竞争效应，考虑到短期来看，基础设施支出对经济增长的影响更为直接，以下我们主要讨论基础设施支出的竞争行为对地区间经济增长及经济增长差距的影响。

参考税负竞争的指标，我们构造了财政支出竞争的指标（*Ecompt*）：

$$Ecompt = \frac{\dfrac{Trans_{i,j}}{GDP_{i,t}}}{\dfrac{Trans_t}{GDP_t}} \tag{7-4}$$

其中，分子是各地各年基础设施支出占地区人均 GDP 之比，分母是各年平均值。*Ecompt* 值越大，代表该地参与支出竞争的程度越激烈。使用 Moran 和 LM 的检验函数判断此时模型在地理权重下适用 SEM 模型。

$$g_{i,t+1} = \beta_1 Ecompt_{i,t} + X\beta_2 + d_i + u_{it}$$

$$u_{i,t} = \lambda \sum_{j=1}^{J} wu_{j,t} + \varepsilon_{i,t} \tag{7-5}$$

式（7-5）的估计结果如表 7-9 所示，从中可以看到 λ 的系数估计值符号为正，地区间的经济增长率有正向空间互动，但显著性程度不高，只通过了 11% 水平的显著性检验。agdp 的系数估计值显著为负，说明经济增长率仍然呈现收敛状态。而 *Ecompt* 的系数估计值也显著为负，基础设施支出竞争越激烈，经济增长速度越缓慢，说明过度的基础设施支出竞争造成重复建设过多，并没有积极转化为促进经济增长的资源。

表 7-9　　经济增长率的 SEM 模型估计结果

Ecompt	-1.3834** (2.1816)
agdp	-6.2332*** (5.4458)
is	0.3329** (2.1779)
infras	-0.2443** (2.3089)
for	-0.0082 (0.4637)
λ	0.2159 (1.5803)
R^2	0.1817
log-likelihood	-1182.417

（二）分地区检验

对全国样本进行东部、中部、西部地区分样本实证分析，结果如表 7-10 所示。三个地区的 moran 检验显示只有中部地区在地理权重下可以捕捉到空间互动，但是在控制地区固定效应后，λ 的系数估计值没有通过显著性检验，说明空间互动效应较不明显。东部和西部地区 moran 检验值不显著，因此，汇报了时间和地区双固定效应后的普通面板数据估计结果。从中可以看到，三个地区中只有中部地区 Ecompt 的系数估计值通过显著性检验，且为正，说明在中部地区财政支出竞争对经济增长具有显著的促进作用。这与第四章所述及的产业集聚正在从东部向中部地区转移有关，在资本和产业流入地区，基础设施支出能快速有效转化为经济建设资源，促进经济增长。

表 7-10 东中西地区普通面板模型估计结果

变量	东部	中部	西部
Ecompt	5.1179 (1.44)	9.7274* (1.9323)	-0.2855 (0.27)
agdp	-4.9566 (0.41)	-15.7480*** (5.5916)	15.6158 (1.37)
is	-0.5018 (0.38)	0.0247 (0.0971)	-0.0800 (0.20)
infras	-1.6260*** (3.03)	0.4368* (1.4778)	-0.8306** (2.51)
for	-0.0960* (1.73)	-0.1530 (0.6330)	-0.1438* (1.49)
λ		0.1130 (0.7957)	
R^2	0.5605	0.3316	0.7734
地区效应固定	是	是	是
时间效应固定	是	否	是
log-likelihood		-319.8527	

三、财政支出竞争对经济增长差距影响的实证分析

为了直接体现财政支出竞争对地区经济增长差距的影响，我们将式（7-5）的被解释变量地区经济增长率 g 替换为各地与人均 GDP 最高水平的差距值（ggap）来做验证。根据 Moran 检验和 LM 检验，我们选择了汇报 SEM 模型及 SDEM 模型的估计结果，并同时补充了 SAR 和空间杜宾模型（SDM）模型的结果以比较。结果如表 7-11 所示。

表 7-11 替换被解释变量的空间模型估计结果

变量	SAR	空间杜宾	SEM	空间杜宾误差
Ecompt	0.0826*** (4.7350)	0.1127*** (5.8018)	0.1284*** (6.9583)	0.1311*** (7.0963)
agdp	-0.0289 (-0.7803)	-0.0523 (-1.3941)	0.0340 (0.8678)	0.0282 (0.7133)

续表

变量	SAR	空间杜宾	SEM	空间杜宾误差
is	-0.0088** (-2.0937)	-0.0058 (-1.3594)	-0.0107** (-2.1285)	-0.0093* (-1.817)
infras	0.0100*** (2.8805)	0.0134*** (3.7512)	0.0155*** (4.3054)	0.0165*** (4.527)
for	-0.0027*** (-5.1114)	-0.0027*** (-5.1563)	-0.0034*** (-6.0908)	-0.0035*** (-6.2464)
ρ	0.0750 (0.6887)	0.0970 (0.8270)		
λ			0.5840*** (7.2807)	0.6130*** (8.1581)
θ		-0.0952*** (-2.9638)		-0.0744 (-1.3593)
R^2	0.4000	0.4177	0.3648	0.3844
log-likelihood	45.9563	50.9278	62.2193	64.7842
观测数	336	336	336	336

我们发现，被解释变量被替换成地区间经济水平差距后，核心解释变量 Ecompt 的系数估计值通过显著性检验，且符号为正，说明支出竞争越激烈，地区间的经济水平差距反而容易拉大。从直接竞争效应来看，SAR 和空间杜宾模型（SDM）的系数估计值达到 0.08 和 0.11 的水平，说明平均基础设施支出竞争程度每增加 1 个单位，地区间的经济水平差距将扩大 0.08%—0.11%。这可能与前面述及的原因类似，过度的基础设施支出竞争将导致重复建设，并没有及时转化为经济建设资源，使经济增长率下降，反而不利于地区间经济水平差距的缩小。θ 的符号为负，说明相邻地区的支出竞争程度越大，本地与发达地区的经济水平差距将缩小，也从侧面印证了支出竞争不利于经济水平的增长。λ 的符号为正，且通过了 1% 水平的显著性检验，说明地区经济水平差距存在显著的空间互动。在中国“标杆竞争”显著存在，各地区都以经济发展水平高的地区为模仿对象。在这种“为增长而竞争”的背景下，经验数据却表明过度的支出竞争不利于缩小地区间的经济水平差距。

四、本节小结

本节通过对地区财政支出竞争与地区经济增长率进行空间计量实证分析，我们发现：地区间基础设施的支出竞争在中部地区会促使经济增长率的提升，这主要是因为中部地区目前正在承接东部地区大量的产业转移，需要相应的基础设施支出支持。而从全国范围来看，过度的基础设施支出竞争却影响了地区经济增长率的提升，这可能是因为在有些地区过度的基础设施支出会造成重复建设和资源的浪费。第二，我们通过对地区财政支出竞争与地区经济水平差距进行空间计量实证分析，发现过度的基础设施支出会显著拉大地区间的经济水平差距，主要表现为拉大地区同最发达地区的经济水平差距。

第八章　完善财政竞争，促进区域协调发展的对策建议

第一节　全书总结

本研究主要从关注我国区域间发展差距出发，全面梳理了区域发展差距在经济增长、地方政府财力和公共品供给方面的具体表现。其中，我们特别关注了地方政府间财政竞争对区域发展差距的影响。

一、区域发展差距的主要结论

1. 从区域经济增长差距来看，其差距有逐渐缩小的趋势，目前处于历史低位水平，其基尼系数值为 0.2847。其差距形成的原因包括东部、中部、西部内部差距和组间差距，两者的贡献率相当，各占约 50%。但值得注意的是从数据变动趋势来看，组间差距的贡献率越来越大，三大区域的组间差距将有可能成为未来经济增长差距渐为显著的原因。而从组内差距的分解来看，组内差距 80% 左右来自东部地区内部，从数据的变动趋势来看，有缓慢降低的趋势；中部地区内部差距一直较小，并且稳定；西部地区内部差距不大，目前对总体组内差距的贡献率约为 16%，但有缓慢增长趋势。

2. 从区域财力水平差距来看，其也是呈总体下降的变动趋势，目前也处于历史低位水平，其基尼系数值为 0.1917。差距形成原因主要以东部、中部、西部内部组内差距为主，组内差距对总体差距的贡献率达到约 70%，组间差距的贡献率只约占 30%，这与形成区域经济增长差距的原因

略有不同。而从组内差距的分解来看，当前组内差距82%左右来自东部地区内部，从数据的变动趋势来看，该占比未有明显减缓趋势。区域财力水平差距的主体形成原因是东部内部的财力水平差距，从财力水平的具体数值看，东部一线发达地区如上海、北京，其人均财力水平已经远远超过其组群内部和全国财力平均水平，这一点比区域经济增长差距还要明显。

3. 区域公共品供给差距。从教育服务的投入来看，基础教育的生均财政性教育经费差距变动趋势较为稳定，特别是初中阶段，小学阶段的生均财政性教育经费差距略有缩小趋势。2018年小学和初中阶段生均教育经费的基尼系数值分别为0.2681和0.3045，初中阶段的区域间教育经费差距略高于小学阶段。从差距的分解显示来看，二者都是以组内差距为主，贡献率约为70%。从组内差距的分解来看，二者的共同趋势是东部地区的贡献率曾经占据主要地位，但随着时间的演进，当前，西部地区的内部差距逐渐占据了主要地位。总体而言，教育投入和产出的差距分解结果并不一致，教育投入的差距显示以西部地区的组内差距为主，当然组间的绝对差距也不可忽略；但是教育的产出差距却显示以中部地区和东部地区的组内差距为主，这里面可能还是因为各地教育投入产出的效率不同。

从医疗服务的投入来看，一般预算内人均卫生经费的基尼系数值经历了先上升后下降的趋势，当前基尼系数值为0.2178，为历史低位水平，说明整体上卫生经费的差距控制在一定程度之内。从差距的分解显示来看，卫生经费的差距以组内差距为主，贡献率约为80%。从医疗服务的产出来看，每万人拥有的医疗机构床位数基尼系数值也是总体上处于下降趋势，当前基尼系数值为0.0760，为历史低位水平，说明整体上医疗服务的产出差距控制在一定程度之内。从差距的分解显示来看，医疗机构床位数差距以组内差距为主，贡献率约为80%，这一点和医疗服务的投入类似。总体而言，和教育投入与产出差距情况不同，医疗服务的投入和产出的差距分解结果较为一致，都显示东部和西部地区内部的医疗服务供给差距较大，中部地区内部差距较小。但是东部地区的供给差距正在缩小，而西部地区却处于差距逐渐拉大阶段，值得警惕。

从基础设施服务的投入来看，人均基础设施投入的基尼系数值经历了先下降后上升的趋势，特别是在2011年之后，基尼系数值一直扩大，2018年为0.4776，说明当前区域间基础设施投入的差距较大。从差距的分解显示来看，组内差距和组间差距的贡献率分别为70%和30%，以组内差距为主。从基础设施服务的产出来看，人均城市道路面积基尼系数值2003年后一直较为稳定，在0.15左右。从差距的分解显示来看，同样以组内差距为主，贡献率约为99%，组间差距几乎可以忽略不计。尽管基础设施的投入和产出差距的情况不一致，但根本原因都是东部一线发达地区人口过于集中，造成人均值都较低。东部地区的公共服务存在过度拥挤现象，值得警惕。

总体来看，随着经济水平的提高，政府对区域协调发展的重视也逐渐增强，随着相关措施的陆续出台，区域间经济增长和财力差距处于相对缩小的趋势。但从绝对差距来看，部分一线发达地区无论是财力还是经济发展水平都已经处于绝对领先地位，这导致了公共品供给差距的客观存在，并且近些年来这种差距一直不变，并没有降低的趋势，如教育和医疗产品的供给差距。

二、财政竞争对区域发展差距影响的主要结论

对区域间的发展差距，长期以来一直属于增长经济学和发展经济学的范畴，其研究范式也主要参考西方经济体发展模式来进行。然而中国经济模式的发展有其自身特色，仅仅是站在市场自身的角度还不能完全解释中国经济增长之谜和地区发展差距问题。中国地方政府之间常处于“兄弟竞争”，政府间相互竞争吸引生产要素流入，这也可能会对区域间发展差距的变动产生重要影响。比如地方政府间常常通过财政收入和支出政策来展开模仿与互动，这种财政竞争行为是地方政府竞争的主要形式之一，它也会对区域间发展差距产生影响。

首先，中国的经济发展已经出现了经济集聚现象，这是经济发展到一定阶段的表现。此时，地方政府间的竞争已不同于传统的同质性竞争，在经济集聚模式下，不同地区将分化为中心—边缘模式。发达地区因具有经济集聚优势，常处于中心地位，而欠发达地区则居于边缘地位，这使发达地区有可能采取与欠发达地区相异的财政竞争策略。通过第五章的研究我们发现：(1) 我国三大地区中东部地区税收负担水平最高，中部地区税收负担水平最低。从经济集聚的情况看，第二产业和第三产业主要都集中在

东部地区，但从数据的历史变迁看，经济集聚的情况正在从东部地区逐渐转移向中部地区。(2) 我们运用了空间杜宾误差模型 (SDEM) 对各地区的税负水平进行了回归，结果表明各地税负水平存在较为显著的空间互动性，充分说明了税收竞争效应显著存在。分税种的实证结果表明，这种税收竞争效应广泛存在于增值税、营业税和企业所得税等具体税种上。分地区的实证结果表明，东西部地区都有一定程度的税收集聚租现象，但中部地区尚无，可能是因为中部地区税收竞争效应最大，仍以"逐底式竞争"为主。(3) 我们发现税收竞争会拉大区域间财力水平差距，这个结论主要在东部地区得到了验证。在要素集聚背景下，要素集聚中心地区和外围地区分别采用不同的财政收入竞争策略，从而进一步拉大了地区间的财力差距。

其次，Tiebout 模型为我们揭示了地方政府间的竞争目标之一是吸引人口流入，以实现辖区的最优规模。我国的现实表明人口要素正逐渐成为地方政府间争夺的重要资源之一。而人口的流动，特别是高素质人口流动常常会受到不同地区公共品支出模式的吸引，比如教育和医疗产品的提供情况。在现实中更符合我国实情的是地方政府竞争的主要目标是吸引资本的流入。在"压力型"行政体制下，地方政府会把所有资源和精力主要投入"中心工作"中，围绕着加快经济发展与建设展开，以"招商引资"和加快建设为主。因此，在地方政府的财政支出中很重要的一块即基础设施支出。这两类支出是政府财政支出中的经常性支出，受到政府为吸引不同生产要素激励目的的影响。通过第六章的研究我们发现：(1) 修正的 Z－M 模型表明当人口观察到辖区间公共品提供水平的变化且可以自由流动时，则资本税率的调整不仅会影响到资本，还会导致人口净流量产生变动。模型结论从理论上验证了"以脚投票"机制对地方政府税收竞争以及对公共品供给的影响，在一系列假设条件得以满足的条件下，我们可以得知人口的可自由流动将会有助于地方政府对公共品的提供，并且据此还可以得知不同的地区其最优的财政竞争策略应有所区别。(2) 运用空间计量模型对基础设施支出和教育支出分别进行估计，结果表明这两类支出都存在显著的空间互动效应，即财政支出竞争。空间反应系数的符号为负，表明支出竞争的策略是相反的差异化竞争，即当相邻地区的财政支出增加时，受影响地区可能采取减少财政支出的竞争策略。财政支出竞争有可能进一步拉大地区间公共品的供给差距。(3) 分地区的实证结果也支持这个结论，三大地区内部这两类支出也存在显著的财政竞争效应，并且空间反应系数的符号也为负，说明地区内部经验也支持相同的结论。(4) 同时，我们发现东部和中部地区人口流动特别是高素质人口聚集确实将会促使地方教育产品的供给增加，这将会进一步拉大地区间教育产品的供给差距。

最后，税负水平和公共支出的变动会直接影响地区经济增长。地方政府为争夺要素展开的税收收入竞争将会导致实际税负的降低，税负降低有可能会刺激经济增长，但是在税收竞争中失利的地区如果没有资本流入，有可能经济并没有得到增长。政府的基础设施支出竞争有助于各地完善基础设施建设，吸引资本流入。对于能吸引到资本的地区，这种支出将会有效转化为经济增长的动力；但同时，对于未吸引到资本的地区，这种支出的效益将会大大受损。通过第七章的研究我们发现：(1) 地区间经济增长率存在显著的空间相关关系，特别是在中部地区，说明了经济增长“标杆竞争”的存在。(2) 地区经济增长率呈现收敛状态，降低税负水平有利于促进经济增长；但并未发现地区间的税收竞争会显著影响地区经济增长率水平，也没有发现地区间的税收竞争会对经济增长水平差距有显著影响。(3) 地区间基础设施的支出竞争在中部地区会促使经济增长率的提升，这主要是因为中部地区目前正在承接东部地区大量的产业转移，需要相应的基础设施支出支持。而从全国范围来看，过度的基础设施支出竞争却影响了地区经济增长率的提升，这可能是因为在有些地区过度的基础设施支出会造成重复建设和资源的浪费。(4) 对地区财政支出竞争与经济增长水平差距进行的空间计量结果显示，过度的基础设施支出竞争会显著拉大地区间的经济增长水平差距。

总体上来看，我国区域发展已经出现地区分化状况，部分一线城市已成为区域增长极，而一些传统工矿区和传统资源枯竭型地区发展动力不足[①]。本书从地方政府间财政竞争角度介入发现，我国地区间发展差距除了有市场自身的因素，政府间的过度竞争也会带来一定的弊端。有必要进一步规范我国地方政府财政竞争行为，改善公共品的供给状况，协调区域

① 习近平：《推动形成优势互补高质量发展的区域经济布局》，载《实践（思想理论版）》2020年第1期。

间财力发展和经济增长情况。

第二节 相关政策建议

促进区域协调发展的思路必须正视当前区域发展差距的形成机理和新现象，形成新思路。在承认各地发展的客观差距基础上，调整完善区域政策体系，发挥各地区比较优势，增强中心城市、城市群和其他地区按主体功能合理分工，形成优势互补、高质量型的区域协调发展①。从规范地方政府财政竞争的行为角度，促进区域协调发展，我们认为可以从以下几点进行完善。

一、完善地方政府绩效考评，合理导向财政竞争目标

财政竞争目标从属于地方政府行为目标，要合理导向财政竞争目标，首先要规范地方政府的行为目标。而地方政府行为目标的规范则依赖于对地方政府绩效考评体系的进一步完善。尽管现行对地方政府的绩效考核指标体系已经添加了环境保护、扶贫等多维度指标，但是在区分不同区域、不同发展阶段方面还存在“一刀切”现象，不同区域的地方政府绩效考核指标存在结构类似或雷同问题，没有体现不同主体功能区的发展目标和政府职能差异。在压力型体制下，地方政府容易将所有指标区分成“中心工作”和“业务性工作”，围绕经济发展开展中心工作。因此，如果考评体系过于侧重对经济发展指标的倾向，而对一些难以衡量却又是关系到居民福利的指标给予权重过低，则还是会简单化为“为增长而竞争”。因此，需要从以下几个方面完善：

1. 绩效考评指标的选取和权重。一是要结合不同区域的国家层面主体功能区规划，结合自身发展目标，制订有差异化的地方政府绩效考核目标。在不同区域内部宜根据省级层面的主体功能区规划制订不同的发展目

① 习近平：《推动形成优势互补高质量发展的区域经济布局》，载《实践（思想理论版）》2020 年第 1 期。

标和有差异的地方政府绩效考核指标。二是总体上适当降低经济发展指标的权重，使对地方政府考核的指标体系覆盖更为全面，特别是要提高涉及辖区居民福利的指标权重，比如教育、医疗卫生、社会保障、生态环境等方面，并选取这类“软公共品”的合适指标进行合理量化，保证考核的有效性。

我国东中西部地区发展阶段存在客观差距，要结合不同发展阶段分别制定合理的地方政府绩效指标。东部地区经济发展整体较为发达，按照国家层面的主体功能区发展规划，大部分区域已进入优化开发区域和重点开发区域。一线发达城市属于优化开发区域，经济发展整体水平较高、产业结构较为优化，但同时人口集聚水平已经较高、资源承载强度已接近满负荷状态，因此这类地区的发展目标是在保证适度经济发展的同时，要更多强调文化建设、生态环境保护建设、公民社会保障和福利水平、公共服务水平、城市发展潜力和市民满意度等方面。例如在新冠肺炎疫情的背景下，地方政府的应急管理能力作为体现地方政府治理能力的一个重要方面受到了重大考验；而一线发达地区由于人口规模和人口密度都较大，对其管理能力要求更高。城市的医疗卫生水平特别是人均医疗卫生水平、社区的公共服务和管理能力都是地方政府治理能力的具体细节表现，这些能力需要在政府绩效考评指标里有所体现。即使在经济发展的考评方面，一线发达地区也要更加注重经济发展质量的提升，如产业结构的优化、总部经济和独角兽企业的规模、龙头企业和产业链群的分布等。

中部地区大部分区域属于重点开发区域，目前正处于承接东部地区产业转移的关键时期，各地区要结合主体功能区分类和自身产业基础制订符合自身发展的目标和相应的地方政府绩效评价。中部地区可以以地区经济发展为主要目标，但同时需注意能源消耗程度、生态环境保护、居民福利水平等较为全面的指标。在经济发展目标发面，宜发挥比较优势，根据现有产业优势健全产业链，形成规模效应。而地区内部宜根据优势互补的原则形成差异化竞争，形成主体产业分工明确，提高资源的配置效率。

西部地区大部分区域由于生态脆弱或者生态地位重要，属于限制开发区域和禁止开发区域，这类地区发展应该是结合主体功能区的划分，注重生态环保、传承历史文化、维护边疆稳定等功能，对该类区域地方政府的绩效评价应以生态保护、农业发展指标、历史文化传承优先，同时考核人民生活和社会保障、基本公共服务水平，弱化对经济增长考核。这些地区的经济发展可以结合其自身能源丰富、旅游资源丰富等优势适当发展相关行业的经济。西部地区地方政府绩效考评指标总体上要体现这些地方发展的特色目标，和中部、东部地区有所差异，并且在地区内部各省份之间也可以做进一步的划分。

2. 绩效考评主体要引入服务对象等，保证多元化。地方政府的职能体现在其日常管理、服务活动中，其涉及的对象不仅包括上级政府部门，大部分时候还涉及当地的企业、其他非政府组织以及普通民众。而对地方政府的行为及其绩效的理解有时还需要专业人士进行专业观察和评价。因此，在地方政府绩效考评主体上，不仅主要由上级部门来主导，还可以引入专家学者、人大代表或政协委员以及社会民众等多元化主体共同参与。多元主体参与的绩效考评方式将有助于加强对政府行为的约束监督，也有助于缩短政府与社会公众之间的距离，加强政府与社会公众之间的沟通和理解。浙江省很多地区在公众参与式的绩效评价方面进行了积极探索，杭州市政府2005年之后对市直单位进行的“综合考评”方式就是一种参与式绩效评价方式。综合考评的体系包括目标考核、社会评价和领导考评三个部分①。目标考核主要考核部门职能工作目标和共性工作目标的完成情况；社会评价部分主要考核部门的服务态度和效率、办事公正和廉洁自律程度、工作的实效以及社会影响等；领导考核部分主要考核部门工作目标及上级政府交办任务的完成情况等。总分值为100分，其中社会评价部分占50分，占比较大。社会评价部分的参与主体主要包括专家学者、人大代表和政协委员、企业负责人和社会民众等，采用随机抽取的方式生成。社会评价的引入对完善考核部门的绩效目标和导向起到了较好的促进作用，对于考核部门的行为有着较好的约束作用。

当然，评价主体的选择还要注意其代表性和专业性和经济性②。代表的构成要具有丰富性，这样才能较为全面地代表社会各层次、各团体公众的意见，使评价主体的意见能较为广泛地代表整个社会的意见；专业性是

① 黄俊尧：《政府绩效评价、公众参与与官僚自主性——控制官僚的一项杭州实践》，中国社会科学出版社，2014年版。

② 干敏敏，陈宇：《试析政府绩效评估中的公众参与——以杭州市“三位一体”综合考评机制为例》，载《中共杭州市委党校学报》2009年第3期。

指代表要熟悉政府绩效考核的基本内容和方法，能看懂绩效考核指标的含义并清楚做出评价。这既需要在产生代表时考虑其知识水平、专业背景和行业经验等，也需要政府部门适当辅以简单培训。最后，评价主体产生时的经济性是指代表的产生既要考虑代表性和专业性，还要考虑经济成本，即合理控制评选活动的经费成本。目前，杭州市的绩效考评总体上取得的成绩是显著的，社会评价的意见有多种渠道反映到政府的绩效考评中，除了邀请多元化的参与主体进行考评。杭州市还对没有参加“综合考评”的单位设置了“听取社会意见”一项，社会意见有多种表达渠道，包括“杭州绩效网”等政府公开网站会定期公开民众对有关单位的建议并列出重点民生项目，之后会定期进行项目进展的披露。

3. 绩效考评结果的运用。绩效考评结果的合理运用可以促进绩效考评实质性展开，保障绩效考评的效果。通常绩效考评结果的运用有几个方面：一是根据评估结果，建立整改机制，改进部门工作作风和实效；二是运用工作绩效在同级部门之间展开业绩比较，比较的结果会与官员的任用、选拔和晋升相关；有些会给部门进行排名，公示嘉奖单位和受批评单位，有些还会配套有物质奖励和惩处。其中，有些激励属于强激励，有些属于弱激励。通过对地方政府的激励，上级政府的考评指标将成为下级政府的行动指挥棒，下级政府围绕这些指标展开横向竞争，形成包括官员晋升在内的各种“锦标赛”。杭州市政府在2005年“综合考评”之前为了促进机关作风的转变，提升经济发展软环境，将市直考评单位考核结果分为两类：满意单位和不满意单位，这种一分为二的结果属于一种强激励，如果考核单位连续两年获评“不满意单位”，该单位的领导班子将被撤换①。过强的激励容易引起被考核单位采用数据造假或杜撰信息来应对考核，甚至采用公关策略来拜访考核专家，使考核过程失真，偏离考核本质。

绩效考评结果的合理运用虽然有助于引起对绩效考评的重视，从而转换为对地方政府行为的引导，但是前提在于绩效考评体系本身的完善性。如果绩效考评体系本身是有所欠缺的，如过分偏重单一或部分指标，忽略全面发展的科学性，那么绩效考评结果的强激励只会强化绩效考评体系本

① 陈雪莲：《地方政府绩效评估改革的突破与局限——以杭州市“综合考评”为个案》，载《理论与改革》2010年第1期。

身的不足，并且把这种欠缺性上升到地方政府的日常行为中，引起考评单位之间围绕某些指标的过度竞争。同时，要注意绩效评价本身存在的局限性，绩效评价由于其自身在指标选取、权重设置、评价方式等方面存在的客观约束性，对绩效评价的结果要客观合理看待，对地方政府的考评要采取多种方式、不同角度进行，不能过于依赖单一的绩效考评方式。

二、规范引导不同地区财政竞争行为与秩序

针对不同发展阶段地区，应该导向不同的财政竞争策略，规范引导建立合理的财政竞争秩序。东部地区经济较发达，有产业集中、技术先进、资本充足和人才集中的优势，容易快速实现经济发展和产业集聚。应该合理允许东部地区存在税收集聚租，利用更多的税收提供更为完善的公共设施和更为规范的公共服务，为经济高质量发展，规范有序税收竞争做好表率。中部地区目前正在承接东部发达地区的产业转移，在此过程中，各省市为吸引资本进驻，在财政竞争方面还以传统税收竞争为主，此时需要注意避免陷入竞相降税的“囚徒困境”。针对这种情况，中部地区各省市政府应当保持充分沟通，合理规划自身的发展特色，适当加强合作，争取实现中部地区经济发展共赢，避免陷入“竞相降税—提供更差的公共服务—资本吸引力下降—竞相降税”的恶性循环。西部地区对生产要素的吸引应通过提供更好的基础设施和提高人口素质来实现。和东部、中部地区相比，西部地区地处内陆深处，人口稀少，生态脆弱，交通便捷程度相对更差，因此对资本的吸引力度小。但地广人稀、资源丰富也是西部地区的优势，西部地区的发展需要处理好经济发展与生态保护的问题，除了需要加大基础设施投入，还需要提高人口素质，吸引人才流入，从这些方面降低企业的发展成本，而不单单是通过降税吸引资本。

三、积极推进地区间的财政竞争向财政竞合转变

尽管由于财权相对独立，各地区间处于竞争状态是常态，但是区域间在资源禀赋、经济发展基础和经济发展阶段都存在较大差异，只要政府合理推动，地区间的财政合作将会为区域协调发展提供新的动力。

资源禀赋的差异将会导致地区围绕优势资源展开专业化生产，从而形成专业分工，地区间可以在专业分工的基础上以产业关联的形式展开合作。这样形成的专业分工和生产将会进一步降低生产成本，提高经济产出效率，同时形成了地区间产业的优势互补。但是这种合作需要以较低的交易成本为保证，为此，地方政府需要为地区间产业合作提供便捷的交通基础设施，消除制度壁垒，促进资本、技术和人才等生产要素的流动，形成统一开放的大市场①。

地区间经济发展基础和发展阶段的差异是地区间寻求资源和产品优势互补的基础，长三角一体化过程中的“飞地经济”就是区域间合作的一个典型。“飞地经济”通过发达地区和欠发达地区合作园区的形式，使发达地区可以利用欠发达地区较为丰富的土地资源和人力资源，并同时将更为先进的技术和管理经验输入欠发达地区，带动欠发达地区的产业发展，节约了发达地区的生产和管理成本，实现“双赢”的状态。还有些“飞地经济”将合作园区建在发达地区，将一些高科技培育项目在发达地区的园区孵化，利用发达地区的先进技术和管理经验，将孵化好的项目再迁入欠发达地区。

区域间单一的竞争状态会带来产业结构雷同、忽视民生福利、生态环境恶化等逐底竞争行为，不利于经济的转型升级和高质量发展，区域合作行为是对无序竞争行为的一种约束。从区域竞争转向区域竞合是规范现有的竞争秩序，将无序竞争导向规范竞争的一种有效方式，使各地方政府在坚持自身资源优势的基础上，公平合理地参与竞争，使资源使用效率提升、地区间产业分工合理有序，地区发展朝向更高质量的方向转变。

财政合作有助于区域间合作的开展。首先，区域间的基础设施投资合作，如高速公路、高速铁路的连接贯通将有利于增强不同地区间的交通便利，缩小地区间人员和物流交易的成本，改善区域整体投资环境，增强竞争力。其次，区域间一些软公共品如技术和医疗的合作，有利于增强软公共品的外溢性，进一步提升资源的配置效率，提升欠发达地区的整体福利水平。最后，地区间环境污染治理需要财政合作。环境污染大多涉及外部性，对于环境污染和环境保护，政府间可以采取共同出资治理、受益方向

---

① 陈健生：《从县域竞争走向县域竞合：县域经济高质量发展的战略选择》，载《改革》2022 年第 4 期。

利益损失方支付生态补偿等多种合作方式共同治理，实现整体环境得到改善的“双赢”局面。

要使区域合作能够持续，除了有客观的条件，还需要地方政府积极主导。区域间合作有可能存在沟通协调困难、利益分配机制不顺等具体困境，需要上级地方政府根据主体功能区规划，合理规划主导产业，加强区域间基础设施建设，消除制度壁垒，建立统一商品和要素大市场，建立合理的利益分配机制和健全有效的管理监督机制。

四、完善招商引资方式，提升经济高质量发展

结合新的发展阶段，鼓励地方政府经济发展向提升经济质量、转型升级、科技创新和产业集聚的方向发展，鼓励提高行业的增加值。这既是我国经济发展到新阶段的形势要求，也是我们进一步提升经济发展到高质量增长的重要机会。因此，各地招商引资方式要结合自身发展情况，做好合理规划，有针对性地吸引相关行业的产业集聚，避免过度与其他地区产业雷同、争抢资本，通过提高服务、改善营商环境、提供政策咨询等方式吸引资本流入，打通相关产业链，实现产业的自我循环和集聚。

首先可以设置合理的招商引资绩效考评体系，将以数量为主的招商引资方式转变到质量为主上来。招商引资的指标设置可以侧重从引资企业对本地主要产业的贡献角度考虑，包括是否有助于完善本地主导产业链的健全、是否有助于提升本地主导产业的高质量发展水平、是否属于新兴产业、是否属于龙头企业、是否能做到环境保护等。其次，在招商引资的同时，还要注意“招才引智”，吸引优秀人才的加入。通过人才和科技创新的结合，提升科技型产业的发展，助推我国产业升级转型。

从长远来看，优惠政策的范围不宜普遍推行，要尽量维持各类企业在市场竞争中的公平地位，不宜过多设置政策“洼地”。要将逐渐取消招商引资的优惠政策同“普惠”政策结合，从整体降低企业税负，营造良好的营商环境。

五、允许人口合理流动，提高公共品供给效率

要完善户籍制度的管理，促使人口合理流动，为“以脚投票”机制创

造条件。居民在不同辖区间的自由流动，使其对不同地方政府提供不同的税收负担—公共品组合的比较成为可能，进而可以将自身的偏好反映出来，这是财政竞争展开的充要条件。“以脚投票”机制会加强对地方政府提供公共品的压力，强化地方政府为吸引人口流入而在公共品提供上展开有效竞争，有助于地方政府提高公共品供给效率。

同时，根据理论模型的启示，对于经济发达地区，由于存在经济集聚现象，资本税率弹性相对较小，此时人口流动有助于减少由税率提高而导致的资本流出量，从而有助于缓解税收竞争。

六、完善转移支付制度，缩小地区间发展差距

竞争的机制就是优胜劣汰，其侧重的是经济效率方面。在具体的地方政府财政竞争方面，发达地区由于具有产业集聚、较好的地理位置和人才集聚等优势，容易在招商引资中胜出，使经济增长和地方政府财力进一步增加，对公共品供给也会增加，进而拉大了发达地区和欠发达地区的发展水平差距。从公平的角度看，需要有一套合理的财政转移支付制度来保证对欠发达地区的财力支持，促使其有合理的经济增长速度。

加大对中西部地区财政一般转移支付的比例，保障公共服务均等化的实现。同时，也要注意一般转移支付在西部地区内部不同省份的投入情况，结合不同省份的人口、居住密度等情况调整转移支付公式，防止转移支付在地区内部造成新的发展差距，如公共品供给差距。

参 考 文 献

1. 白世强，陈政民，霍盈睿．主体功能区战略及政策的优化与完善［J］．中国土地，2020（11）．

2. 卞元超，吴利华，白俊红．高铁开通、要素流动与区域经济差距［J］．财贸经济，2018（6）．

3. 薄文广，安虎森．我国区域发展思路的演进与未来展望［J］．南开学报（哲学社会科学版），2016（3）．

4. 蔡昉，都阳．中国的储蓄率变化、决定因素和影响［J］．新金融评论，2020（3）．

5. 蔡玉胜．中国区域经济发展中地方政府竞争的异质性［J］．学海，2006（3）．

6. 崔惠民，张厚明．公共财政走向民生财政：基本公共服务均等化的选择［J］．经济问题探索，2011（6）．

7. 陈栋生．我国区域经济的总态势及区域政策分析［J］．中州学刊，2005（2）．

8. 陈健生．从县域竞争走向县域竞合：县域经济高质量发展的战略选择［J］．改革，2022（4）．

9. 陈静，马小勇．新经济地理视角下产业集聚对税收竞争的影响——基于 GMM 估计的省级动态面板数据分析［J］．生产力研究，2014（6）．

10. 陈梦根，张帅．中国地区经济发展不平衡及影响因素研究——基于夜间灯光数据［J］．统计研究，2020（6）．

11. 陈鑫，陈啸．中国省际全要素生产率收敛再检验［J］．宏观经济研究，2019（11）．

12. 陈雪莲．地方政府绩效评估改革的突破与局限——以杭州市“综合考评”为个案［J］. 理论与改革，2010（6）.

13. 戴觅，茅锐．产业异质性、产业结构与中国省际经济收敛［J］. 管理世界，2015（6）.

14. 邓明．财政支出、支出竞争与中国地区经济增长效率［J］. 财贸经济，2013（10）.

15. 邓若冰，刘颜．工业集聚、空间溢出与区域经济增长——基于空间面板杜宾模型的研究［J］. 经济问题探索，2016（1）.

16. 邓忠奇，高廷帆，朱峰．地区差距与供给侧结构性改革——“三期叠加”下的内生增长［J］. 经济研究，2020（10）.

17. 樊纲，张曙光．经济效率与经济潜在总供给［J］. 中国社会科学院研究生院学报，1990（5）.

18. 樊丽明，石绍宾．区域内城乡基本公共服务均等化进程及实现机制分析——基于山东省3市6区县调查的经济学思考［J］. 财政研究，2009（4）.

19. 范逢春．建国以来基本公共服务均等化政策的回顾与反思——基于文本分析的视角［J］. 上海行政学院学报，2016（1）.

20. 范剑勇．产业集聚与地区间劳动生产率差异［J］. 经济研究，2006（4）.

21. 冯兴元，李文钊．正确认识政府竞争［J］，新青年·权衡，2006（3）.

22. 付文林，耿强．税收竞争、经济集聚与地区投资行为［J］. 经济学（季刊），2011（3）.

23. 傅勇，张晏．中国式分权与财政支出结构偏向：为增长而竞争的代价［J］. 管理世界，2007（3）.

24. 干敏敏、陈宇．试析政府绩效评估中的公众参与——以杭州市“三位一体”综合考评机制为例［J］. 中共杭州市委党校学报，2009（3）.

25. 高山．国民经济新成长阶段的区域问题［J］. 管理世界，1987（4）.

26. 龚锋，陶鹏，潘星宇．城市群对地方税收竞争的影响——来自两区制面板空间杜宾模型的证据［J］. 财政研究，2021（4）.

27. 郭杰，李涛．中国地方政府间税收竞争研究——基于中国省级面板数据的经验证据［J］. 管理世界，2009（11）.

28. 郭玉清，姜磊．区域外部性视角下支出竞争的增长效应研究［J］．南方经济，2013（3）．

29. 郝志运．链长制：招商引资新模式探究［J］．中国经贸导刊，2020（12）．

30. 何益欣．税收竞争、国家级开发区设立与实际税率［J］．山西财经大学学报，2021（2）．

31. 黄俊尧．政府绩效评价、公众参与与官僚自主性——控制官僚的一项杭州实践［M］．中国社会科学出版社，2014．

32. 黄素心，王春雷．区域经济协调发展机制研究［M］．北京：北京理工大学出版社，2015．

33. 蒋清海．论区域经济协调发展［J］．学术论坛，1992（3）．

34. 金煜，陈钊，陆铭．中国的地区工业集聚：经济地理、新经济地理与经济政策［J］．经济研究，2006（4）．

35. 李春根，王丽娟．基于修正的蒂布特模型的区域差异化人口竞争策略［J］．江西社会科学，2016（1）．

36. 李社宁，马楠．在产业集聚背景下的地方税收竞争与经济增长［J］．西部财会，2015（4）．

37. 李永友．转移支付与地方政府间财政竞争［J］．中国社会科学，2015（10）．

38. 李永友，沈坤荣．辖区间竞争、策略性财政政策与FDI增长绩效的区域特征［J］．经济研究，2008（5）．

39. 梁涵．地方政府竞争与集聚经济：基于新经济地理学视角的评述［J］．特区经济，2012（8）．

40. 梁琦，黄卓．空间经济学在中国［J］．经济学（季刊），2012（3）．

41. 林建浩．中国地方政府财政竞争的经济增长效应［J］．经济管理，2011（4）．

42. 林毅夫，蔡昉，李周．中国经济转型时期的地区差距分析［J］．经济研究，1998（6）．

43. 林毅夫，刘培林．中国的经济发展战略与地区收入差距［J］．经济研究，2003（3）．

44. 刘汉屏，刘锡田．地方政府竞争：分权、公共物品与制度创新［J］．

改革，2003（6）.

45. 刘力．对外贸易、收入分配与区域差距——对中国区域经济差距的贸易成因分析［J］. 南开经济研究，2005（4）.

46. 刘亮．中国地区间财力差异的变化趋势及因素分解［J］. 财贸研究，2007（1）.

47. 刘瑞明，赵仁杰．匿名审稿制度推动了中国的经济学进步吗？——基于双重差分方法的研究［J］. 经济学（季刊），2017（1）.

48. 刘生龙，张捷．空间经济视角下中国区域经济收敛性再检验——基于1985－2007年省级数据的实证研究［J］. 财经研究，2009（12）.

49. 刘生龙，胡鞍钢．交通基础设施与中国区域经济一体化［J］. 经济研究，2011（3）.

50. 刘树成，张晓晶．中国经济持续高增长的特点和地区间经济差异的缩小［J］. 经济研究，2007（10）.

51. 刘夏明，魏英琪，李国平．收敛还是发散？——中国区域经济发展争论的文献综述［J］. 经济研究，2004（7）.

52. 龙小宁，朱艳丽，蔡伟贤等．基于空间计量模型的中国县级政府间税收竞争的实证分析［J］. 经济研究，2014（8）.

53. 陆铭．大国大城：当代中国的统一，发展与平衡［M］. 上海：上海人民出版社，2016.

54. 陆铭，向宽虎．破解效率与平衡的冲突——论中国的区域发展战略［J］. 经济社会体制比较，2014（4）.

55. 缪小林，王婷，高跃光．转移支付对城乡公共服务差距的影响——不同经济赶超省份的分组比较［J］. 经济研究，2017（2）.

56. 欧阳静．强治理与弱治理［M］. 北京：社会学科文献出版社，2018.

57. 裴育，史梦昱．加快建立现代财政制度 促进基本公共服务均等化［J］. 财政监督，2018（3）.

58. 彭健．基本公共服务均等化视角下的财政体制优化［J］. 财经问题研究，2010（2）.

59. 平新乔，白洁．中国财政分权与地方公共品的供给［J］. 财贸经济，2006（2）.

60. 钱金保，才国伟．地方政府的税收竞争和标杆竞争——基于地市级数据的实证研究［J］．经济学（季刊），2017（3）．

61. 钱学锋，黄玖立，黄云湖．地方政府对集聚租征税了吗？——基于中国地级市企业微观数据的经验研究［J］．管理世界，2012（2）．

62. 乔宝云，王道树．中国税收收入区域差异的实证分析［J］．涉外税务，2004（12）．

63. 任泽平．城市“抢人大战”：高质量发展，大都市圈战略和土地财政，搜狐网2018年6月10日，https：//www.sohu.com/a/234948844_99912039.

64. 史宇鹏，周黎安．地区放权与经济效率：以计划单列为例［J］．经济研究，2007（1）．

65. 沈承诚．经济绩效是主政官员晋升的最关键指标吗？——基于经济特区26年面板数据的实证研究［J］．中国行政管理，2019（12）．

66. 沈坤荣，付文林．税收竞争，地区博弈及其增长绩效［J］．经济研究，2006（6）．

67. 沈坤荣，耿强．外国直接投资，技术外溢与内生经济增长——中国数据的计量检验与实证分析［J］．中国社会科学，2001（5）．

68. 师博，任保平．策略性竞争，空间效应与中国经济增长收敛性［J］．经济学动态，2019（2）．

69. 石磊，高帆．地区经济差距：一个基于经济结构转变的实证研究［J］．管理世界，2006（5）．

70. 史卓顿，奥查德．公共物品，公共企业与公共选择：对政府功能的批评与反批评的理论纷争［M］．中译本，北京：经济科学出版社，2000.

71. 宋学明．中国区域经济发展及其收敛性［J］．经济研究，1996（9）．

72. 孙海珍．新形势下招商引资工作的实践策略探析［J］．中国中小企业，2020（12）．

73. 孙伟仁，张平，徐珉钰．制度创新视角下我国城乡基本公共服务均等化路径探析［J］．东北农业大学学报（社会科学版），2016（2）．

74. 王宝顺，徐绮爽．财政支出、区域经济差距与动态增长收敛［J］．中南财经政法大学学报，2021（3）．

75. 王佳杰，童锦治，李星．税收竞争，财政支出压力与地方非税收收入增长［J］．财贸经济，2014（5）．

76. 王金秀．我国公共支出绩效评价问题的解决之道［J］．财政监督，2007（19）．

77. 王丽娟．我国地方政府财政支出竞争的异质性研究——基于空间计量的实证分析［J］．财贸经济，2011（9）．

78. 王丽娟．我国地方政府土地出让收入存在竞争吗——基于空间面板数据分析［J］．财经论丛，2011（2）．

79. 王美今，林建浩，余壮雄．中国地方政府财政竞争行为特性识别："兄弟竞争"与"父子争议"是否并存？［J］．管理世界，2010（3）．

80. 王如玉，梁琦．从空间经济学看区域协调发展战略［N］．中国社会科学报，2019－01－11（5）．

81. 王绍光．正视不平等的挑战［J］．管理世界，1999（4）．

82. 王晓玲，高红贵，方杏村．长三角一体化经济收敛性及其影响因素的空间计量分析——基于空间杜宾面板模型的实证研究［J］．经济问题探索，2020（5）．

83. 王小鲁，樊纲．中国地区差距的变动趋势和影响因素［J］．经济研究，2004（1）．

84. 王贤彬，张莉，徐现祥．地方政府土地出让、基础设施投资与地方经济增长［J］．中国工业经济，2014（7）：31－43．

85. 王业强，魏后凯．"十三五"时期国家区域发展战略调整与应对［J］．中国软科学，2015（5）．

86. 魏福成，胡洪曙．转移支付对地方政府行为的影响研究［J］．华中师范大学学报（人文社会科学版），2015（6）．

87. 魏后凯．我国地区发展差距的形成、影响及其协调途径［J］．经济研究参考，1997（14）．

88. 吴斌，徐雪飞，孟鹏，魏军波．产业集聚，税收竞争与企业税负［J］．东南大学学报（哲学社会科学版），2019（1）．

89. 伍文中．政府间财政支出竞争的地区经济差距效应研究［J］．开发研究，2011（1）．

90. 谢旭人．健全中央和地方财力与事权相匹配的体制 促进科学发展和社会和谐［J］．财政研究，2009（2）．

91. 习近平．推动形成优势互补高质量发展的区域经济布局［J］．实践（思想理论版），2020（1）.

92. 谢贞发，张玮．中国财政分权与经济增长——一个荟萃回归分析［J］．经济学（季刊），2015（2）.

93. 新浪网 .2019 中国城市群发展潜力：以 25% 土地创造 88% GDP，http://finance.sina.com.cn/stock/hyyj/2019－10－04/doc－ihytcitm7158701.shtml.

94. 许安拓，周广帅，邓周鹏，张驰．中央转移支付改善脱贫县所在省区义务教育“轻内涵”现象研究［J］．地方财政研究，2021（2）.

95. 许坚，马广程．地区间税收竞争对生产性服务业全要素生产率的影响——基于动态空间模型的实证分析［J］．工业技术经济，2021（3）.

96. 薛斌，李文茂．税收等优惠政策清理对地方招商引资的影响及对策研究［J］．经济论坛，2015（5）.

97. 薛刚．上市公司会计信息披露问题研究［J］．中国外资，2020（14）.

98. 严雅娜．基本公共服务均等化的财政对策研究［D］．山西财经大学，2017.

99. 颜银根．“差异化”区域政策的可能［J］．新产经，2013（4）.

100. 杨开忠．我国区域经济协调发展的总体部署［J］．管理世界，1993（1）.

101. 杨开忠．论区域发展战略［J］．地理研究，1994（1）.

102. 杨龙见，尹恒．中国县级政府税收竞争研究［J］．统计研究，2014（6）.

103. 杨银峰．招商引资优惠政策变动趋向及优化建议［J］．中国集体经济，2020（30）.

104. 姚洋．非国有经济成分对我国工业企业技术效率的影响［J］．经济研究，1998（12）.

105. 尹恒，朱虹．中国县级地区政府财力缺口与转移支付的均等性［J］．管理世界，2009（4）.

106. 袁浩然．中国省级政府间税收竞争研究——基于 1978 年以来经验数据的实证分析［D］．上海财经大学博士学位论文，2008.

107. 曾淑婉，刘向东，张宇．财政支出对区域经济差异变动的时空效应研究——基于动态空间面板模型的实证分析 [J]. 财经理论与实践, 2015 (1).

108. 赵全军. "为人才而竞争": 理解地方政府行为的一个新视角 [J]. 中国行政管理, 2021 (4).

109. 赵伟, 马瑞永. 中国经济增长收敛性的再认识——基于增长收敛微观机制的分析 [J]. 管理世界, 2005 (11).

110. 张晨. "动员—压力—运动治理" 体制下后发地区的治理策略与绩效——基于昆明市2008—2011 年的发展经验分析 [J]. 领导科学, 2012 (11).

111. 张帆, 吴俊培, 龚旻. 财政不平衡与城乡公共服务均等化: 理论分析与实证检验 [J]. 经济理论与经济管理, 2020 (12).

112. 张福进, 罗振华, 张铭洪. 税收竞争与经济增长门槛假说——基于中国经验数据的分析 [J]. 当代财经, 2014 (6).

113. 张军. 中国经济发展: 为增长而竞争 [J]. 世界经济文汇, 2005 (Z1).

114. 张军, 高远. 官员任期, 异地交流与经济增长——来自省级经验的证据 [J]. 经济研究, 2007 (11).

115. 张廷海, 王点. 工业集聚、空间溢出效应与地区增长差异——基于空间杜宾模型的实证分析 [J]. 经济经纬, 2018 (1).

116. 张文合. 我国区域经济发展战略的转变与选择 [J]. 经济研究, 1989 (10).

117. 张学良. 中国区域经济转变与城市群经济发展 [J]. 学术月刊, 2013 (7).

118. 中国地方政府竞争课题组. 中国地方政府竞争与公共物品融资 [J]. 财贸经济, 2002 (10).

119. 中国发展研究基金会. 中国城市群一体化报告[R]. https: //cdrf. org. cn/jjh/pdf/yitihua. pdf, 2019.

120. 钟晓敏, 赵海利. 基本公共服务均等化下的我国义务教育转移支付模型 [J]. 财政研究, 2009 (3).

121. 周殿昆. 区域市场发育与区域经济协调发展研究 [J]. 经济体制改革, 1990 (2).

122. 周金梅. 当前招商引资税收优惠政策的思考探究［J］. 中外企业家，2019（12）.

123. 周黎安. 晋升博弈中政府官员的激励与合作——兼论我国地方保护主义和重复建设问题长期存在的原因［J］. 经济研究，2004（6）.

124. 周业安. 地方政府竞争与经济增长［J］. 中国人民大学学报，2003（1）.

125. 周业安，冯兴元，赵坚毅. 地方政府竞争与市场秩序的重构［J］. 中国社会科学，2004（1）.

126. 周业安，程栩，赵文哲，李涛. 地方政府的教育和科技支出竞争促进了创新吗？——基于省级面板数据的经验研究［J］. 中国人民大学学报，2012（4）.

127. 朱国忠，乔坤元，虞吉海. 中国各省经济增长是否收敛？［J］. 经济学（季刊），2014（3）.

128. 禚铸瑶. 中国地方政府税收竞争的空间策略互动性和门槛效应［J］. 中山大学学报（社会科学版），2021（3）.

129. 庄子银，邹薇. 公共支出能否促进经济增长：中国的经验分析［J］. 管理世界，2003（7）.

130. Altshuler R., Goodspeed TJ. Follow the Leader? Evidence on European & US Tax Competition［J］. Public Finance Review, 2015, 43（4）: 485-504.

131. Andersson F., Forslid R. Tax Competition & Economic Geography［J］. Journal of Public Economic Theory, 2003, 5（2）.

132. Baldwin R. E., Martin, P., Ottaviano, G. I. P. Global Income Divergence, Trade, & Industrialization: The Geography of Growth Take-Offs. Journal of Economic Growth, 2001（6）: 5-37.

133. Baldwin R. E., Forslid R. Tax competition & the nature of capital［J］. Available at SSRN 354460, 2002.

134. Baldwin R. E., Forslid R, Martin P, et al. Economic geography & public policy［M］. Princeton University Press, 2011.

135. Baldwin R E, Krugman P. Agglomeration, Integration & Tax Harmonization［J］. European Economic Review, 2004, 48（1）: 1-23.

136. Barro R J. Government spending in a simple model of endogenous growth [J]. Journal of political economy, 1990, 98 (5, Part 2): S103 - S125.

137. Brennan Geoffrey & Buchanan James M., 1980, The power to tax: analytical foundation of a fiscal constitution, Cambridge University Press.

138. Breton A. Competitive governments [M]. Cambridge University Press, 1996.

139. Brueckner & Saavedra, "Do Local Governments Engage in Strategic Property - tax Competition?", National Tax Journel, Jun, 2001, 54 (2): 203 - 229.

140. Brueckner Jan K., "Strategic Interaction Among Governments: An Overview of Empirical Studies", International Regional Science Review, 2003, 26 (2): 175 - 188.

141. Brülhart M, Jametti M, Schmidheiny K. Do agglomeration economies reduce the sensitivity of firm location to tax differentials? [J]. The Economic Journal, 2012, 122 (563): 1069 - 1093.

142. Burbridge & Mayers, 1994.

143. Cai H, Treisman D. Did government decentralization cause China's economic miracle? [J]. World Politics, 2006, 58 (4): 505 - 535.

144. Charlot S, Paty S. Market access effect & local tax setting: evidence from French panel data [J]. Journal of Economic Geography, 2007, 7 (3): 247 - 263.

145. Chen J, Fleisher B M. Regional income inequality & economic growth in China [J]. Journal of comparative economics, 1996, 22 (2): 141 - 164. Chen et al., 2014.

146. Day Kathleen M., "Interprovincial Migration & Local Public Goods", Canadian Journal of Economics, 1992, 25 (1): 123 - 144.

147. Devarajan S, Swaroop V, Zou H. The composition of public expenditure & economic growth [J]. Journal of monetary economics, 1996, 37 (2): 313 - 344.

148. Driessen G A, Sheffrin S M. Agglomeration, tax differentials, & the mobility of professional athletes [J]. Public Finance Review, 2017, 45 (2):

283 - 302.

149. Edwards Jeremy & Keen Michael, "Tax Competition & Leviathan", European Economic Review, 1996, 40: 113 - 134.

150. Epple Dennis & Zelenitz Allan, "The Implications of Competition Among Jurisdictions: Does Tiebout Need Politics?", The Journal of Political Economy, 1981, 89 (6): 1197 - 1217.

151. Fréret S, Maguain D. The effects of agglomeration on tax competition: evidence from a two - regime spatial panel model on French data [J]. International Tax & Public Finance, 2017, 24 (6): 1100 - 1140.

152. Fujita M, Krugman P., Venables A. J. The Spatial Economy: Cities, Regions & International trade [M]. Cambridge: The MIT Press, 1999.

153. Hansson Å M, Olofsdotter K. FDI, taxes & agglomeration economies in the EU15 [J]. Applied Economics, 2013, 45 (18): 2653 - 2664.

154. Head K, Mayer T. The empirics of agglomeration & trade [M] // H & book of regional & urban economics. Elsevier, 2004, 4: 2609 - 2669.

155. Heyndels Bruno & Vuchelen Jef, "Tax Mimicking among Belgian Municipalities", National Tax Journal, March, 1998, 51 (1): 89 - 101.

156. Hill C. International business: Competingin the global market place [J]. Strategic Direction, 2008.

157. Holmstrom B, Milgrom P. Multitask principal - agent analyses: Incentive contracts, asset ownership, & job design [J]. JL Econ. & Org., 1991, 7: 24.

158. Hoyt William H., "Local Government Inefficiency & the Tiebout Hypothesis: Does Competition Among Municipalities Limit Local Government Inefficiency?", Southern Economic Journal, 1990: 481 - 496.

159. Hoyt William H., "Property Taxation, Nash Equilibrium, & Market Power", Journal of Urban Economics, 1991, 30: 123 - 131.

160. Jofre - Monseny J. Is Agglomeration Taxable? [J]. Journal of Economic Geography, 2013, 13 (1): 177 - 201.

161. Jordi J M. Is agglomeration taxable? [J]. Journal of Economic Geography, 2013, 13 (1): 177 - 201.

162. Kato H. The importance of government commitment in attracting firms: A dynamic analysis of tax competition in an agglomeration economy [J]. European Economic Review, 2015, 74: 57 -78.

163. Keen M, March & M. Fiscal competition & the pattern of public spending [J]. Journal of public economics, 1997, 66 (1): 33 -53.

164. KeenM, Konrad K A. The theory of international tax competition & coordination [J]. H & book of public economics, 2013, 5: 257 -328.

165. Kohlhase J E, Ju X. Firm location in a polycentric city: the effects of taxes & agglomeration economies on location decisions [J]. Environment & Planning C: Government & Policy, 2007, 25 (5): 671 -691.

166. Koh H J, Riedel N, Böhm T. Do governments tax agglomeration rents? [J]. Journal of Urban Economics, 2013, 75: 92 -106.

167. Krugman P. Increasing Returns & Economic Geography [J], Journal of Political Economy, 1991, 99: 484 -499.

168. Krugman, A Dynamic Spatial Model, NBER Working Papers No. 4219, 1992.

169. LeSage James & Pace R. Kelley, Introduction to Spatial Econometrics, the CRC press, 2009.

170. Liu Y Z. Do competition for capital discipline governments? The role of fiscal equalization [J]. International Tax & Public Finance, 2013, March, pp. 1 -30.

171. Luthi E, Schmidheiny K. The effect of agglomeration size on local taxes [J]. Journal of Economic Geography, 2014, 14 (2): 265 -287.

172. Mintz J, Tulkens H. Commodity Tax Competition Between Member States of a Federation: Equilibrium & Efficiency, 29J [J]. Pub. Econ, 1986, 133.

173. Niskanen JR. William A. , Bureaucracy & Representative Government, Chicago: Aldine, Atherton, 1971.

174. Oates W E. The effects of property taxes & local public spending on property values: An empirical study of tax capitalization & the Tiebout hypothesis [J]. Journal of political economy, 1969, 77 (6): 957 -971.

175. Perroux F. Economic space: theory & applications [J]. The quarter-

ly journal of economics, 1950, 64 (1): 89 - 104.

176. Pigou A C. Economic progress in a stable environment [J]. Economica, 1947, 14 (55): 180 - 188.

177. Qian Y, Weingast B R. China's transition to markets: market - preserving federalism, Chinese style [J]. The Journal of Policy Reform, 1996, 1 (2): 149 - 185.

178. Romer P M. Increasing returns & long - run growth [J]. Journal of political economy, 1986, 94 (5): 1002 - 1037.

179. Starrett D A. On the method of taxation & the provision of local public goods [J]. The American Economic Review, 1980, 70 (3): 380 - 392.

180. Tiebout C M. A pure theory of local expenditures [J]. Journal of political economy, 1956, 64 (5): 416 - 424.

181. Walder A G. China's transitional economy: interpreting its significance [J]. The China Quarterly, 1995, 144: 963 - 979. Wildasin David E. , 1988, "Nash Equilibria in Models of Fiscal Competition", Journal of Public Economics, 35: 229 - 240.

182. Williamson J G. Regional inequality & the process of national development: a description of the patterns [J]. Economic development & cultural change, 1965, 13 (4): 1 - 84.

183. Wilson J D. A theory of interregional tax competition [J]. Journal of urban Economics, 1986, 19 (3): 296 - 315.

184. Wilson J D. Theories of tax competition [J]. National tax journal, 1999, 52 (2): 269 - 304.

185. Wilson J D. , Wildasin D E. Capital tax competition: bane or boon [J]. Journal of public economics, 2004, 88 (6): 1065 - 1091.

186. Zodrow G R, Mieszkowski P. Pigou, Tiebout, property taxation, & the underprovision of local public goods [J]. Journal of Urban Economics, 19: 356 - 370.

附　　录

附录 A　　1980—2017 年 31 省份经济增长基尼系数的分解构成表

年份	人均最终消费支出					人均资本形成					人均货物与服务净出口值				
	S_k	G_k	R_k	Share	% Change	S_k	G_k	R_k	Share	% Change	S_k	G_k	R_k	Share	% Change
1980	0. 561	0. 205	0. 904	0. 296	-0. 266	0. 281	0. 355	0. 92	0. 26	-0. 021	0. 154	1. 186	0. 85	0. 442	0. 287
1981	0. 587	0. 202	0. 903	0. 319	-0. 267	0. 261	0. 331	0. 921	0. 238	-0. 023	0. 148	1. 169	0. 851	0. 438	0. 291
1982	0. 574	0. 186	0. 908	0. 292	-0. 282	0. 283	0. 32	0. 913	0. 249	-0. 035	0. 111	1. 422	0. 828	0. 393	0. 282
1983	0. 585	0. 191	0. 922	0. 325	-0. 26	0. 293	0. 308	0. 932	0. 265	-0. 028	0. 12	1. 261	0. 854	0. 409	0. 289
1984	0. 571	0. 194	0. 924	0. 326	-0. 245	0. 33	0. 319	0. 952	0. 318	-0. 012	0. 098	1. 385	0. 824	0. 354	0. 256
1985	0. 569	0. 198	0. 942	0. 341	-0. 228	0. 417	0. 367	0. 949	0. 467	0. 05	0. 016	5. 611	0. 674	0. 193	0. 177
1986	0. 585	0. 203	0. 962	0. 369	-0. 216	0. 427	0. 377	0. 974	0. 507	0. 08	-0. 005	-13. 67	0. 601	0. 127	0. 132
1987	0. 578	0. 202	0. 964	0. 379	-0. 2	0. 421	0. 365	0. 964	0. 498	0. 077	0. 004	20. 977	0. 467	0. 121	0. 117
1988	0. 576	0. 21	0. 971	0. 403	-0. 173	0. 438	0. 369	0. 976	0. 541	0. 103	-0. 012	-3. 87	0. 327	0. 054	0. 066
1989	0. 586	0. 211	0. 967	0. 418	-0. 168	0. 423	0. 372	0. 966	0. 533	0. 11	-0. 008	-6. 011	0. 276	0. 048	0. 056
1990	0. 585	0. 196	0. 961	0. 403	-0. 182	0. 402	0. 355	0. 956	0. 498	0. 096	0. 014	4. 308	0. 44	0. 099	0. 084

续表

年份	人均最终消费支出					人均资本形成					人均货物与服务净出口值				
	S_k	G_k	R_k	Share	% Change	S_k	G_k	R_k	Share	% Change	S_k	G_k	R_k	Share	% Change
1991	0. 584	0. 196	0. 959	0. 394	-0. 19	0. 402	0. 338	0. 957	0. 467	0. 065	0. 014	4. 608	0. 622	0. 139	0. 126
1992	0. 555	0. 206	0. 96	0. 381	-0. 174	0. 444	0. 357	0. 957	0. 526	0. 082	0. 001	61. 844	0. 513	0. 093	0. 092
1993	0. 522	0. 222	0. 977	0. 361	-0. 161	0. 483	0. 376	0. 971	0. 563	0. 08	-0. 004	-11. 633	0. 457	0. 075	0. 079
1994	0. 519	0. 221	0. 972	0. 356	-0. 163	0. 5	0. 393	0. 973	0. 612	0. 112	-0. 019	-2. 453	0. 222	0. 033	0. 051
1995	0. 519	0. 218	0. 971	0. 361	-0. 157	0. 496	0. 39	0. 982	0. 624	0. 129	-0. 014	-3. 077	0. 102	0. 015	0. 029
1996	0. 534	0. 225	0. 967	0. 383	-0. 151	0. 478	0. 388	0. 986	0. 605	0. 127	-0. 014	-3. 033	0. 083	0. 012	0. 026
1997	0. 528	0. 221	0. 974	0. 38	-0. 148	0. 467	0. 374	0. 977	0. 572	0. 105	0. 005	8. 053	0. 375	0. 047	0. 043
1998	0. 52	0. 232	0. 968	0. 387	-0. 134	0. 477	0. 361	0. 976	0. 556	0. 079	0. 003	13. 822	0. 384	0. 058	0. 054
1999	0. 532	0. 243	0. 974	0. 405	-0. 126	0. 462	0. 358	0. 972	0. 518	0. 056	0. 006	8. 66	0. 426	0. 077	0. 07
2000	0. 542	0. 243	0. 966	0. 414	-0. 127	0. 448	0. 343	0. 963	0. 483	0. 035	0. 01	5. 907	0. 528	0. 103	0. 092
2001	0. 547	0. 249	0. 978	0. 429	-0. 118	0. 455	0. 343	0. 953	0. 479	0. 025	-0. 001	-55. 14	0. 446	0. 092	0. 093
2002	0. 547	0. 255	0. 98	0. 443	-0. 104	0. 461	0. 332	0. 939	0. 466	0. 005	-0. 008	-8. 107	0. 427	0. 091	0. 099
2003	0. 538	0. 258	0. 961	0. 429	-0. 11	0. 492	0. 332	0. 935	0. 49	-0. 002	-0. 031	-2. 363	0. 346	0. 081	0. 111
2004	0. 516	0. 252	0. 951	0. 403	-0. 113	0. 518	0. 323	0. 924	0. 504	-0. 014	-0. 034	-2. 17	0. 386	0. 093	0. 127
2005	0. 508	0. 255	0. 971	0. 406	-0. 102	0. 508	0. 309	0. 933	0. 471	-0. 037	-0. 016	-4. 022	0. 593	0. 124	0. 14
2006	0. 498	0. 268	0. 974	0. 418	-0. 08	0. 517	0. 297	0. 936	0. 464	-0. 053	-0. 015	-4. 179	0. 586	0. 118	0. 133
2007	0. 497	0. 26	0. 97	0. 415	-0. 082	0. 525	0. 289	0. 941	0. 473	-0. 053	-0. 022	-2. 84	0. 535	0. 113	0. 135
2008	0. 474	0. 261	0. 959	0. 398	-0. 077	0. 535	0. 277	0. 93	0. 461	-0. 074	-0. 01	-6. 69	0. 641	0. 141	0. 151

续表

年份	人均最终消费支出					人均资本形成					人均货物与服务净出口值				
	S_k	G_k	R_k	Share	% Change	S_k	G_k	R_k	Share	% Change	S_k	G_k	R_k	Share	% Change
2009	0. 48	0. 256	0. 978	0. 417	-0. 063	0. 581	0. 268	0. 901	0. 488	-0. 094	-0. 062	-1. 147	0. 387	0. 095	0. 157
2010	0. 471	0. 235	0. 981	0. 421	-0. 05	0. 599	0. 239	0. 854	0. 474	-0. 125	-0. 07	-1. 06	0. 364	0. 105	0. 175
2011	0. 469	0. 229	0. 965	0. 423	-0. 047	0. 595	0. 225	0. 886	0. 483	-0. 112	-0. 064	-1. 047	0. 343	0. 094	0. 158
2012	0. 477	0. 217	0. 961	0. 422	-0. 055	0. 615	0. 213	0. 849	0. 472	-0. 143	-0. 092	-0. 864	0. 312	0. 105	0. 198
2013	0. 485	0. 213	0. 967	0. 431	-0. 054	0. 636	0. 214	0. 783	0. 461	-0. 175	-0. 119	-0. 785	0. 249	0. 101	0. 22
2014	0. 489	0. 215	0. 961	0. 443	-0. 046	0. 633	0. 208	0. 724	0. 418	-0. 215	-0. 122	-0. 803	0. 324	0. 139	0. 261
2015	0. 514	0. 21	0. 925	0. 437	-0. 077	0. 616	0. 203	0. 678	0. 371	-0. 245	-0. 13	-0. 855	0. 394	0. 192	0. 321
2016	0. 526	0. 211	0. 928	0. 445	-0. 08	0. 604	0. 195	0. 647	0. 33	-0. 274	-0. 13	-0. 8	0. 5	0. 225	0. 355
2017	0. 536	0. 209	0. 914	0. 446	-0. 09	0. 587	0. 205	0. 61	0. 32	-0. 267	-0. 123	-0. 863	0. 508	0. 235	0. 357

附录 B　1978—2018 年 31 省区市经济增长 GE 指数表

GE 指数 / 年份	MLD 指数					Theil 指数				
	组内		组间		两者之和	组内		组间		两者之和
	差距	贡献率	差距	贡献率			贡献率		贡献率	
1978	0. 1301	62. 85%	0. 0769	37. 15%	0. 207	0. 1963	71. 37%	0. 0788	28. 63%	0. 2751
1979	0. 129	62. 91%	0. 0761	37. 09%	0. 2051	0. 1932	71. 27%	0. 0779	28. 73%	0. 2712
1980	0. 1268	61. 78%	0. 0784	38. 22%	0. 2052	0. 1909	70. 39%	0. 0803	29. 61%	0. 2712
1981	0. 1181	59. 96%	0. 0788	40. 04%	0. 1969	0. 1823	69. 32%	0. 0807	30. 68%	0. 2629

续表

GE指数 / 年份	MLD指数					Theil指数				
	组内		组间		两者之和	组内		组间		两者之和
	差距	贡献率	差距	贡献率			贡献率		贡献率	
1982	0.1104	59.90%	0.0739	40.10%	0.1843	0.1715	69.37%	0.0757	30.63%	0.2472
1983	0.1098	59.65%	0.0743	40.35%	0.184	0.1683	68.90%	0.076	31.10%	0.2442
1984	0.1052	58.07%	0.076	41.93%	0.1811	0.1605	67.40%	0.0776	32.60%	0.2381
1985	0.102	57.32%	0.076	42.68%	0.178	0.1564	66.80%	0.0777	33.20%	0.2341
1986	0.1006	57.07%	0.0757	42.93%	0.1762	0.1511	66.14%	0.0774	33.86%	0.2285
1987	0.0976	56.13%	0.0763	43.87%	0.1739	0.145	65.05%	0.0779	34.95%	0.2228
1988	0.0973	55.63%	0.0776	44.37%	0.1749	0.1431	64.37%	0.0792	35.63%	0.2222
1989	0.0944	55.54%	0.0755	44.46%	0.1699	0.1395	64.41%	0.0771	35.59%	0.2166
1990	0.0923	55.75%	0.0733	44.25%	0.1656	0.1364	64.58%	0.0748	35.42%	0.2113
1991	0.0905	53.95%	0.0773	46.05%	0.1678	0.1323	62.63%	0.0789	37.37%	0.2112
1992	0.0841	49.50%	0.0858	50.50%	0.1699	0.1242	58.72%	0.0873	41.28%	0.2116
1993	0.0789	45.97%	0.0927	54.03%	0.1716	0.1191	55.86%	0.0941	44.14%	0.2132
1994	0.0771	43.56%	0.0999	56.44%	0.177	0.1175	53.74%	0.1011	46.26%	0.2186
1995	0.0764	42.55%	0.1032	57.45%	0.1796	0.1179	53.06%	0.1042	46.94%	0.2221
1996	0.0752	42.06%	0.1036	57.94%	0.1788	0.1172	52.87%	0.1045	47.13%	0.2217
1997	0.0754	41.19%	0.1077	58.81%	0.1831	0.1183	52.17%	0.1084	47.83%	0.2267
1998	0.0755	40.78%	0.1097	59.22%	0.1852	0.1179	51.64%	0.1104	48.36%	0.2283

续表

GE 指数 / 年份	MLD 指数					Theil 指数				
	组内		组间		两者之和	组内		组间		两者之和
	差距	贡献率	差距	贡献率			贡献率		贡献率	
1999	0.0758	40.25%	0.1126	59.75%	0.1884	0.1184	51.10%	0.1133	48.90%	0.2317
2000	0.0764	40.37%	0.1129	59.63%	0.1893	0.1192	51.20%	0.1136	48.80%	0.2327
2001	0.0772	40.60%	0.113	59.40%	0.1902	0.121	51.54%	0.1137	48.46%	0.2347
2002	0.0784	40.61%	0.1147	59.39%	0.1931	0.1226	51.52%	0.1154	48.48%	0.2379
2003	0.0772	40.52%	0.1133	59.48%	0.1905	0.117	50.65%	0.114	49.35%	0.231
2004	0.0784	40.65%	0.1145	59.35%	0.193	0.1179	50.61%	0.1151	49.39%	0.233
2005	0.0785	40.97%	0.1131	59.03%	0.1915	0.115	50.31%	0.1136	49.69%	0.2287
2006	0.0782	41.25%	0.1113	58.75%	0.1895	0.1122	50.08%	0.1118	49.92%	0.224
2007	0.0776	41.52%	0.1092	58.48%	0.1868	0.1098	50.03%	0.1097	49.97%	0.2195
2008	0.0753	42.32%	0.1027	57.68%	0.178	0.1029	49.91%	0.1033	50.09%	0.2063
2009	0.0726	42.78%	0.0972	57.22%	0.1698	0.0962	49.53%	0.098	50.47%	0.1943
2010	0.0691	43.04%	0.0915	56.96%	0.1606	0.0894	49.17%	0.0924	50.83%	0.1818
2011	0.0663	43.95%	0.0845	56.05%	0.1508	0.0837	49.45%	0.0855	50.55%	0.1692
2012	0.0642	44.71%	0.0794	55.29%	0.1436	0.08	49.84%	0.0805	50.16%	0.1605
2013	0.0621	44.75%	0.0767	55.25%	0.1387	0.077	49.73%	0.0778	50.27%	0.1548
2014	0.061	44.92%	0.0748	55.08%	0.1357	0.0752	49.74%	0.076	50.26%	0.1511
2015	0.0606	45.05%	0.0739	54.95%	0.1345	0.0749	49.91%	0.0752	50.09%	0.1501

续表

GE 指数 / 年份	MLD 指数					Theil 指数				
	组内		组间		两者之和	组内		组间		两者之和
	差距	贡献率	差距	贡献率			贡献率		贡献率	
2016	0.0607	45.46%	0.0728	54.54%	0.1335	0.0756	50.50%	0.0741	49.50%	0.1497
2017	0.0594	45.19%	0.0721	54.81%	0.1315	0.0744	50.36%	0.0733	49.64%	0.1476
2018	0.0589	45.29%	0.0711	54.71%	0.13	0.0739	50.53%	0.0724	49.47%	0.1463

附录 C　1978—2018 年 31 省区市经济增长 Theil 指数组内差距分解表

组内差距 / 年份	组内差距	东部		中部		西部	
		差距	贡献率	差距	贡献率	差距	贡献率
1978	0.1963	0.1822	92.82%	0.0077	3.92%	0.0064	3.26%
1979	0.19324	0.18	93.15%	0.0065	3.36%	0.0068	3.52%
1980	0.19088	0.1781	93.30%	0.0065	3.41%	0.009	4.72%
1981	0.18227	0.1711	93.87%	0.0055	3.02%	0.0056	3.07%
1982	0.17146	0.1605	93.61%	0.0054	3.15%	0.0055	3.21%
1983	0.16826	0.1569	93.25%	0.0052	3.09%	0.0061	3.63%
1984	0.1605	0.15	93.46%	0.0048	2.99%	0.0057	3.55%
1985	0.15638	0.1463	93.55%	0.0037	2.37%	0.0064	4.09%
1986	0.15114	0.1401	92.70%	0.0033	2.18%	0.0077	5.09%

续表

组内差距 年份	组内差距	东部		中部		西部	
		差距	贡献率	差距	贡献率	差距	贡献率
1987	0. 14496	0. 1334	92. 03%	0. 0037	2. 55%	0. 0079	5. 45%
1988	0. 14305	0. 1303	91. 09%	0. 0042	2. 94%	0. 0085	5. 94%
1989	0. 1395	0. 1273	91. 25%	0. 0039	2. 80%	0. 0083	5. 95%
1990	0. 13643	0. 1241	90. 96%	0. 0044	3. 23%	0. 0079	5. 79%
1991	0. 13226	0. 1184	89. 52%	0. 0054	4. 08%	0. 0084	6. 35%
1992	0. 12423	0. 1108	89. 19%	0. 0051	4. 11%	0. 0083	6. 68%
1993	0. 1191	0. 1068	89. 67%	0. 0051	4. 28%	0. 0073	6. 13%
1994	0. 11746	0. 1054	89. 73%	0. 0053	4. 51%	0. 0068	5. 79%
1995	0. 11785	0. 1062	90. 11%	0. 0054	4. 58%	0. 0063	5. 35%
1996	0. 11723	0. 1064	90. 76%	0. 005	4. 27%	0. 0058	4. 95%
1997	0. 11828	0. 1079	91. 22%	0. 0047	3. 97%	0. 0058	4. 90%
1998	0. 11788	0. 1073	91. 02%	0. 0047	3. 99%	0. 0059	5. 01%
1999	0. 1184	0. 1079	91. 13%	0. 0042	3. 55%	0. 0059	4. 98%
2000	0. 11915	0. 1086	91. 15%	0. 0045	3. 78%	0. 006	5. 04%
2001	0. 12096	0. 1105	91. 35%	0. 0044	3. 64%	0. 0061	5. 04%
2002	0. 12257	0. 1149	93. 74%	0. 0045	3. 67%	0. 0062	5. 06%
2003	0. 11698	0. 1054	90. 10%	0. 0047	4. 02%	0. 0068	5. 81%

续表

组内差距 / 年份	组内差距	东部		中部		西部	
		差距	贡献率	差距	贡献率	差距	贡献率
2004	0.11793	0.106	89.88%	0.0047	3.99%	0.0072	6.11%
2005	0.11504	0.1021	88.75%	0.0047	4.09%	0.0082	7.13%
2006	0.1122	0.0984	87.70%	0.0049	4.37%	0.0089	7.93%
2007	0.10982	0.0953	86.78%	0.0049	4.46%	0.0096	8.74%
2008	0.10294	0.0875	85.00%	0.0046	4.47%	0.0109	10.59%
2009	0.09621	0.0799	83.05%	0.0044	4.57%	0.0119	12.37%
2010	0.08938	0.0729	81.56%	0.004	4.48%	0.0125	13.99%
2011	0.08365	0.068	80.13%	0.0038	4.54%	0.0131	15.66%
2012	0.07997	0.0631	78.90%	0.0037	4.63%	0.0132	16.51%
2013	0.07697	0.0605	78.60%	0.0036	4.68%	0.0129	16.76%
2014	0.07518	0.0588	78.21%	0.0035	4.66%	0.0129	17.16%
2015	0.0749	0.0586	78.24%	0.0036	4.81%	0.0127	16.96%
2016	0.07557	0.0595	78.73%	0.0036	4.76%	0.0125	16.54%
2017	0.07435	0.0589	79.22%	0.0035	4.71%	0.012	16.14%
2018	0.07391	0.0588	79.56%	0.0033	4.46%	0.0118	15.97%
均值			88.27%		3.88%		7.97%

附录 D

1978—2018 年 31 省区市地方政府实际人均财力

单位：元/人

地区	1978 年	1979 年	1980 年	1981 年	1982 年	1983 年	1984 年	1985 年	1986 年	1987 年	1988 年	1989 年	1990 年
北京市	233.85	219.44	150.17	143.99	157.06	176.88	234.65	256.51	308.48	316.69	280.42	263.69	283.05
天津市	197.85	201.57	178.30	169.19	240.25	222.65	196.16	254.48	304.89	250.08	233.19	218.26	210.14
河北省	64.15	65.78	50.12	39.66	42.34	44.69	54.51	57.28	68.51	62.35	65.49	62.62	65.49
山西省	87.10	83.07	72.32	62.06	71.55	79.98	96.16	103.24	111.07	103.07	88.73	86.74	87.51
内蒙古自治区	102.50	111.61	89.40	76.58	91.44	99.31	129.14	129.33	154.10	147.18	136.94	125.29	130.11
辽宁省	92.11	99.23	89.31	67.32	74.71	80.75	66.86	117.74	145.15	142.10	140.09	140.49	142.35
吉林省	75.31	80.09	71.55	63.40	66.98	73.29	85.21	114.52	155.07	151.47	145.11	133.11	133.38
黑龙江省	100.78	87.61	73.43	71.18	74.62	79.60	90.44	101.41	129.66	128.68	120.09	115.86	120.92
上海市	235.60	233.56	152.05	145.44	152.42	159.75	207.79	285.00	338.84	284.17	287.52	266.41	261.75
江苏省	48.64	53.45	44.52	35.28	35.36	45.10	52.91	62.03	75.56	71.51	71.42	67.24	68.95
浙江省	46.52	45.95	41.38	39.41	42.05	47.44	60.15	70.80	89.69	83.08	85.11	84.65	87.48
安徽省	38.17	41.35	31.10	27.69	29.40	34.54	38.51	50.12	63.41	56.10	49.98	48.13	50.14
福建省	61.90	63.25	54.56	49.62	54.78	56.37	62.92	84.40	95.56	92.85	94.59	96.56	104.15
江西省	51.12	53.58	44.65	37.85	40.57	44.10	52.92	64.61	73.38	69.45	64.62	61.95	61.56
山东省	44.55	42.91	37.64	30.77	34.35	36.72	42.57	50.75	62.25	63.10	65.60	66.37	67.39
河南省	39.18	40.85	33.52	31.13	34.65	33.93	40.13	48.96	63.49	54.67	52.93	50.74	47.83

续表

地区	1978 年	1979 年	1980 年	1981 年	1982 年	1983 年	1984 年	1985 年	1986 年	1987 年	1988 年	1989 年	1990 年
湖北省	65. 53	59. 50	51. 72	44. 37	46. 37	50. 19	54. 26	66. 77	82. 36	79. 50	74. 44	71. 63	72. 06
湖南省	47. 75	47. 48	41. 00	35. 57	37. 29	39. 37	45. 05	54. 39	68. 28	64. 44	61. 92	58. 85	60. 39
广东省	53. 38	53. 44	43. 53	45. 49	49. 60	53. 37	63. 68	81. 84	102. 40	101. 14	106. 74	108. 38	109. 71
广西壮族自治区	61. 30	58. 36	45. 01	39. 57	41. 38	43. 25	50. 54	58. 59	76. 65	79. 15	73. 25	66. 27	70. 49
海南省	31. 21	32. 83	34. 71	38. 46	39. 62	46. 93	64. 11	75. 32	78. 42	72. 93	82. 95	102. 96	121. 46
重庆市	0. 00	0. 00	0. 00	0. 00	0. 00	0. 00	0. 00	0. 00	0. 00	0. 00	0. 00	0. 00	0. 00
四川省	51. 92	51. 64	42. 77	36. 90	38. 16	42. 79	54. 26	51. 12	66. 20	60. 51	56. 81	58. 40	62. 60
贵州省	45. 79	47. 79	41. 64	41. 87	45. 94	48. 38	63. 38	63. 00	72. 04	68. 29	64. 96	68. 95	67. 70
云南省	59. 13	66. 84	49. 84	43. 50	50. 06	62. 34	76. 10	81. 90	97. 38	101. 74	101. 41	106. 95	112. 42
西藏自治区	255. 56	269. 53	229. 69	208. 49	231. 41	260. 88	434. 23	393. 47	317. 32	293. 09	277. 47	263. 02	269. 58
陕西省	65. 85	68. 38	58. 97	50. 99	52. 07	54. 99	63. 97	69. 87	83. 81	81. 74	79. 81	75. 66	75. 13
甘肃省	76. 68	73. 48	58. 55	51. 42	56. 61	66. 54	87. 07	89. 17	103. 08	100. 24	95. 20	89. 97	94. 16
青海省	186. 37	179. 91	142. 47	128. 93	138. 87	161. 31	192. 72	188. 92	207. 86	191. 27	184. 87	169. 59	176. 83
宁夏回族自治区	162. 55	169. 79	140. 51	107. 17	126. 99	149. 24	180. 18	181. 21	202. 91	181. 63	174. 75	153. 57	148. 45
新疆维吾尔自治区	138. 04	132. 52	115. 43	101. 37	99. 24	120. 95	144. 77	160. 27	181. 82	159. 92	153. 33	136. 62	143. 91

注：以 1978 年为基准年份。

附录 E

1978—2018 年 31 省区市地方政府财力水平 GE 指数表

GE 指数 / 年份	MLD 指数					Theil 指数				
	组内		组间		两者之和	组内		组间		两者之和
	差距	贡献率	差距	贡献率		差距	贡献率	差距	贡献率	
1978	0. 1527	89. 14%	0. 0186	10. 86%	0. 1713	0. 1652	90. 52%	0. 0173	9. 48%	0. 1825
1979	0. 1417	87. 23%	0. 0207	12. 77%	0. 1624	0. 1543	88. 96%	0. 0191	11. 04%	0. 1734
1980	0. 1246	88. 70%	0. 0159	11. 30%	0. 1404	0. 1334	90. 03%	0. 0148	9. 97%	0. 1481
1981	0. 1267	88. 56%	0. 0164	11. 44%	0. 1431	0. 1388	90. 08%	0. 0153	9. 92%	0. 1541
1982	0. 1448	87. 70%	0. 0203	12. 30%	0. 1652	0. 1639	89. 65%	0. 0189	10. 35%	0. 1828
1983	0. 1371	87. 18%	0. 0202	12. 82%	0. 1572	0. 1505	89. 03%	0. 0186	10. 97%	0. 1691
1984	0. 1314	85. 51%	0. 0223	14. 49%	0. 1537	0. 1431	87. 48%	0. 0205	12. 52%	0. 1636
1985	0. 1307	86. 86%	0. 0198	13. 14%	0. 1505	0. 1437	88. 56%	0. 0186	11. 44%	0. 1623
1986	0. 1257	88. 00%	0. 0171	12. 00%	0. 1428	0. 1391	89. 47%	0. 0164	10. 53%	0. 1554
1987	0. 1177	88. 44%	0. 0154	11. 56%	0. 133	0. 1279	89. 69%	0. 0147	10. 31%	0. 1426
1988	0. 1084	85. 25%	0. 0188	14. 75%	0. 1272	0. 1176	86. 87%	0. 0178	13. 13%	0. 1353
1989	0. 0957	82. 69%	0. 02	17. 31%	0. 1157	0. 1033	84. 42%	0. 0191	15. 58%	0. 1223
1990	0. 0933	81. 13%	0. 0217	18. 87%	0. 115	0. 0999	82. 91%	0. 0206	17. 09%	0. 1205
1991	0. 097	83. 01%	0. 0199	16. 99%	0. 1168	0. 1003	83. 94%	0. 0192	16. 06%	0. 1194
1992	0. 0888	79. 30%	0. 0232	20. 70%	0. 112	0. 0932	80. 81%	0. 0221	19. 19%	0. 1153
1993	0. 0803	69. 38%	0. 0354	30. 62%	0. 1157	0. 0847	71. 01%	0. 0346	28. 99%	0. 1192
1994	0. 0854	64. 03%	0. 048	35. 97%	0. 1334	0. 0988	67. 47%	0. 0476	32. 53%	0. 1464

续表

GE 指数 / 年份	MLD 指数					Theil 指数				
	组内		组间		两者之和	组内		组间		两者之和
	差距	贡献率	差距	贡献率		差距	贡献率	差距	贡献率	
1995	0.0888	62.65%	0.053	37.35%	0.1418	0.1071	67.02%	0.0527	32.98%	0.1598
1996	0.0852	61.48%	0.0534	38.52%	0.1386	0.1039	65.87%	0.0538	34.13%	0.1577
1997	0.0872	59.31%	0.0598	40.69%	0.147	0.1139	65.18%	0.0608	34.82%	0.1747
1998	0.0914	61.57%	0.0571	38.43%	0.1485	0.1237	68.17%	0.0578	31.83%	0.1815
1999	0.0965	65.12%	0.0517	34.88%	0.1482	0.1296	71.18%	0.0525	28.82%	0.1821
2000	0.0916	64.42%	0.0506	35.58%	0.1422	0.1229	70.73%	0.0509	29.27%	0.1738
2001	0.0886	67.89%	0.0419	32.11%	0.1304	0.1115	72.92%	0.0414	27.08%	0.1529
2002	0.0913	69.24%	0.0406	30.76%	0.1319	0.1133	74.14%	0.0395	25.86%	0.1528
2003	0.0938	65.97%	0.0484	34.03%	0.1422	0.1201	71.54%	0.0478	28.46%	0.1679
2004	0.0943	67.59%	0.0452	32.41%	0.1396	0.1216	72.93%	0.0452	27.07%	0.1668
2005	0.0869	68.92%	0.0392	31.08%	0.1261	0.11	73.83%	0.039	26.17%	0.1489
2006	0.0785	71.11%	0.0319	28.89%	0.1104	0.0959	75.08%	0.0318	24.92%	0.1277
2007	0.0723	70.77%	0.0299	29.23%	0.1022	0.09	75.25%	0.0296	24.75%	0.1197
2008	0.0636	75.35%	0.0208	24.65%	0.0844	0.0758	78.91%	0.0203	21.09%	0.0961
2009	0.059	77.08%	0.0175	22.92%	0.0765	0.068	80.21%	0.0168	19.79%	0.0847
2010	0.0572	78.33%	0.0158	21.67%	0.0731	0.0644	81.29%	0.0148	18.71%	0.0792
2011	0.0573	69.77%	0.0248	30.23%	0.0821	0.0627	72.31%	0.024	27.69%	0.0868

续表

GE 指数 / 年份	MLD 指数					Theil 指数				
	组内		组间		两者之和	组内		组间		两者之和
	差距	贡献率	差距	贡献率		差距	贡献率	差距	贡献率	
2012	0.0527	77.75%	0.0151	22.25%	0.0678	0.0558	79.52%	0.0144	20.48%	0.0702
2013	0.0533	73.15%	0.0196	26.85%	0.0729	0.0566	75.11%	0.0187	24.89%	0.0753
2014	0.0513	67.74%	0.0244	32.26%	0.0757	0.0553	70.63%	0.023	29.37%	0.0782
2015	0.0524	69.62%	0.0229	30.38%	0.0752	0.0598	73.64%	0.0214	26.36%	0.0812
2016	0.0493	68.83%	0.0223	31.17%	0.0716	0.0564	72.69%	0.0212	27.31%	0.0775
2017	0.0513	74.89%	0.0172	25.11%	0.0685	0.0585	78.18%	0.0163	21.82%	0.0748
2018	0.0403	68.75%	0.0183	31.25%	0.0586	0.0467	72.54%	0.0177	27.46%	0.0643

附录 F　　1978—2018 年 31 省区市地方政府财力水平 Theil 指数组内差距分解表

组内差距 / 年份	组内差距	东部		中部		西部	
		差距	贡献率	差距	贡献率	差距	贡献率
1978	0.1653	0.1088	65.82%	0.0113	6.84%	0.0452	27.34%
1979	0.1543	0.1032	66.88%	0.0081	5.25%	0.043	27.87%
1980	0.1334	0.0799	59.90%	0.0102	7.65%	0.0433	32.46%
1981	0.1389	0.0918	66.09%	0.011	7.92%	0.0361	25.99%
1982	0.1639	0.1165	71.08%	0.0109	6.65%	0.0365	22.27%
1983	0.1505	0.097	64.45%	0.0113	7.51%	0.0422	28.04%

续表

年份 \ 组内差距	组内差距	东部		中部		西部	
		差距	贡献率	差距	贡献率	差距	贡献率
1984	0. 1431	0. 0899	62. 82%	0. 0117	8. 18%	0. 0415	29. 00%
1985	0. 1437	0. 0994	69. 17%	0. 0104	7. 24%	0. 0339	23. 59%
1986	0. 1391	0. 0995	71. 53%	0. 0116	8. 34%	0. 028	20. 13%
1987	0. 1278	0. 0894	69. 95%	0. 0141	11. 03%	0. 0243	19. 01%
1988	0. 1175	0. 0796	67. 74%	0. 0139	11. 83%	0. 024	20. 43%
1989	0. 1033	0. 0722	69. 89%	0. 013	12. 58%	0. 0181	17. 52%
1990	0. 1049	0. 0684	65. 20%	0. 0184	17. 54%	0. 0181	17. 25%
1991	0. 1002	0. 0664	66. 27%	0. 013	12. 97%	0. 0208	20. 76%
1992	0. 0931	0. 0644	69. 17%	0. 0099	10. 63%	0. 0188	20. 19%
1993	0. 0846	0. 0557	65. 84%	0. 0104	12. 29%	0. 0185	21. 87%
1994	0. 0987	0. 0741	75. 08%	0. 0074	7. 50%	0. 0172	17. 43%
1995	0. 1072	0. 0833	77. 71%	0. 0057	5. 32%	0. 0182	16. 98%
1996	0. 1038	0. 0822	79. 19%	0. 0055	5. 30%	0. 0161	15. 51%
1997	0. 1167	0. 0994	85. 18%	0. 0055	4. 71%	0. 0118	10. 11%
1998	0. 1268	0. 1103	86. 99%	0. 0037	2. 92%	0. 0128	10. 09%
1999	0. 1329	0. 1161	87. 36%	0. 0045	3. 39%	0. 0123	9. 26%
2000	0. 1261	0. 1117	88. 58%	0. 0046	3. 65%	0. 0098	7. 77%
2001	0. 114	0. 0958	84. 04%	0. 0055	4. 82%	0. 0127	11. 14%

续表

年份 \ 组内差距	组内差距	东部		中部		西部	
		差距	贡献率	差距	贡献率	差距	贡献率
2002	0.1157	0.0956	82.63%	0.005	4.32%	0.0151	13.05%
2003	0.1229	0.1049	85.35%	0.0049	3.99%	0.0131	10.66%
2004	0.1248	0.1075	86.14%	0.006	4.81%	0.0113	9.05%
2005	0.1126	0.0957	84.99%	0.0056	4.97%	0.0113	10.04%
2006	0.098	0.0818	83.47%	0.005	5.10%	0.0112	11.43%
2007	0.0921	0.0775	84.15%	0.0036	3.91%	0.011	11.94%
2008	0.0775	0.0636	82.06%	0.004	5.16%	0.0099	12.77%
2009	0.0692	0.0539	77.89%	0.0033	4.77%	0.012	17.34%
2010	0.0647	0.0425	65.69%	0.0032	4.95%	0.019	29.37%
2011	0.0629	0.0411	65.34%	0.0022	3.50%	0.0196	31.16%
2012	0.0556	0.0315	56.65%	0.003	5.40%	0.0211	37.95%
2013	0.0566	0.0349	61.66%	0.0029	5.12%	0.0188	33.22%
2014	0.0554	0.0352	63.54%	0.0022	3.97%	0.018	32.49%
2015	0.0604	0.0438	72.52%	0.0016	2.65%	0.015	24.83%
2016	0.0571	0.0431	75.48%	0.0019	3.33%	0.0121	21.19%
2017	0.0594	0.0461	77.61%	0.0022	3.70%	0.0111	18.69%
2018	0.0476	0.0392	82.35%	0.0018	3.78%	0.0066	13.87%
均值			73.74%		6.48%		19.78%

附录 G

1996—2018 年 31 省区市小学生均预算内经费（元/生）

地区	1996 年	1997 年	1998 年	1999 年	2000 年	2001 年	2002 年	2003 年	2004 年	2005 年	2006 年	2007 年
北京市	1008.69	1246.94	1313.23	1497.71	1955.53	2472.26	2977.89	3405.56	4291.84	4810.58	5554.99	7883.81
天津市	738.62	858.85	853.78	1030.35	1259.69	1625.19	1848.89	2385.77	2929.53	3551.41	4219.51	5078.79
河北省	191.02	218.10	248.55	305.23	389.06	506.19	718.55	864.67	1110.22	1464.52	1747.24	2276.37
山西省	306.44	337.58	336.99	370.38	448.47	615.72	729.79	801.09	956.36	1277.37	1523.18	2061.51
内蒙古自治区	427.55	448.22	508.34	544.68	606.39	849.92	1114.45	1303.41	1634.29	1926.04	2342.33	2988.04
辽宁省	415.61	440.04	530.06	516.84	584.63	716.90	901.77	1114.88	1455.07	1748.60	2226.39	2854.73
吉林省	412.55	443.81	472.40	475.81	567.36	778.01	984.82	1193.06	1359.34	1722.24	2125.63	3028.91
黑龙江省	394.55	434.60	524.02	669.89	858.52	1176.15	1546.45	1609.32	1882.94	2240.48	2818.82	3557.01
上海市	1554.42	1834.34	1957.04	2364.88	2791.63	3634.25	4447.95	5428.67	6732.55	7958.33	9483.01	11605.17
江苏省	415.26	457.22	501.42	563.36	622.57	832.71	1019.43	1248.16	1651.09	2069.96	2528.77	3771.05
浙江省	450.33	521.69	593.23	683.72	793.33	1148.18	1484.50	1826.99	2268.10	2552.59	3010.71	3794.99
安徽省	231.60	262.88	296.94	327.49	381.25	485.98	636.38	686.41	851.95	1000.75	1276.41	1656.07
福建省	393.19	464.92	518.10	607.74	699.94	830.05	1009.37	1141.37	1361.71	1600.97	2009.87	2602.28
江西省	246.46	263.11	292.32	333.24	403.67	555.44	681.59	755.22	872.23	1025.63	1211.81	1687.36
山东省	237.42	271.92	310.95	371.35	493.47	647.30	833.67	969.14	1163.19	1394.12	1659.93	2399.79
河南省	170.47	192.72	201.98	219.52	261.39	355.75	471.87	520.12	662.52	756.88	954.91	1403.05
湖北省	175.32	193.33	219.12	248.90	294.12	396.90	551.95	652.03	847.11	990.33	1241.26	1924.64
湖南省	242.73	258.63	234.99	284.57	353.05	481.65	722.66	852.52	1087.82	1291.72	1490.93	1911.76

续表

地区	1996 年	1997 年	1998 年	1999 年	2000 年	2001 年	2002 年	2003 年	2004 年	2005 年	2006 年	2007 年
广东省	454.58	502.44	558.45	591.30	685.23	840.63	1075.19	1226.83	1375.13	1432.67	1734.63	2098.28
广西壮族自治区	232.02	249.60	298.57	345.48	416.95	591.12	699.86	788.01	930.41	1069.79	1440.08	1837.72
海南省	379.85	386.92	408.18	465.20	509.34	620.43	778.75	801.32	1043.09	1356.91	1745.82	2239.92
重庆市	0.00	0.00	357.88	380.45	373.76	501.70	599.96	620.49	764.15	935.22	1287.66	1783.48
四川省	280.39	274.02	309.77	306.46	372.37	509.41	623.47	673.47	772.83	878.24	1154.17	1691.91
贵州省	182.17	193.25	235.12	293.15	334.85	452.51	556.87	590.10	720.99	894.51	1074.92	1475.22
云南省	452.84	521.29	552.61	576.93	664.43	815.83	968.14	1064.14	1212.51	1282.19	1504.56	1805.23
西藏自治区	748.20	667.16	891.57	1045.24	1198.04	1678.99	2032.09	2436.12	2728.56	2797.19	2971.34	4779.96
陕西省	195.41	200.73	222.68	268.95	325.20	483.08	610.61	707.78	858.77	1108.48	1545.55	2138.45
甘肃省	255.99	291.04	302.87	391.62	440.46	568.17	694.33	756.28	882.67	1029.18	1383.34	1778.27
青海省	484.76	522.02	580.00	702.45	754.16	1031.03	1266.48	1331.27	1533.21	1970.69	2289.51	2788.06
宁夏回族自治区	348.77	363.73	504.06	544.28	612.43	813.73	1048.26	829.58	963.46	1204.28	1404.71	1979.49
新疆维吾尔自治区	516.40	548.28	644.37	627.37	741.49	1019.65	1188.44	1275.27	1540.28	1755.68	2123.76	2619.39

地区	2008 年	2009 年	2010 年	2011 年	2012 年	2013 年	2014 年	2015 年	2016 年	2017 年	2018 年	
北京市	10069.42	12255.03	15361.76	19098.19	20642.72	21920.50	23623.16	24383.03	26879.21	30710.24	32132.36	
天津市	7105.11	9131.43	11575.94	13491.32	15179.09	15658.60	17233.85	18128.16	18284.41	18765.23	19158.35	

续表

地区	2008 年	2009 年	2010 年	2011 年	2012 年	2013 年	2014 年	2015 年	2016 年	2017 年	2018 年
河北省	2828.18	3379.99	3836.26	4289.33	4853.00	4969.05	5368.27	6768.90	7327.54	7945.05	8407.16
山西省	2766.15	3470.79	4129.49	5143.01	5881.29	6615.75	7375.86	9315.00	9479.25	10200.75	10436.14
内蒙古自治区	4176.45	5364.86	6910.07	8421.83	9069.31	10011.61	10328.07	12238.04	13226.73	13281.19	13327.40
辽宁省	3609.92	4365.10	5202.60	6956.61	8173.28	8405.37	17519.34	20762.64	21586.72	22626.78	21791.21
吉林省	3882.12	4735.32	6270.17	7323.65	8727.10	9211.13	10273.18	12166.83	13153.10	13936.54	13411.51
黑龙江省	4249.56	4942.10	5562.95	6504.91	8761.48	9012.89	11103.12	12997.90	14232.99	14428.02	13963.01
上海市	13224.43	14843.69	16534.61	17585.49	18655.36	19884.74	19687.92	20781.66	22165.96	20689.51	21930.51
江苏省	4847.42	5923.79	7390.71	8531.36	9552.79	10586.39	11182.60	11995.17	12510.38	13126.77	12382.11
浙江省	4718.26	5641.52	6779.13	7561.63	8203.95	8879.91	20342.05	24201.10	27343.12	29318.08	31761.49
安徽省	2081.09	2506.10	3244.32	4614.21	5664.79	6499.81	6744.76	7805.66	8640.34	9113.01	9892.88
福建省	3336.74	4071.19	4842.44	5839.66	6851.48	7570.96	18130.47	20112.04	21944.88	24335.64	26206.42
江西省	1925.50	2163.63	2509.39	3786.30	4921.30	5934.04	6920.41	7533.40	8119.87	8617.15	9310.73
山东省	2813.11	3226.42	3950.53	5075.59	6094.82	6642.29	19656.90	21381.33	23675.34	24559.94	25149.56
河南省	1681.47	1959.89	2201.37	2758.84	3520.52	3969.64	4496.34	4620.63	5119.81	5853.70	6467.31
湖北省	2445.31	2965.98	3253.81	3773.35	5003.11	5681.47	7170.56	8791.96	10076.72	11031.07	10603.83
湖南省	2366.01	2820.26	3061.86	3670.99	5012.85	5840.61	6402.81	7195.97	7928.70	8449.81	8701.12
广东省	2553.51	3008.74	3568.76	4832.14	5866.34	6877.39	23135.71	25222.15	29064.17	36697.80	38983.08

续表

地区	2008年	2009年	2010年	2011年	2012年	2013年	2014年	2015年	2016年	2017年	2018年	
广西壮族自治区	2267.47	2697.22	3412.66	4081.33	4996.13	5611.23	6079.42	7152.37	7861.54	8059.71	8132.67	
海南省	3152.72	4065.51	5773.68	6830.98	7602.23	8528.85	9068.86	10513.50	11420.75	11404.03	12382.46	
重庆市	2389.72	2995.95	3725.08	4856.08	6744.79	6602.19	7568.04	8581.49	9488.79	10765.21	11772.30	
四川省	2295.56	2899.21	3501.53	4273.48	6355.83	7001.47	7672.54	9113.12	9147.00	9776.93	10157.43	
贵州省	1900.96	2326.70	2798.54	3479.55	5144.17	6153.35	6897.79	8716.63	9735.69	9880.36	10255.62	
云南省	2366.51	2927.78	3400.28	3801.06	5143.40	6255.65	6291.33	7669.02	9007.94	10613.56	11595.14	
西藏自治区	6051.16	7322.35	8581.87	10843.96	12754.05	15218.35	21479.72	26367.36	26148.23	28579.74	28189.80	
陕西省	3311.47	4484.49	4864.15	6092.54	9009.66	9767.26	10385.02	11033.47	11379.93	11316.24	11499.51	
甘肃省	2373.09	2967.90	3557.37	4274.10	5621.62	6395.94	7462.13	9374.65	10514.89	10959.09	11193.77	
青海省	3675.24	4562.41	5617.92	9026.01	10472.64	9815.41	12655.03	12442.98	13823.28	14249.45	15223.93	
宁夏回族自治区	2614.90	3250.31	4004.32	4419.72	5395.72	6196.41	6619.05	8182.05	8872.06	9704.63	10049.07	
新疆维吾尔自治区	3615.44	4611.49	6084.43	7871.03	9348.57	10695.54	11628.15	13043.65	12561.50	12117.58	12617.78	

附录 H

1996—2018 年 31 省区市小学生均财政教育经费 GE 指数表

年份 \ GE 指数	MLD 指数					Theil 指数				
	组内		组间		两者之和	组内		组间		两者之和
	差距	贡献率	差距	贡献率		差距	贡献率	差距	贡献率	
1996	0.1176	76.39%	0.0364	23.61%	0.1540	0.1379	79.82%	0.0349	20.18%	0.1728
1997	0.1220	73.28%	0.0445	26.72%	0.1665	0.1483	77.29%	0.0436	22.71%	0.1919
1998	0.1173	73.81%	0.0416	26.19%	0.1589	0.1397	77.70%	0.0401	22.30%	0.1798
1999	0.1193	72.47%	0.0453	27.53%	0.1646	0.1477	76.98%	0.0442	23.02%	0.1918
2000	0.1232	72.52%	0.0467	27.48%	0.1699	0.1544	76.88%	0.0464	23.12%	0.2009
2001	0.1233	75.17%	0.0407	24.83%	0.1640	0.1532	79.10%	0.0405	20.90%	0.1937
2002	0.1167	76.64%	0.0356	23.36%	0.1523	0.1453	80.25%	0.0358	19.75%	0.1811
2003	0.1250	73.03%	0.0462	26.97%	0.1711	0.1577	77.12%	0.0468	22.88%	0.2045
2004	0.1195	68.99%	0.0537	31.01%	0.1732	0.1546	73.85%	0.0547	26.15%	0.2093
2005	0.1101	66.77%	0.0548	33.23%	0.1648	0.1437	71.92%	0.0561	28.08%	0.1999
2006	0.0972	64.70%	0.0530	35.30%	0.1502	0.1298	70.47%	0.0544	29.53%	0.1842
2007	0.0940	66.62%	0.0471	33.38%	0.1410	0.1232	71.82%	0.0483	28.18%	0.1715
2008	0.0901	67.86%	0.0427	32.14%	0.1327	0.1123	72.10%	0.0435	27.90%	0.1558
2009	0.0891	68.79%	0.0404	31.21%	0.1295	0.1073	72.42%	0.0409	27.58%	0.1482
2010	0.0895	67.60%	0.0429	32.40%	0.1324	0.1046	70.79%	0.0432	29.21%	0.1478
2011	0.0871	71.81%	0.0342	28.19%	0.1212	0.0993	74.45%	0.0341	25.55%	0.1334
2012	0.0713	77.11%	0.0212	22.89%	0.0924	0.0803	79.37%	0.0209	20.63%	0.1012

续表

GE 指数 / 年份	MLD 指数					Theil 指数				
	组内		组间		两者之和	组内		组间		两者之和
	差距	贡献率	差距	贡献率		差距	贡献率	差距	贡献率	
2013	0.0656	78.43%	0.0180	21.57%	0.0836	0.0744	80.79%	0.0177	19.21%	0.0921
2014	0.0835	70.00%	0.0358	30.00%	0.1193	0.0845	71.10%	0.0344	28.90%	0.1189
2015	0.0779	71.64%	0.0308	28.36%	0.1088	0.0791	72.80%	0.0296	27.20%	0.1087
2016	0.0769	71.84%	0.0302	28.16%	0.1071	0.0792	73.15%	0.0291	26.85%	0.1082
2017	0.0849	74.68%	0.0288	25.32%	0.1136	0.0913	76.92%	0.0274	23.08%	0.1188
2018	0.0828	72.95%	0.0307	27.05%	0.1135	0.0913	75.84%	0.0291	24.16%	0.1203

附录 I　1978—2018 年 31 省区市小学生均财政教育经费 Theil 指数组内差距分解表

组内差距 / 年份	组内差距	东部		中部		西部	
		差距	贡献率	差距	贡献率	差距	贡献率
1996	0.1379	0.1021	74.03%	0.0084	6.08%	0.0274	19.89%
1997	0.1483	0.1178	79.43%	0.0079	5.36%	0.0226	15.21%
1998	0.1397	0.1061	75.95%	0.0094	6.75%	0.0264	18.92%
1999	0.1477	0.1109	75.13%	0.0103	6.97%	0.0264	17.90%
2000	0.1544	0.1168	75.62%	0.0121	7.84%	0.0255	16.53%
2001	0.1532	0.1135	74.05%	0.0129	8.45%	0.0268	17.50%
2002	0.1453	0.1066	73.34%	0.0129	8.87%	0.0258	17.79%

续表

组内差距 / 年份	组内差距	东部		中部		西部	
		差距	贡献率	差距	贡献率	差距	贡献率
2003	0.1577	0.1165	73.86%	0.0112	7.12%	0.0300	19.03%
2004	0.1546	0.1187	76.80%	0.0093	6.04%	0.0265	17.17%
2005	0.1437	0.1129	78.53%	0.0102	7.11%	0.0206	14.36%
2006	0.1298	0.1046	80.60%	0.0108	8.28%	0.0144	11.12%
2007	0.1232	0.0959	77.87%	0.0091	7.40%	0.0181	14.73%
2008	0.1123	0.0851	75.77%	0.0091	8.10%	0.0181	16.13%
2009	0.1073	0.0794	73.98%	0.0093	8.67%	0.0186	17.35%
2010	0.1046	0.0747	71.36%	0.0108	10.30%	0.0192	18.35%
2011	0.0993	0.0669	67.33%	0.0083	8.39%	0.0241	24.28%
2012	0.0803	0.0551	68.66%	0.0080	9.92%	0.0172	21.42%
2013	0.0744	0.0517	69.51%	0.0059	7.97%	0.0168	22.53%
2014	0.0845	0.0399	47.16%	0.0057	6.79%	0.0389	46.06%
2015	0.0791	0.0349	44.14%	0.0073	9.20%	0.0369	46.66%
2016	0.0792	0.0363	45.87%	0.0072	9.06%	0.0357	45.06%
2017	0.0913	0.0386	42.30%	0.0061	6.66%	0.0466	51.04%
2018	0.0913	0.0409	44.82%	0.0042	4.57%	0.0462	50.62%
均值			68.09%		7.65%		24.33%

附录 J

1996—2018 年 31 省区市初中生均预算内经费

单位：元/人

地区	1996 年	1997 年	1998 年	1999 年	2000 年	2001 年	2002 年	2003 年	2004 年	2005 年	2006 年	2007 年
北京市	1852.77	2286.82	2016.46	2171.99	2467.93	2897.05	3340.29	3793.11	4746.75	5706.57	8049.15	11411.37
天津市	1240.85	1305.93	1268.45	1458.54	1679.98	1880.12	1983.89	2329.43	2726.10	3605.17	4477.27	5620.14
河北省	414.78	431.87	453.49	497.56	555.75	657.29	795.83	865.21	1081.27	1404.03	1718.39	2377.30
山西省	505.42	528.08	522.77	563.08	628.85	818.51	899.20	960.54	1080.64	1398.11	1720.25	2368.21
内蒙古自治区	589.58	645.57	675.17	669.90	684.85	888.89	1156.04	1239.20	1532.67	1999.80	2370.55	3195.78
辽宁省	676.35	707.21	834.61	899.35	934.19	954.42	1144.38	1327.35	1731.35	2165.20	2809.90	3514.59
吉林省	653.95	726.97	763.96	756.26	784.97	956.86	1119.98	1141.59	1362.94	1681.15	2147.23	2940.24
黑龙江省	581.29	604.82	623.59	686.70	740.98	975.32	1127.57	1291.71	1499.69	1919.67	2501.42	3289.69
上海市	2006.68	2471.28	2543.03	2666.93	2861.90	3438.17	4349.10	5523.96	7014.04	8934.52	10459.78	13377.01
江苏省	643.04	730.58	814.86	911.04	940.81	1114.68	1192.81	1270.11	1504.35	1849.71	2299.87	3661.02
浙江省	572.91	645.59	779.01	889.70	1030.25	1402.60	1777.73	2242.44	2832.04	3278.34	3916.27	4931.98
安徽省	370.74	416.73	434.59	454.27	458.63	578.39	686.00	697.08	809.56	935.33	1229.98	1818.27
福建省	644.28	695.24	690.02	739.40	814.90	923.73	1098.55	1188.24	1370.61	1512.56	1965.05	2653.21
江西省	381.42	391.83	397.39	433.23	469.23	584.96	696.05	745.76	883.98	1120.44	1378.95	2105.14
山东省	482.18	521.92	547.68	583.90	642.47	744.22	922.06	1101.80	1381.30	1815.25	2292.39	3391.69
河南省	390.18	439.42	429.01	424.65	425.90	517.51	608.54	649.41	773.38	932.28	1210.74	1926.00

续表

地区	1996 年	1997 年	1998 年	1999 年	2000 年	2001 年	2002 年	2003 年	2004 年	2005 年	2006 年	2007 年
湖北省	462.24	488.12	507.30	515.12	555.08	651.92	801.86	828.11	986.95	1151.98	1442.97	2234.79
湖南省	474.22	474.70	392.94	446.13	468.77	557.62	767.03	822.53	1022.89	1361.73	1847.96	2681.66
广东省	771.62	765.89	848.24	872.19	1012.09	1143.13	1492.08	1776.47	1929.06	2054.45	2403.45	2848.53
广西壮族自治区	363.18	366.55	409.51	438.54	496.94	660.03	841.06	859.58	967.15	1127.13	1558.44	2044.88
海南省	722.38	682.88	671.02	731.13	719.76	893.29	1022.32	993.56	1252.39	1617.40	1866.57	2619.85
重庆市	0.00	551.23	616.94	590.48	531.40	668.42	794.69	821.22	1007.63	1304.78	1553.68	2208.94
四川省	505.47	519.82	536.90	503.77	514.94	637.61	737.33	739.44	850.50	947.43	1403.36	2016.29
贵州省	356.60	360.69	374.53	411.71	450.20	584.90	664.45	715.66	821.72	1039.17	1251.72	1760.46
云南省	864.00	968.70	961.58	922.98	930.71	1044.81	1122.09	1187.69	1349.63	1526.38	1805.22	2235.38
西藏自治区	3659.81	24841.82	3052.71	3572.57	2838.34	4109.71	2958.07	4361.64	4829.82	5190.30	4152.15	6701.42
陕西省	471.32	479.91	465.93	508.05	515.94	664.97	749.09	769.03	937.77	1102.68	1512.26	2188.59
甘肃省	466.75	539.91	543.99	609.38	616.22	751.43	862.25	845.68	993.91	1216.92	1645.33	2080.79
青海省	854.77	1109.37	986.73	1148.71	1132.32	1354.30	1574.69	1523.66	1685.64	2179.02	2399.39	3023.56
宁夏回族自治区	538.79	555.96	617.34	720.00	774.18	1103.18	1204.03	1143.30	1353.99	1710.20	1945.85	2698.31
新疆维吾尔自治区	915.46	904.79	917.44	863.28	938.42	1234.52	1535.33	1514.17	1530.54	1932.56	2616.28	3310.66

续表

地区	2008 年	2009 年	2010 年	2011 年	2012 年	2013 年	2014 年	2015 年	2016 年	2017 年	2018 年
北京市	14379.95	17348.52	24203.46	29052.63	31675.63	35082.16	38300.08	42204.04	47773.73	58509.67	61061.29
天津市	8351.65	11083.16	14914.89	18229.86	21796.49	24156.26	27117.71	28441.84	30598.79	30949.79	32417.47
河北省	3398.88	4420.46	5343.92	6321.74	7467.39	7660.70	7910.15	9678.62	10634.67	11493.90	11957.52
山西省	3279.45	4190.69	4889.85	5985.08	6831.28	8007.91	9062.99	11578.75	12361.23	13605.89	14436.18
内蒙古自治区	4808.89	6421.99	8160.36	9373.83	10635.21	11980.77	12461.59	14957.24	16547.85	16574.32	16670.30
辽宁省	4568.23	5621.86	7116.94	9680.51	12146.55	12001.51	23866.95	31063.18	32450.00	34963.37	32530.28
吉林省	4229.90	5519.56	6931.71	8534.43	10690.89	11594.07	12854.39	15906.64	16927.04	17815.45	17082.61
黑龙江省	4111.24	4932.78	5788.93	6844.29	10003.23	10644.79	12629.40	14508.82	15690.59	16005.58	15770.44
上海市	15930.66	18484.31	20276.10	22643.57	24746.79	26596.87	25830.64	27914.60	30519.12	31416.28	33931.41
江苏省	4877.67	6094.32	8585.05	10183.52	12517.36	15141.58	16691.89	19088.59	21277.22	22468.79	21595.75
浙江省	5971.53	7011.07	8455.78	10159.63	11562.19	12692.01	31637.45	36745.53	39718.18	43427.87	46862.96
安徽省	2504.03	3189.79	4109.50	5858.07	7714.55	9058.85	9467.72	11237.96	12619.54	13378.04	15110.54
福建省	3627.85	4602.48	5901.76	7494.80	9432.42	10649.48	26076.71	28425.35	30628.81	34694.87	37615.09
江西省	2694.39	3283.63	3477.13	4993.45	6775.06	8127.51	9204.36	9947.09	10803.95	11525.57	12426.77
山东省	4161.60	4931.50	6155.78	7778.98	9323.21	10184.25	29807.16	35410.13	39003.12	40075.87	39639.29
河南省	2476.43	3026.85	3470.75	4616.39	5966.18	6649.87	7291.54	7467.69	7952.87	9166.17	10042.40

续表

地区	2008 年	2009 年	2010 年	2011 年	2012 年	2013 年	2014 年	2015 年	2016 年	2017 年	2018 年	
湖北省	3229.50	4224.20	4641.97	5605.95	7783.29	9032.59	11701.57	14440.74	17271.97	18635.99	17416.46	
湖南省	3693.56	4705.46	5067.10	6086.42	8474.80	9182.66	10235.09	10655.53	12007.69	12689.87	12930.65	
广东省	3191.66	3534.79	4111.73	5065.69	6300.53	7754.81	32864.44	38194.09	43678.09	52715.76	66420.33	
广西壮族自治区	2761.56	3478.23	4419.16	5609.15	6814.39	7079.39	7615.29	8937.68	9833.65	10245.18	10644.42	
海南省	3834.32	5048.79	6022.78	8056.37	9793.23	10362.45	10937.15	13303.87	14705.14	15224.33	16864.04	
重庆市	3009.87	3810.79	4545.68	6002.60	8142.84	7880.72	9542.30	11220.37	12352.60	15230.17	16161.57	
四川省	2829.76	3643.23	4308.86	5334.66	7267.83	8583.22	9361.37	11700.08	12291.68	13563.22	13878.40	
贵州省	2266.43	2772.40	3279.70	4225.72	5594.64	6388.63	7055.71	8867.19	10318.11	11402.08	12367.58	
云南省	3273.24	4311.09	4649.15	5055.86	6364.60	7347.78	7869.93	9652.76	10957.44	12892.14	13927.28	
西藏自治区	7452.07	8202.72	7317.37	9895.80	12611.19	13558.23	18182.55	25661.40	25639.67	29983.69	32719.86	
陕西省	3701.08	5213.57	5522.27	7653.36	11054.02	11659.08	12636.93	13875.60	14329.44	15569.95	16335.75	
甘肃省	3046.55	4012.31	4575.79	5343.92	6869.06	7846.20	8680.94	10600.72	11898.60	12720.83	13234.76	
青海省	4806.22	6588.88	8528.01	11388.71	14144.77	11672.32	14661.78	16131.87	16733.37	18032.12	19199.67	
宁夏回族自治区	4111.01	5523.70	6364.35	7330.19	8361.20	9119.88	10300.41	11370.01	12140.27	13877.27	13563.60	
新疆维吾尔自治区	5144.06	6977.45	8457.75	10878.71	12939.44	15477.12	15237.07	17546.81	18213.03	19017.91	19468.47	

附录 K

1996—2018 年初中财政生均教育经费 GE 指数表

年份 \ GE 指数	MLD 指数					Theil 指数				
	组内		组间		两者之和	组内		组间		两者之和
	差距	贡献率	差距	贡献率		差距	贡献率	差距	贡献率	
1996	0. 1532	81. 64%	0. 0344	18. 36%	0. 1876	0. 2048	87. 00%	0. 0306	13. 00%	0. 2354
1997	0. 5136	70. 36%	0. 2163	29. 64%	0. 7299	1. 0128	83. 88%	0. 1947	16. 12%	1. 2075
1998	0. 1316	79. 51%	0. 0339	20. 49%	0. 1655	0. 1667	84. 56%	0. 0304	15. 44%	0. 1971
1999	0. 1391	78. 97%	0. 0370	21. 03%	0. 1761	0. 1795	84. 44%	0. 0331	15. 56%	0. 2126
2000	0. 1214	75. 58%	0. 0392	24. 42%	0. 1607	0. 1501	80. 46%	0. 0365	19. 54%	0. 1866
2001	0. 1305	78. 99%	0. 0347	21. 01%	0. 1652	0. 1648	83. 93%	0. 0316	16. 07%	0. 1964
2002	0. 1009	74. 41%	0. 0347	25. 59%	0. 1355	0. 1247	79. 03%	0. 0331	20. 97%	0. 1578
2003	0. 1346	75. 40%	0. 0439	24. 60%	0. 1785	0. 1708	80. 44%	0. 0415	19. 56%	0. 2124
2004	0. 1327	72. 11%	0. 0513	27. 89%	0. 1841	0. 1722	77. 64%	0. 0496	22. 36%	0. 2217
2005	0. 1283	70. 75%	0. 0530	29. 25%	0. 1813	0. 1663	76. 14%	0. 0521	23. 86%	0. 2184
2006	0. 1038	64. 42%	0. 0574	35. 58%	0. 1612	0. 1406	70. 79%	0. 0580	29. 21%	0. 1985
2007	0. 1011	66. 80%	0. 0503	33. 20%	0. 1514	0. 1367	72. 78%	0. 0512	27. 22%	0. 1879
2008	0. 0863	67. 42%	0. 0417	32. 58%	0. 1279	0. 1126	72. 74%	0. 0422	27. 26%	0. 1548
2009	0. 0815	68. 75%	0. 0371	31. 25%	0. 1186	0. 1029	73. 36%	0. 0374	26. 64%	0. 1402
2010	0. 0821	62. 19%	0. 0499	37. 81%	0. 1320	0. 1060	67. 69%	0. 0506	32. 31%	0. 1567
2011	0. 0758	63. 04%	0. 0444	36. 96%	0. 1202	0. 0960	68. 05%	0. 0451	31. 95%	0. 1411
2012	0. 0664	68. 59%	0. 0304	31. 41%	0. 0968	0. 0802	72. 14%	0. 0310	27. 86%	0. 1112

续表

GE 指数 / 年份	MLD 指数					Theil 指数				
	组内		组间		两者之和	组内		组间		两者之和
	差距	贡献率	差距	贡献率		差距	贡献率	差距	贡献率	
2013	0.0636	68.69%	0.0290	31.31%	0.0926	0.0786	72.59%	0.0297	27.41%	0.1083
2014	0.0854	62.97%	0.0502	37.03%	0.1357	0.0900	64.10%	0.0504	35.90%	0.1404
2015	0.0848	64.62%	0.0465	35.38%	0.1313	0.0886	65.68%	0.0463	34.32%	0.1348
2016	0.0848	64.77%	0.0461	35.23%	0.1310	0.0899	66.06%	0.0462	33.94%	0.1360
2017	0.0926	66.99%	0.0456	33.01%	0.1382	0.1020	69.38%	0.0450	30.62%	0.1470
2018	0.1027	69.70%	0.0447	30.30%	0.1474	0.1177	73.19%	0.0431	26.81%	0.1608

附录 L　　1996—2018 年初中生均财政教育经费 Theil 指数组内差距分解表

组内差距 / 年份	组内差距	东部		中部		西部	
		差距	贡献率	差距	贡献率	差距	贡献率
1996	0.2048	0.0695	33.93%	0.0031	1.51%	0.1322	64.56%
1997	1.0128	0.0485	4.79%	0.0017	0.17%	0.9626	95.04%
1998	0.1667	0.0767	46.02%	0.0042	2.51%	0.0858	51.47%
1999	0.1795	0.0745	41.50%	0.0035	1.98%	0.1015	56.52%
2000	0.1501	0.0810	53.93%	0.0040	2.64%	0.0652	43.43%
2001	0.1648	0.0768	46.58%	0.0046	2.82%	0.0834	50.60%
2002	0.1247	0.0830	66.59%	0.0039	3.13%	0.0378	30.28%

续表

年份 \ 组内差距	组内差距	东部		中部		西部	
		差距	贡献率	差距	贡献率	差距	贡献率
2003	0.1708	0.1018	59.60%	0.0042	2.46%	0.0648	37.94%
2004	0.1722	0.1117	64.86%	0.0040	2.31%	0.0565	32.83%
2005	0.1663	0.1163	69.92%	0.0049	2.93%	0.0451	27.14%
2006	0.1406	0.1167	83.05%	0.0054	3.81%	0.0185	13.14%
2007	0.1367	0.1089	79.65%	0.0034	2.49%	0.0244	17.87%
2008	0.1126	0.0916	81.33%	0.0035	3.12%	0.0175	15.55%
2009	0.1029	0.0826	80.35%	0.0038	3.72%	0.0164	15.94%
2010	0.1060	0.0866	81.71%	0.0045	4.21%	0.0149	14.08%
2011	0.0960	0.0758	78.97%	0.0030	3.09%	0.0172	17.93%
2012	0.0802	0.0613	76.45%	0.0034	4.27%	0.0155	19.29%
2013	0.0786	0.0641	81.54%	0.0025	3.24%	0.0120	15.23%
2014	0.0900	0.0528	58.70%	0.0027	2.95%	0.0345	38.35%
2015	0.0886	0.0486	54.83%	0.0041	4.67%	0.0359	40.51%
2016	0.0899	0.0488	54.36%	0.0046	5.08%	0.0364	40.56%
2017	0.1020	0.0549	53.83%	0.0038	3.72%	0.0433	42.45%
2018	0.1177	0.0544	46.26%	0.0022	1.87%	0.0610	51.88%
均值			60.81%		2.99%		36.20%

附录 M

1986—2018 年 31 省区市小学生师比

地区	1986 年	1987 年	1988 年	1989 年	1990 年	1991 年	1992 年	1993 年	1994 年	1995 年	1996 年	1997 年	1998 年	1999 年	2000 年	2001 年	2002 年
北京市	13.36	14.14	15.29	15.00	14.59	14.10	14.14	13.89	13.60	13.28	13.01	12.27	11.29	10.36	9.66	8.97	8.65
天津市	14.04	14.30	14.64	15.07	14.84	14.59	14.46	14.34	14.15	14.14	14.14	13.66	13.10	12.59	12.03	11.56	11.13
河北省	22.52	23.06	23.68	24.29	24.62	25.65	26.35	27.63	29.04	29.39	28.79	27.46	25.48	23.03	20.98	18.98	17.19
山西省	17.37	16.96	16.71	16.63	16.54	16.84	17.04	17.28	17.32	17.73	18.02	18.15	17.80	17.52	17.62	17.90	17.94
内蒙古自治区	14.58	14.09	13.80	13.50	13.54	13.53	13.57	13.60	13.55	13.45	13.56	14.51	13.83	13.50	12.75	12.54	11.94
辽宁省	17.45	16.87	16.77	16.34	15.76	15.04	15.38	15.78	15.77	16.12	16.63	17.06	16.48	15.90	15.26	14.92	14.47
吉林省	17.21	16.55	15.89	15.45	14.87	14.61	14.44	14.65	14.79	15.20	15.85	15.49	14.76	13.95	13.01	11.92	11.00
黑龙江省	18.12	17.07	16.71	15.90	15.40	15.05	15.07	15.13	15.04	15.09	15.03	14.25	13.09	12.76	12.33	11.72	11.73
上海市	13.49	14.03	14.59	14.68	14.77	15.09	15.74	15.58	15.30	15.03	14.65	14.38	13.59	12.83	12.28	11.94	12.09
江苏省	22.06	21.37	20.70	20.03	19.30	19.01	19.35	19.82	20.57	21.60	22.84	23.66	23.41	22.46	21.52	20.63	19.50
浙江省	23.48	23.19	23.32	25.04	24.23	23.53	23.58	23.69	22.92	22.32	21.89	21.27	20.73	20.14	19.63	19.47	19.40
安徽省	24.32	23.39	22.43	21.46	20.93	20.57	20.66	20.87	20.98	21.45	21.90	22.08	21.89	22.28	23.72	24.00	23.64
福建省	20.18	19.63	19.51	19.32	19.58	20.03	20.47	20.69	20.85	21.09	21.16	20.59	19.55	18.71	18.28	17.60	16.50
江西省	23.46	21.52	20.10	18.87	17.93	17.47	17.23	17.38	17.76	18.24	18.62	18.69	18.51	18.04	18.08	18.42	18.84
山东省	20.03	19.20	18.73	18.33	18.22	18.34	19.03	19.96	20.60	20.96	21.13	20.33	19.30	17.60	16.53	15.98	15.64
河南省	21.20	20.70	20.61	20.15	23.23	23.23	23.18	23.71	24.57	25.64	26.50	26.26	24.93	23.10	21.27	20.95	20.49

续表

地区	1986 年	1987 年	1988 年	1989 年	1990 年	1991 年	1992 年	1993 年	1994 年	1995 年	1996 年	1997 年	1998 年	1999 年	2000 年	2001 年	2002 年
湖北省	19.82	19.39	18.89	18.60	18.39	18.19	18.46	19.07	19.64	20.28	22.75	22.85	22.70	22.26	22.29	21.84	20.90
湖南省	22.65	21.91	21.42	21.10	20.96	21.31	21.69	22.39	23.17	24.05	24.68	23.80	22.15	20.48	19.45	18.08	16.99
广东省	21.34	21.51	22.01	22.68	23.14	23.42	23.64	23.93	23.44	22.90	22.62	22.72	22.23	22.10	22.23	22.41	22.94
广西壮族自治区	22.97	22.70	23.42	24.24	25.39	26.14	26.72	27.83	28.19	28.07	27.61	26.46	24.66	23.29	23.02	21.89	20.93
海南省	0.00	19.95	19.95	20.54	21.21	21.40	21.85	22.37	22.41	21.68	18.97	18.96	18.63	18.40	18.70	18.52	18.39
重庆市	0.00	0.00	0.00	0.00	0.00	0.00	0.00	0.00	0.00	0.00	21.04	21.12	20.69	20.69	20.78	21.15	21.52
四川省	24.85	22.67	20.74	19.14	18.36	18.36	19.00	19.55	20.24	21.22	22.38	22.52	22.06	21.72	21.91	21.79	21.57
贵州省	25.82	25.13	24.45	23.75	23.44	23.90	24.30	24.75	25.96	26.96	27.59	27.92	27.24	26.71	26.23	25.47	24.88
云南省	26.41	25.45	23.99	23.44	23.19	23.17	23.02	23.14	23.47	23.63	23.58	23.14	22.20	20.95	19.68	19.00	18.74
西藏自治区	15.79	15.76	15.31	15.94	17.88	19.85	19.85	18.80	18.36	19.33	20.37	21.16	21.53	22.52	24.14	23.44	23.39
陕西省	18.46	23.17	18.29	18.30	18.69	19.35	20.07	21.12	22.54	23.90	24.61	24.31	25.11	24.12	23.06	21.26	19.45
甘肃省	20.22	19.53	18.51	18.28	18.22	18.55	18.58	19.30	19.99	20.91	21.79	22.42	23.20	24.10	24.94	25.02	24.50
青海省	19.55	19.06	18.04	17.16	16.53	16.02	15.54	15.27	15.55	15.69	15.98	16.53	17.19	17.19	17.08	17.15	17.07
宁夏回族自治区	25.70	25.28	23.67	22.48	22.06	20.30	19.84	18.93	18.54	18.55	18.64	18.62	18.27	17.97	18.01	18.62	18.68
新疆维吾尔自治区	17.13	16.83	16.78	16.68	17.40	17.44	17.51	17.55	17.68	17.55	17.52	17.60	17.23	16.55	16.34	15.80	15.40

续表

地区	2003 年	2004 年	2005 年	2006 年	2007 年	2008 年	2009 年	2010 年	2011 年	2012 年	2013 年	2014 年	2015 年	2016 年	2017 年	2018 年
北京市	8.30	10.58	10.31	9.82	13.83	13.54	13.14	13.20	13.38	13.70	14.36	14.44	14.35	14.05	13.58	13.65
天津市	10.88	13.17	12.98	12.94	13.28	13.54	13.37	13.56	13.84	14.09	14.42	14.71	14.98	15.19	15.06	15.03
河北省	15.70	16.84	15.63	16.34	14.73	15.02	15.21	16.04	17.09	17.74	17.13	16.92	17.59	17.66	17.42	17.32
山西省	17.41	18.79	18.22	14.23	17.14	16.62	15.73	15.28	14.68	14.20	12.72	12.70	13.12	13.24	13.49	13.60
内蒙古自治区	11.65	13.34	13.42	17.49	13.75	13.48	13.00	12.60	12.36	12.09	11.85	12.09	12.91	13.47	13.30	13.33
辽宁省	14.33	16.71	16.30	20.72	15.96	15.67	15.07	14.85	14.91	14.72	14.33	14.07	14.28	14.16	13.88	14.27
吉林省	10.50	12.36	11.80	16.48	11.69	11.62	11.39	11.60	11.81	11.94	11.83	11.26	11.63	11.53	11.33	11.27
黑龙江省	11.47	13.21	13.50	16.32	12.84	12.59	12.28	12.42	12.69	12.95	11.28	11.29	11.74	12.05	12.02	11.93
上海市	10.57	14.25	14.24	25.93	13.87	14.42	15.16	15.51	15.81	15.82	15.92	15.60	15.27	14.79	14.35	14.09
江苏省	18.08	19.94	18.56	14.92	16.61	16.02	15.55	15.98	16.38	16.74	16.86	17.45	17.98	18.06	17.99	17.73
浙江省	19.55	21.51	21.11	17.47	20.26	19.80	19.11	19.39	19.73	19.32	19.05	18.62	18.33	17.75	17.26	17.14
安徽省	22.65	23.76	22.51	11.57	21.57	20.73	19.59	18.74	18.23	16.76	17.18	17.45	17.73	17.90	17.98	18.32
福建省	15.75	16.78	16.42	13.10	16.05	15.41	15.29	15.25	15.84	16.42	16.82	17.30	17.74	18.00	18.19	18.68
江西省	19.09	19.87	19.85	21.78	21.08	21.41	20.98	21.00	21.25	21.13	19.70	19.64	19.56	19.29	18.63	17.95
山东省	15.30	16.57	16.29	20.45	16.40	16.32	16.07	16.24	16.67	16.41	16.16	16.67	17.02	16.91	16.79	16.86
河南省	20.10	21.19	20.75	20.85	21.09	21.36	21.51	21.83	22.04	21.72	19.01	18.80	18.71	19.08	18.63	18.18
湖北省	19.83	21.42	19.90	18.69	18.07	17.92	18.13	18.64	19.37	17.04	16.70	16.12	16.78	17.13	17.44	18.01

续表

地区	2003 年	2004 年	2005 年	2006 年	2007 年	2008 年	2009 年	2010 年	2011 年	2012 年	2013 年	2014 年	2015 年	2016 年	2017 年	2018 年
湖南省	16.42	17.42	17.06	17.34	17.79	18.32	18.74	19.16	19.59	19.19	19.00	19.10	19.62	19.78	19.24	19.01
广东省	23.03	26.47	26.42	20.28	24.55	22.96	21.22	19.70	19.01	18.69	18.47	18.31	18.54	18.60	18.55	18.64
广西壮族自治区	20.45	23.46	22.11	13.41	20.96	20.40	19.78	19.53	19.50	19.64	19.77	19.87	19.83	19.41	18.77	18.50
海南省	18.07	19.99	20.88	22.24	18.79	17.24	15.93	14.99	14.84	14.68	14.67	14.99	15.54	16.18	16.26	16.40
重庆市	21.37	23.85	22.83	22.19	19.90	18.83	17.72	17.23	16.95	17.04	17.27	17.48	17.44	17.05	16.76	16.56
四川省	21.58	23.92	23.27	23.52	22.75	21.09	20.13	19.37	18.98	18.39	17.21	17.43	17.59	17.48	16.98	16.84
贵州省	24.90	26.52	25.79	25.13	24.29	23.49	22.94	21.90	20.74	19.20	18.43	17.96	17.90	17.93	17.92	17.89
云南省	18.95	20.12	20.13	20.37	20.36	19.89	19.00	18.32	18.06	17.40	17.03	16.94	16.80	16.59	16.51	16.62
西藏自治区	22.74	24.02	22.95	20.65	18.00	17.24	16.33	15.84	15.45	15.49	15.65	14.56	13.99	14.37	15.43	14.54
陕西省	18.18	19.73	18.22	17.61	16.70	15.84	15.22	14.90	14.83	14.06	13.96	14.21	14.93	15.48	15.86	16.18
甘肃省	23.66	24.51	23.20	22.03	20.75	19.03	18.05	16.89	15.57	14.71	13.30	12.83	12.84	12.91	13.07	13.24
青海省	17.72	18.42	18.45	18.56	19.46	19.70	19.90	19.52	19.77	19.10	17.60	18.28	17.15	17.34	17.02	17.68
宁夏回族自治区	19.32	19.99	20.53	21.05	21.23	20.98	20.07	19.68	19.32	17.98	17.70	17.65	17.28	17.09	16.98	16.86
新疆维吾尔自治区	14.76	16.44	15.91	15.57	15.41	15.15	14.70	14.45	14.20	13.96	13.48	13.39	14.15	14.75	14.91	15.30

附录 N

1986—2018 年 31 省区市小学生师比 GE 指数表

年份 \ GE 指数	MLD 指数					Theil 指数				
	组内		组间		两者之和	组内		组间		两者之和
	差距	贡献率	差距	贡献率		差距	贡献率	差距	贡献率	
1986	0. 0175	94. 95%	0. 0009	5. 05%	0. 0184	0. 0169	94. 82%	0. 0009	5. 18%	0. 0178
1987	0. 0151	95. 09%	0. 0008	4. 91%	0. 0159	0. 0146	94. 94%	0. 0008	5. 06%	0. 0154
1988	0. 0135	99. 48%	0. 0001	0. 52%	0. 0136	0. 0133	99. 48%	0. 0001	0. 52%	0. 0134
1989	0. 0141	98. 87%	0. 0002	1. 13%	0. 0142	0. 0140	98. 87%	0. 0002	1. 13%	0. 0141
1990	0. 0153	98. 90%	0. 0002	1. 10%	0. 0155	0. 0152	98. 90%	0. 0002	1. 10%	0. 0154
1991	0. 0167	98. 41%	0. 0003	1. 59%	0. 0169	0. 0165	98. 39%	0. 0003	1. 61%	0. 0168
1992	0. 0173	97. 90%	0. 0004	2. 10%	0. 0177	0. 0171	97. 88%	0. 0004	2. 12%	0. 0175
1993	0. 0192	98. 16%	0. 0004	1. 84%	0. 0196	0. 0191	98. 15%	0. 0004	1. 85%	0. 0194
1994	0. 0215	98. 80%	0. 0003	1. 20%	0. 0218	0. 0213	98. 79%	0. 0003	1. 21%	0. 0215
1995	0. 0228	99. 56%	0. 0001	0. 44%	0. 0229	0. 0224	99. 55%	0. 0001	0. 45%	0. 0225
1996	0. 0226	99. 47%	0. 0001	0. 53%	0. 0227	0. 0219	99. 46%	0. 0001	0. 54%	0. 0221
1997	0. 0219	97. 99%	0. 0005	2. 01%	0. 0224	0. 0211	97. 91%	0. 0005	2. 09%	0. 0215
1998	0. 0227	95. 27%	0. 0011	4. 73%	0. 0239	0. 0214	94. 99%	0. 0011	5. 01%	0. 0226
1999	0. 0229	91. 22%	0. 0022	8. 78%	0. 0251	0. 0212	90. 61%	0. 0022	9. 39%	0. 0234
2000	0. 0252	88. 49%	0. 0033	11. 51%	0. 0285	0. 0232	87. 62%	0. 0033	12. 38%	0. 0265
2001	0. 0264	86. 21%	0. 0042	13. 79%	0. 0306	0. 0240	85. 07%	0. 0042	14. 93%	0. 0282
2002	0. 0268	83. 94%	0. 0051	16. 06%	0. 0319	0. 0243	82. 61%	0. 0051	17. 39%	0. 0295

续表

GE 指数 / 年份	MLD 指数					Theil 指数				
	组内		组间		两者之和	组内		组间		两者之和
	差距	贡献率	差距	贡献率		差距	贡献率	差距	贡献率	
2003	0.0280	80.94%	0.0066	19.06%	0.0346	0.0252	79.29%	0.0066	20.71%	0.0318
2004	0.0213	82.33%	0.0046	17.67%	0.0259	0.0201	81.31%	0.0046	18.69%	0.0247
2005	0.0201	81.01%	0.0047	18.99%	0.0249	0.0189	79.92%	0.0048	20.08%	0.0237
2006	0.0210	84.95%	0.0037	15.05%	0.0247	0.0197	83.95%	0.0038	16.05%	0.0234
2007	0.0150	82.29%	0.0032	17.71%	0.0182	0.0145	81.86%	0.0032	18.14%	0.0178
2008	0.0138	85.01%	0.0024	14.99%	0.0163	0.0135	84.74%	0.0024	15.26%	0.0159
2009	0.0136	87.87%	0.0019	12.13%	0.0154	0.0132	87.68%	0.0019	12.32%	0.0151
2010	0.0130	92.59%	0.0010	7.41%	0.0140	0.0127	92.52%	0.0010	7.48%	0.0138
2011	0.0130	96.36%	0.0005	3.64%	0.0135	0.0128	96.30%	0.0005	3.70%	0.0132
2012	0.0118	99.24%	0.0001	0.76%	0.0118	0.0116	99.23%	0.0001	0.77%	0.0117
2013	0.0116	99.57%	0.0001	0.43%	0.0117	0.0112	99.47%	0.0001	0.53%	0.0113
2014	0.0122	98.86%	0.0001	1.14%	0.0123	0.0117	98.82%	0.0001	1.18%	0.0118
2015	0.0106	98.41%	0.0002	1.59%	0.0107	0.0102	98.36%	0.0002	1.64%	0.0104
2016	0.0098	99.19%	0.0001	0.81%	0.0099	0.0095	99.16%	0.0001	0.84%	0.0096
2017	0.0092	99.78%	0.0000	0.22%	0.0092	0.0089	99.77%	0.0000	0.23%	0.0089
2018	0.0091	99.67%	0.0000	0.33%	0.0091	0.0087	99.66%	0.0000	0.34%	0.0088

附录 O　1986—2018 年 31 省区市小学生师比 Theil 指数组内差距分解表

年份＼组内差距	组内差距	东部		中部		西部	
		差距	贡献率	差距	贡献率	差距	贡献率
1986	0.0169	0.0070	41.56%	0.0023	13.71%	0.0075	44.74%
1987	0.0146	0.0059	40.34%	0.0020	13.85%	0.0067	45.84%
1988	0.0133	0.0055	41.52%	0.0019	14.21%	0.0059	44.24%
1989	0.0140	0.0068	48.71%	0.0018	12.87%	0.0054	38.38%
1990	0.0152	0.0076	50.01%	0.0029	18.85%	0.0047	31.12%
1991	0.0165	0.0088	52.92%	0.0031	18.60%	0.0047	28.50%
1992	0.0171	0.0090	52.62%	0.0032	18.68%	0.0049	28.71%
1993	0.0191	0.0103	54.15%	0.0034	18.07%	0.0053	27.82%
1994	0.0213	0.0114	53.82%	0.0039	18.51%	0.0059	27.66%
1995	0.0224	0.0115	51.49%	0.0044	19.58%	0.0065	28.93%
1996	0.0219	0.0111	50.55%	0.0049	22.22%	0.0061	28.01%
1997	0.0211	0.0103	49.13%	0.0050	23.55%	0.0058	27.32%
1998	0.0214	0.0101	47.28%	0.0052	24.19%	0.0061	28.53%
1999	0.0212	0.0097	45.75%	0.0050	23.61%	0.0065	30.63%
2000	0.0232	0.0099	42.69%	0.0058	24.86%	0.0075	32.42%
2001	0.0240	0.0097	40.52%	0.0069	28.84%	0.0073	30.63%
2002	0.0243	0.0091	37.42%	0.0073	29.95%	0.0079	32.63%
2003	0.0252	0.0098	38.76%	0.0072	28.76%	0.0082	32.49%

续表

组内差距 / 年份	组内差距	东部		中部		西部	
		差距	贡献率	差距	贡献率	差距	贡献率
2004	0.0201	0.0071	35.47%	0.0053	26.58%	0.0076	37.93%
2005	0.0189	0.0069	36.65%	0.0048	25.29%	0.0072	38.06%
2006	0.0197	0.0120	61.04%	0.0041	20.92%	0.0035	18.03%
2007	0.0145	0.0036	24.69%	0.0052	35.89%	0.0057	39.41%
2008	0.0135	0.0028	20.99%	0.0055	41.00%	0.0051	38.05%
2009	0.0132	0.0024	18.21%	0.0058	44.14%	0.0050	37.68%
2010	0.0127	0.0024	18.79%	0.0059	46.06%	0.0045	35.14%
2011	0.0128	0.0024	19.04%	0.0059	46.42%	0.0043	33.43%
2012	0.0116	0.0023	20.20%	0.0055	47.36%	0.0038	32.40%
2013	0.0112	0.0021	18.73%	0.0055	48.56%	0.0037	32.66%
2014	0.0117	0.0021	17.59%	0.0058	49.43%	0.0039	32.99%
2015	0.0102	0.0020	19.70%	0.0052	51.37%	0.0029	28.91%
2016	0.0095	0.0020	20.55%	0.0052	54.69%	0.0024	24.76%
2017	0.0089	0.0021	23.46%	0.0048	54.21%	0.0020	22.38%
2018	0.0087	0.0020	22.84%	0.0047	53.58%	0.0021	23.60%
均值			36.88%		30.86%		32.24%

附录 P

1986—2018 年 31 省区市初中生师比

地区	1986 年	1987 年	1988 年	1989 年	1990 年	1991 年	1992 年	1993 年	1994 年	1995 年	1996 年	1997 年	1998 年	1999 年
北京市	13.36	14.14	15.29	15.00	14.59	14.10	14.14	13.89	13.60	13.28	13.01	12.27	11.29	10.36
天津市	14.04	14.30	14.64	15.07	14.84	14.59	14.46	14.34	14.15	14.14	14.14	13.66	13.10	12.59
河北省	22.52	23.06	23.68	24.29	24.62	25.65	26.35	27.63	29.04	29.39	28.79	27.46	25.48	23.03
山西省	17.37	16.96	16.71	16.63	16.54	16.84	17.04	17.28	17.32	17.73	18.02	18.15	17.80	17.52
内蒙古自治区	14.58	14.09	13.80	13.50	13.54	13.53	13.57	13.60	13.55	13.45	13.56	14.51	13.83	13.50
辽宁省	17.45	16.87	16.77	16.34	15.76	15.04	15.38	15.78	15.77	16.12	16.63	17.06	16.48	15.90
吉林省	17.21	16.55	15.89	15.45	14.87	14.61	14.44	14.65	14.79	15.20	15.85	15.49	14.76	13.95
黑龙江省	18.12	17.07	16.71	15.90	15.40	15.05	15.07	15.13	15.04	15.09	15.03	14.25	13.09	12.76
上海市	13.49	14.03	14.59	14.68	14.77	15.09	15.74	15.58	15.30	15.03	14.65	14.38	13.59	12.83
江苏省	22.06	21.37	20.70	20.03	19.30	19.01	19.35	19.82	20.57	21.60	22.84	23.66	23.41	22.46
浙江省	23.48	23.19	23.32	25.04	24.23	23.53	23.58	23.69	22.92	22.32	21.89	21.27	20.73	20.14
安徽省	24.32	23.39	22.43	21.46	20.93	20.57	20.66	20.87	20.98	21.45	21.90	22.08	21.89	22.28
福建省	20.18	19.63	19.51	19.32	19.58	20.03	20.47	20.69	20.85	21.09	21.16	20.59	19.55	18.71
江西省	23.46	21.52	20.10	18.87	17.93	17.47	17.23	17.38	17.76	18.24	18.62	18.69	18.51	18.04
山东省	20.03	19.20	18.73	18.33	18.22	18.34	19.03	19.96	20.60	20.96	21.13	20.33	19.30	17.60
河南省	21.20	20.70	20.61	20.15	23.23	23.23	23.18	23.71	24.57	25.64	26.50	26.26	24.93	23.10

续表

地区	1986 年	1987 年	1988 年	1989 年	1990 年	1991 年	1992 年	1993 年	1994 年	1995 年	1996 年	1997 年	1998 年	1999 年
湖北省	19.82	19.39	18.89	18.60	18.39	18.19	18.46	19.07	19.64	20.28	22.75	22.85	22.70	22.26
湖南省	22.65	21.91	21.42	21.10	20.96	21.31	21.69	22.39	23.17	24.05	24.68	23.80	22.15	20.48
广东省	21.34	21.51	22.01	22.68	23.14	23.42	23.64	23.93	23.44	22.90	22.62	22.72	22.23	22.10
广西壮族自治区	22.97	22.70	23.42	24.24	25.39	26.14	26.72	27.83	28.19	28.07	27.61	26.46	24.66	23.29
海南省	—	19.95	19.95	20.54	21.21	21.40	21.85	22.37	22.41	21.68	18.97	18.96	18.63	18.40
重庆市	—	—	—	—	—	—	—	—	—	—	21.04	21.12	20.69	20.69
四川省	24.85	22.67	20.74	19.14	18.36	18.36	19.00	19.55	20.24	21.22	22.38	22.52	22.06	21.72
贵州省	25.82	25.13	24.45	23.75	23.44	23.90	24.30	24.75	25.96	26.96	27.59	27.92	27.24	26.71
云南省	26.41	25.45	23.99	23.44	23.19	23.17	23.02	23.14	23.47	23.63	23.58	23.14	22.20	20.95
西藏自治区	15.79	15.76	15.31	15.94	17.88	19.85	19.85	18.80	18.36	19.33	20.37	21.16	21.53	22.52
陕西省	18.46	23.17	18.29	18.30	18.69	19.35	20.07	21.12	22.54	23.90	24.61	24.31	25.11	24.12
甘肃省	20.22	19.53	18.51	18.28	18.22	18.55	18.58	19.30	19.99	20.91	21.79	22.42	23.20	24.10
青海省	19.55	19.06	18.04	17.16	16.53	16.02	15.54	15.27	15.55	15.69	15.98	16.53	17.19	17.19
宁夏回族自治区	25.70	25.28	23.67	22.48	22.06	20.30	19.84	18.93	18.54	18.55	18.64	18.62	18.27	17.97
新疆维吾尔自治区	17.13	16.83	16.78	16.68	17.40	17.44	17.51	17.55	17.68	17.55	17.52	17.60	17.23	16.55

续表

地区	2000 年	2001 年	2002 年	2003 年	2004 年	2005 年	2006 年	2007 年	2008 年	2009 年	2010 年	2011 年	2012 年	2013 年
北京市	9.66	8.97	8.65	8.30	11.91	10.34	9.62	11.18	10.83	10.48	10.24	9.90	9.83	9.75
天津市	12.03	11.56	11.13	10.88	14.16	13.14	12.66	12.21	11.54	10.84	10.56	10.13	9.85	10.04
河北省	20.98	18.98	17.19	15.70	18.12	17.09	16.12	15.21	14.16	12.99	12.45	12.47	12.95	12.67
山西省	17.62	17.90	17.94	17.41	16.55	16.06	15.78	15.37	14.82	14.40	14.37	13.77	12.71	11.00
内蒙古自治区	12.75	12.54	11.94	11.65	15.99	15.24	14.90	14.19	13.44	12.96	12.73	12.65	12.01	11.12
辽宁省	15.26	14.92	14.47	14.33	15.38	14.75	14.50	14.44	14.18	13.39	12.64	11.79	11.22	10.64
吉林省	13.01	11.92	11.00	10.50	16.46	15.28	14.32	13.93	13.58	12.78	12.19	11.20	10.41	9.65
黑龙江省	12.33	11.72	11.73	11.47	16.01	15.59	14.62	13.99	13.44	13.03	12.73	12.17	12.04	9.60
上海市	12.28	11.94	12.09	10.57	15.34	13.91	13.20	12.80	12.83	12.67	12.51	12.48	12.29	12.11
江苏省	21.52	20.63	19.50	18.08	19.41	18.13	16.75	15.74	14.83	13.61	12.50	11.41	10.81	10.50
浙江省	19.63	19.47	19.40	19.55	16.43	15.55	15.51	15.74	15.73	14.77	13.87	12.96	12.56	12.58
安徽省	23.72	24.00	23.64	22.65	24.57	23.54	22.33	20.74	19.79	18.50	17.10	15.46	13.23	12.63
福建省	18.28	17.60	16.50	15.75	18.72	17.87	16.76	15.85	15.32	14.23	12.84	11.83	11.59	11.43
江西省	18.08	18.42	18.84	19.09	18.70	17.26	15.82	15.10	15.41	16.05	16.61	16.36	15.85	14.44
山东省	16.53	15.98	15.64	15.30	15.87	14.71	13.85	13.07	13.07	13.15	13.37	13.11	12.54	12.08
河南省	21.27	20.95	20.49	20.10	20.41	19.72	19.00	18.05	17.53	17.06	16.97	16.58	16.07	13.75

续表

地区	2000 年	2001 年	2002 年	2003 年	2004 年	2005 年	2006 年	2007 年	2008 年	2009 年	2010 年	2011 年	2012 年	2013 年
湖北省	22.29	21.84	20.90	19.83	19.63	18.77	17.97	17.05	15.95	14.71	13.91	13.23	11.16	10.94
湖南省	19.45	18.08	16.99	16.42	17.77	15.39	13.54	12.56	12.34	12.31	12.45	12.48	12.33	12.68
广东省	22.23	22.41	22.94	23.03	21.04	20.92	20.78	20.26	20.13	19.63	18.77	17.87	16.18	14.63
广西壮族自治区	23.02	21.89	20.93	20.45	20.79	19.97	19.69	18.84	18.04	17.47	16.88	16.84	16.74	16.68
海南省	18.70	18.52	18.39	18.07	21.08	22.13	21.56	20.50	19.24	18.01	16.82	15.63	14.54	13.73
重庆市	20.78	21.15	21.52	21.37	18.45	18.38	18.78	18.29	18.22	17.37	16.63	15.51	14.29	13.36
四川省	21.91	21.79	21.57	21.58	19.34	18.61	18.96	19.05	18.60	17.57	16.82	16.09	14.92	13.41
贵州省	26.23	25.47	24.88	24.90	21.94	21.11	20.26	19.75	19.53	19.58	19.51	19.23	18.31	18.23
云南省	19.68	19.00	18.74	18.95	19.49	18.81	18.32	18.34	18.17	17.65	17.32	17.21	16.18	15.38
西藏自治区	24.14	23.44	23.39	22.74	19.24	19.38	19.49	17.91	17.15	16.31	15.66	14.95	14.50	13.92
陕西省	23.06	21.26	19.45	18.18	19.31	18.60	18.33	17.48	16.61	15.39	14.10	12.98	11.68	10.88
甘肃省	24.94	25.02	24.50	23.66	19.90	19.67	19.51	18.67	17.88	17.54	16.64	15.22	13.99	12.28
青海省	17.08	17.15	17.07	17.72	16.64	16.84	16.32	15.96	15.15	15.58	15.32	15.18	14.06	13.34
宁夏回族自治区	18.01	18.62	18.68	19.32	17.64	18.43	18.51	17.61	17.84	16.37	16.50	15.90	15.11	14.68
新疆维吾尔自治区	16.34	15.80	15.40	14.76	16.69	15.58	14.60	13.90	13.31	12.62	11.98	11.46	10.98	10.67

附录 Q

1986—2018 年 31 省区市初中生师比 GE 指数表

GE 指数 / 年份	MLD 指数					Theil 指数				
	组内		组间		两者之和	组内		组间		两者之和
	差距	贡献率	差距	贡献率		差距	贡献率	差距	贡献率	
1986	0.0175	94.95%	0.0009	5.05%	0.0184	0.0169	94.82%	0.0009	5.18%	0.0178
1987	0.0151	95.09%	0.0008	4.91%	0.0159	0.0146	94.94%	0.0008	5.06%	0.0154
1988	0.0135	99.48%	0.0001	0.52%	0.0136	0.0133	99.48%	0.0001	0.52%	0.0134
1989	0.0141	98.87%	0.0002	1.13%	0.0142	0.0140	98.87%	0.0002	1.13%	0.0141
1990	0.0153	98.90%	0.0002	1.10%	0.0155	0.0152	98.90%	0.0002	1.10%	0.0154
1991	0.0167	98.41%	0.0003	1.59%	0.0169	0.0165	98.39%	0.0003	1.61%	0.0168
1992	0.0173	97.90%	0.0004	2.10%	0.0177	0.0171	97.88%	0.0004	2.12%	0.0175
1993	0.0192	98.16%	0.0004	1.84%	0.0196	0.0191	98.15%	0.0004	1.85%	0.0194
1994	0.0215	98.80%	0.0003	1.20%	0.0218	0.0213	98.79%	0.0003	1.21%	0.0215
1995	0.0228	99.56%	0.0001	0.44%	0.0229	0.0224	99.55%	0.0001	0.45%	0.0225
1996	0.0226	99.47%	0.0001	0.53%	0.0227	0.0219	99.46%	0.0001	0.54%	0.0221
1997	0.0219	97.99%	0.0005	2.01%	0.0224	0.0211	97.91%	0.0005	2.09%	0.0215
1998	0.0227	95.27%	0.0011	4.73%	0.0239	0.0214	94.99%	0.0011	5.01%	0.0226
1999	0.0229	91.22%	0.0022	8.78%	0.0251	0.0212	90.61%	0.0022	9.39%	0.0234
2000	0.0252	88.49%	0.0033	11.51%	0.0285	0.0232	87.62%	0.0033	12.38%	0.0265
2001	0.0264	86.21%	0.0042	13.79%	0.0306	0.0240	85.07%	0.0042	14.93%	0.0282
2002	0.0268	83.94%	0.0051	16.06%	0.0319	0.0243	82.61%	0.0051	17.39%	0.0295

续表

年份 \ GE 指数	MLD 指数 组内 差距	MLD 指数 组内 贡献率	MLD 指数 组间 差距	MLD 指数 组间 贡献率	MLD 指数 两者之和	Theil 指数 组内 差距	Theil 指数 组内 贡献率	Theil 指数 组间 差距	Theil 指数 组间 贡献率	Theil 指数 两者之和
2003	0.0280	80.94%	0.0066	19.06%	0.0346	0.0252	79.29%	0.0066	20.71%	0.0318
2004	0.0088	88.79%	0.0011	11.21%	0.0099	0.0086	88.64%	0.0011	11.36%	0.0097
2005	0.0116	87.23%	0.0017	12.77%	0.0133	0.0111	86.82%	0.0017	13.18%	0.0128
2006	0.0131	83.97%	0.0025	16.03%	0.0156	0.0125	83.34%	0.0025	16.66%	0.0150
2007	0.0109	81.95%	0.0024	18.05%	0.0132	0.0106	81.52%	0.0024	18.48%	0.0130
2008	0.0107	79.78%	0.0027	20.22%	0.0134	0.0104	79.33%	0.0027	20.67%	0.0131
2009	0.0103	76.60%	0.0031	23.40%	0.0134	0.0101	76.25%	0.0031	23.75%	0.0132
2010	0.0099	73.74%	0.0035	26.26%	0.0135	0.0098	73.48%	0.0035	26.52%	0.0134
2011	0.0104	74.18%	0.0036	25.82%	0.0140	0.0103	74.08%	0.0036	25.92%	0.0139
2012	0.0107	81.95%	0.0024	18.05%	0.0130	0.0107	81.92%	0.0024	18.08%	0.0131
2013	0.0111	86.02%	0.0018	13.98%	0.0129	0.0113	86.15%	0.0018	13.85%	0.0131
2014	0.0119	90.95%	0.0012	9.05%	0.0130	0.0120	90.96%	0.0012	9.04%	0.0132
2015	0.0126	95.31%	0.0006	4.69%	0.0132	0.0126	95.32%	0.0006	4.68%	0.0132
2016	0.0124	96.95%	0.0004	3.05%	0.0128	0.0123	96.92%	0.0004	3.08%	0.0127
2017	0.0125	97.27%	0.0004	2.73%	0.0128	0.0122	97.21%	0.0004	2.79%	0.0126
2018	0.0111	97.12%	0.0003	2.88%	0.0115	0.0108	97.03%	0.0003	2.97%	0.0111

附录 R

1986—2018 年初中生师比 Theil 指数组内差距分解表

年份＼组内差距	组内差距	东部		中部		西部	
		差距	贡献率	差距	贡献率	差距	贡献率
1986	0.0169	0.0070	41.56%	0.0023	13.71%	0.0075	44.74%
1987	0.0146	0.0059	40.34%	0.0020	13.85%	0.0067	45.84%
1988	0.0133	0.0055	41.52%	0.0019	14.21%	0.0059	44.24%
1989	0.0140	0.0068	48.71%	0.0018	12.87%	0.0054	38.38%
1990	0.0152	0.0076	50.01%	0.0029	18.85%	0.0047	31.12%
1991	0.0165	0.0088	52.92%	0.0031	18.60%	0.0047	28.50%
1992	0.0171	0.0090	52.62%	0.0032	18.68%	0.0049	28.71%
1993	0.0191	0.0103	54.15%	0.0034	18.07%	0.0053	27.82%
1994	0.0213	0.0114	53.82%	0.0039	18.51%	0.0059	27.66%
1995	0.0224	0.0115	51.49%	0.0044	19.58%	0.0065	28.93%
1996	0.0219	0.0107	48.92%	0.0047	21.51%	0.0065	29.57%
1997	0.0211	0.0103	49.13%	0.0050	23.55%	0.0058	27.32%
1998	0.0214	0.0101	47.28%	0.0052	24.19%	0.0061	28.53%
1999	0.0212	0.0097	45.75%	0.0050	23.61%	0.0065	30.63%
2000	0.0232	0.0099	42.69%	0.0058	24.86%	0.0075	32.42%
2001	0.0240	0.0097	40.52%	0.0069	28.84%	0.0073	30.63%
2002	0.0243	0.0091	37.42%	0.0073	29.95%	0.0079	32.63%
2003	0.0252	0.0098	38.76%	0.0072	28.76%	0.0082	32.49%

续表

年份 \ 组内差距	组内差距	东部		中部		西部	
		差距	贡献率	差距	贡献率	差距	贡献率
2004	0.0086	0.0043	50.66%	0.0025	29.61%	0.0017	19.76%
2005	0.0111	0.0064	57.24%	0.0029	25.95%	0.0019	16.86%
2006	0.0125	0.0068	54.69%	0.0033	26.72%	0.0023	18.55%
2007	0.0106	0.0050	47.61%	0.0030	28.21%	0.0026	24.21%
2008	0.0104	0.0045	43.20%	0.0027	25.65%	0.0032	31.18%
2009	0.0101	0.0042	41.21%	0.0024	23.83%	0.0035	34.90%
2010	0.0098	0.0037	37.44%	0.0023	23.35%	0.0038	39.18%
2011	0.0103	0.0039	37.52%	0.0023	22.75%	0.0041	39.73%
2012	0.0107	0.0040	37.01%	0.0027	25.07%	0.0040	37.87%
2013	0.0113	0.0040	35.45%	0.0025	22.30%	0.0048	42.23%
2014	0.0120	0.0041	34.11%	0.0032	26.76%	0.0047	39.14%
2015	0.0126	0.0049	38.65%	0.0038	29.83%	0.0040	31.50%
2016	0.0123	0.0053	43.14%	0.0039	31.61%	0.0031	25.22%
2017	0.0122	0.0056	45.64%	0.0040	32.65%	0.0026	21.67%
2018	0.0108	0.0053	48.71%	0.0033	30.98%	0.0022	20.32%
均值			45.15%		23.56%		32.24%

附录 S

1996—2018 年 31 省区市地方财政医疗卫生支出名义人均值

地区	1996 年	1997 年	1998 年	1999 年	2000 年	2001 年	2002 年	2003 年	2004 年	2005 年	2006 年	2007 年
北京市	143.98	177.88	206.13	220.68	267.39	306.01	349.25	449.60	494.21	595.49	782.89	1057.33
天津市	82.49	97.27	99.18	100.85	104.82	119.22	137.33	176.78	201.74	206.31	256.23	354.01
河北省	25.37	28.94	27.91	29.75	30.58	37.38	41.89	56.55	56.50	71.85	79.26	122.28
山西省	32.50	33.62	34.36	36.57	37.89	47.76	52.85	70.12	76.10	94.57	117.74	171.10
内蒙古自治区	35.36	37.45	38.24	40.82	44.08	53.59	58.51	79.00	80.01	94.59	126.55	194.12
辽宁省	36.16	41.05	41.70	40.68	45.35	45.98	50.87	64.23	63.89	85.54	108.19	163.76
吉林省	37.30	39.35	36.53	39.29	40.14	46.94	53.20	66.13	67.83	81.76	105.36	164.37
黑龙江省	29.98	33.56	35.40	39.38	39.75	46.89	49.43	65.09	65.96	77.64	99.94	156.70
上海市	157.31	190.47	210.63	240.30	260.75	273.82	238.58	283.96	335.93	387.71	455.87	655.09
江苏省	37.90	43.56	46.08	49.54	51.30	58.10	64.03	82.12	91.16	108.60	128.50	164.21
浙江省	40.95	47.44	52.85	58.45	66.10	78.56	88.45	107.16	125.59	153.16	195.81	261.48
安徽省	17.40	19.80	20.22	21.88	22.58	23.76	26.15	30.17	38.39	42.89	58.95	109.84
福建省	39.91	47.00	50.95	52.99	57.64	59.52	63.68	69.07	75.76	83.22	108.16	163.34
江西省	23.76	25.08	26.08	27.00	28.40	31.93	34.20	39.53	45.51	55.81	72.66	144.63
山东省	27.73	31.44	32.87	33.25	35.82	38.28	41.04	46.64	52.77	63.19	84.84	114.92
河南省	16.53	18.00	18.44	19.47	21.23	23.36	25.82	34.90	38.50	47.18	68.63	109.43
湖北省	29.52	31.21	31.84	35.12	37.28	41.47	42.52	44.58	47.85	55.84	79.56	115.60

续表

地区	1996 年	1997 年	1998 年	1999 年	2000 年	2001 年	2002 年	2003 年	2004 年	2005 年	2006 年	2007 年
湖南省	18.03	20.14	19.24	20.53	20.54	22.84	24.46	27.54	31.79	39.02	54.85	93.15
广东省	63.95	66.35	69.47	71.36	81.84	91.08	106.92	117.74	113.23	126.23	156.74	210.45
广西壮族自治区	22.83	24.17	25.90	27.07	28.98	38.22	43.04	49.54	131.77	59.34	75.27	112.95
海南省	41.40	42.35	42.81	43.69	45.56	46.88	53.11	71.36	80.52	95.03	108.57	175.25
重庆市	20.34	22.69	25.11	25.59	28.26	30.37	32.60	38.36	41.02	51.43	66.74	113.78
四川省	29.10	23.05	24.89	26.77	28.76	32.17	32.59	39.81	31.43	41.79	51.78	88.17
贵州省	22.47	26.14	28.55	31.47	35.98	43.34	48.58	52.94	58.97	76.81	88.11	141.09
云南省	48.16	53.63	53.06	58.23	63.32	69.97	78.88	87.77	95.70	116.93	147.03	195.76
西藏自治区	134.98	110.76	122.48	143.13	155.60	184.14	223.04	237.86	281.98	315.39	348.88	727.12
陕西省	24.28	25.95	27.97	28.32	26.84	36.48	45.27	50.42	53.79	63.74	83.75	143.38
甘肃省	27.79	29.43	31.20	33.53	38.08	46.01	48.67	52.33	58.69	77.11	99.00	172.54
青海省	59.14	59.25	60.70	58.92	65.93	95.71	100.50	118.24	139.64	192.21	247.94	411.39
宁夏回族自治区	41.20	42.03	46.39	46.95	54.05	88.73	81.89	96.23	90.71	110.90	141.59	226.59
新疆维吾尔自治区	61.96	62.32	65.32	69.63	75.74	96.77	108.15	119.17	125.35	163.77	186.58	280.76

续表

地区	2008 年	2009 年	2010 年	2011 年	2012 年	2013 年	2014 年	2015 年	2016 年	2017 年	2018 年	
北京市	1159.47	1323.51	1506.61	1809.71	2037.07	2024.41	2327.00	2603.79	2733.17	2865.84	3186.54	
天津市	445.01	571.94	735.26	945.98	1104.38	1288.11	1606.87	1936.64	2010.19	1778.32	1848.13	
河北省	186.80	269.40	360.89	460.88	488.62	570.50	666.95	794.49	809.37	888.68	1009.09	
山西省	232.37	327.21	362.50	503.22	562.86	620.97	745.54	882.54	907.85	963.54	1070.01	
内蒙古自治区	261.91	446.21	519.00	701.88	753.22	826.43	956.66	1078.65	1192.92	1351.78	1313.44	
辽宁省	205.03	396.79	365.78	437.98	479.96	548.52	652.38	670.85	729.95	798.27	830.66	
吉林省	229.63	411.26	422.03	544.14	603.31	676.77	767.15	910.74	1011.91	1030.71	1035.42	
黑龙江省	193.73	363.47	360.38	452.64	457.09	500.39	617.45	718.49	735.41	778.54	787.96	
上海市	864.17	936.22	1098.63	1298.02	1338.81	1335.74	1587.23	1771.51	2169.31	2246.21	2487.41	
江苏省	210.32	278.78	349.31	487.13	579.70	649.46	762.24	876.74	955.71	1049.47	1114.02	
浙江省	330.79	407.67	506.27	626.08	683.60	749.42	917.32	1016.54	1116.82	1186.13	1254.66	
安徽省	172.69	273.05	300.67	448.30	512.09	593.80	693.54	790.36	779.04	959.76	1024.67	
福建省	229.44	286.38	358.26	482.87	560.89	657.57	848.01	1010.33	1078.18	1191.39	1241.78	
江西省	189.32	293.67	361.49	468.43	517.96	631.81	808.53	944.55	1031.31	1149.84	1358.08	
山东省	161.31	216.57	285.45	407.74	476.09	539.96	669.91	772.33	865.96	903.34	957.13	
河南省	159.86	243.29	292.34	388.06	453.81	519.06	631.03	746.63	804.81	861.03	990.35	
湖北省	164.73	239.04	305.01	418.66	451.31	570.46	709.30	908.41	1035.88	1078.78	1008.30	

续表

地区	2008 年	2009 年	2010 年	2011 年	2012 年	2013 年	2014 年	2015 年	2016 年	2017 年	2018 年	
湖南省	137.05	247.67	279.10	394.89	450.35	521.90	640.39	744.82	819.86	874.86	991.31	
广东省	292.88	363.24	431.20	607.24	694.83	658.17	890.36	1038.63	1251.62	1435.14	1530.90	
广西壮族自治区	173.39	253.11	357.20	498.14	537.17	601.16	742.13	858.30	963.93	1047.88	1172.79	
海南省	257.46	410.49	468.64	667.99	785.56	882.00	1111.31	1252.05	1407.77	1557.09	1744.69	
重庆市	172.03	266.86	330.17	500.57	585.34	695.16	870.77	1115.78	1181.52	1266.70	1332.34	
四川省	126.76	191.69	312.38	439.14	496.21	584.94	717.30	846.39	944.52	1027.76	1072.69	
贵州省	192.25	289.28	354.08	473.65	541.91	608.92	798.24	940.32	1014.24	1117.34	1291.69	
云南省	262.13	374.29	448.71	571.86	636.78	708.72	822.04	975.44	1067.14	1238.94	1293.08	
西藏自治区	681.25	905.33	1291.94	1400.79	1410.94	1561.63	1850.76	2343.28	2572.43	3398.55	3818.93	
陕西省	223.08	355.15	438.82	549.53	614.43	705.65	858.06	1008.68	1039.38	1136.29	1233.90	
甘肃省	239.17	358.21	402.57	568.40	582.82	659.48	809.31	988.15	1077.06	1138.29	1231.94	
青海省	512.68	665.57	785.08	943.14	1178.63	1327.66	1532.12	1879.58	1929.96	2323.01	2607.73	
宁夏回族自治区	333.53	439.92	641.89	763.75	848.80	970.58	1159.33	1295.63	1414.31	1666.33	1770.97	
新疆维吾尔自治区	353.04	502.90	602.79	758.04	822.32	870.25	1078.46	1280.89	1325.90	1358.69	1423.58	

附录 T

1996—2018 年 31 省区市地方人均财政医疗支出 GE 指数表

年份 \ GE 指数	MLD 指数					Theil 指数				
	组内		组间		两者之和	组内		组间		两者之和
	差距	贡献率	差距	贡献率		差距	贡献率	差距	贡献率	
1996	0. 1519	75. 26%	0. 0499	24. 74%	0. 2018	0. 1844	80. 55%	0. 0445	19. 45%	0. 2289
1997	0. 1477	70. 59%	0. 0615	29. 41%	0. 2092	0. 1856	76. 38%	0. 0574	23. 62%	0. 2431
1998	0. 1560	68. 68%	0. 0712	31. 32%	0. 2272	0. 2021	75. 49%	0. 0656	24. 51%	0. 2677
1999	0. 1686	70. 48%	0. 0706	29. 52%	0. 2392	0. 2201	77. 14%	0. 0653	22. 86%	0. 2854
2000	0. 1780	69. 16%	0. 0794	30. 84%	0. 2574	0. 2351	76. 51%	0. 0722	23. 49%	0. 3073
2001	0. 1797	71. 16%	0. 0728	28. 84%	0. 2526	0. 2280	78. 08%	0. 0640	21. 92%	0. 2920
2002	0. 1761	71. 42%	0. 0705	28. 58%	0. 2466	0. 2219	78. 38%	0. 0612	21. 62%	0. 2831
2003	0. 1771	70. 86%	0. 0728	29. 14%	0. 2499	0. 2249	77. 47%	0. 0654	22. 53%	0. 2902
2004	0. 1776	67. 74%	0. 0846	32. 26%	0. 2622	0. 2236	74. 39%	0. 0770	25. 61%	0. 3006
2005	0. 1825	71. 43%	0. 0730	28. 57%	0. 2555	0. 2334	78. 09%	0. 0655	21. 91%	0. 2989
2006	0. 1758	72. 83%	0. 0656	27. 17%	0. 2414	0. 2301	79. 22%	0. 0604	20. 78%	0. 2905
2007	0. 1765	78. 69%	0. 0478	21. 31%	0. 2244	0. 2281	84. 20%	0. 0428	15. 80%	0. 2709
2008	0. 1274	77. 19%	0. 0376	22. 81%	0. 1650	0. 1623	82. 43%	0. 0346	17. 57%	0. 1969
2009	0. 0961	84. 80%	0. 0172	15. 20%	0. 1133	0. 1142	87. 59%	0. 0162	12. 41%	0. 1303
2010	0. 0890	78. 87%	0. 0238	21. 13%	0. 1128	0. 1099	83. 53%	0. 0217	16. 47%	0. 1316
2011	0. 0670	78. 10%	0. 0188	21. 90%	0. 0858	0. 0819	82. 55%	0. 0173	17. 45%	0. 0993
2012	0. 0637	76. 86%	0. 0192	23. 14%	0. 0829	0. 0778	81. 46%	0. 0177	18. 54%	0. 0955

续表

GE 指数 / 年份	MLD 指数					Theil 指数				
	组内		组间		两者之和	组内		组间		两者之和
	差距	贡献率	差距	贡献率		差距	贡献率	差距	贡献率	
2013	0.0550	78.47%	0.0151	21.53%	0.0700	0.0656	82.37%	0.0140	17.63%	0.0796
2014	0.0500	76.91%	0.0150	23.09%	0.0650	0.0590	80.87%	0.0140	19.13%	0.0729
2015	0.0526	79.05%	0.0139	20.95%	0.0665	0.0613	82.56%	0.0130	17.44%	0.0743
2016	0.0527	77.87%	0.0150	22.13%	0.0677	0.0609	81.44%	0.0139	18.56%	0.0748
2017	0.0561	76.69%	0.0170	23.31%	0.0731	0.0666	80.76%	0.0159	19.24%	0.0824
2018	0.0615	77.83%	0.0175	22.17%	0.0790	0.0737	81.93%	0.0163	18.07%	0.0900

附录 U　1996—2018 年地方人均财政卫生经费 Theil 指数组内差距分解表

组内差距 / 年份	组内差距	东部		中部		西部	
		差距	贡献率	差距	贡献率	差距	贡献率
1996	0.1844	0.1116	60.54%	0.0059	3.22%	0.0668	36.24%
1997	0.1856	0.1351	72.75%	0.0052	2.78%	0.0454	24.47%
1998	0.2021	0.1514	74.89%	0.0046	2.30%	0.0461	22.81%
1999	0.2201	0.1628	73.95%	0.0050	2.28%	0.0523	23.76%
2000	0.2351	0.1774	75.46%	0.0045	1.93%	0.0532	22.61%
2001	0.2280	0.1659	72.77%	0.0058	2.54%	0.0563	24.70%
2002	0.2219	0.1508	67.98%	0.0059	2.64%	0.0652	29.38%

续表

年份 \ 组内差距	组内差距	东部		中部		西部	
		差距	贡献率	差距	贡献率	差距	贡献率
2003	0. 2249	0. 1620	72. 06%	0. 0075	3. 36%	0. 0553	24. 58%
2004	0. 2236	0. 1542	68. 94%	0. 0054	2. 42%	0. 0640	28. 64%
2005	0. 2334	0. 1672	71. 64%	0. 0060	2. 55%	0. 0603	25. 81%
2006	0. 2301	0. 1748	75. 96%	0. 0046	2. 01%	0. 0507	22. 03%
2007	0. 2281	0. 1503	65. 90%	0. 0032	1. 39%	0. 0746	32. 71%
2008	0. 1623	0. 1187	73. 15%	0. 0023	1. 39%	0. 0413	25. 46%
2009	0. 1142	0. 0776	67. 93%	0. 0034	3. 02%	0. 0332	29. 05%
2010	0. 1099	0. 0683	62. 15%	0. 0016	1. 42%	0. 0400	36. 42%
2011	0. 0819	0. 0563	68. 69%	0. 0011	1. 32%	0. 0246	30. 00%
2012	0. 0778	0. 0548	70. 45%	0. 0011	1. 35%	0. 0219	28. 19%
2013	0. 0656	0. 0430	65. 57%	0. 0010	1. 46%	0. 0216	32. 97%
2014	0. 0590	0. 0398	67. 43%	0. 0008	1. 36%	0. 0184	31. 21%
2015	0. 0613	0. 0387	63. 12%	0. 0010	1. 60%	0. 0216	35. 29%
2016	0. 0609	0. 0387	63. 52%	0. 0015	2. 54%	0. 0207	33. 94%
2017	0. 0666	0. 0324	48. 66%	0. 0013	1. 97%	0. 0329	49. 36%
2018	0. 0737	0. 0346	46. 93%	0. 0018	2. 44%	0. 0373	50. 63%
均值			67. 41%		2. 14%		30. 45%

附录 V

1996—2019 年 31 省区市每万人医疗机构床位数

地区	1996 年	1997 年	1998 年	1999 年	2000 年	2001 年	2002 年	2003 年	2004 年	2005 年	2006 年
北京市	60.20	60.60	61.30	61.50	62.50	63.10	64.60	58.90	65.40	66.50	67.70
天津市	42.60	43.90	43.20	42.40	42.60	44.20	42.30	41.10	41.70	42.00	41.00
河北省	25.00	25.50	25.20	25.10	25.30	25.80	25.50	23.50	23.30	23.70	25.10
山西省	35.20	35.30	34.50	33.90	34.40	33.70	31.40	31.30	32.40	32.20	33.30
内蒙古自治区	26.90	26.70	26.80	28.10	28.20	28.80	27.30	27.40	28.00	29.10	29.40
辽宁省	49.70	49.40	48.10	47.40	46.30	45.40	41.80	41.30	42.50	42.50	42.80
吉林省	36.80	36.50	35.80	35.20	34.00	34.70	32.10	32.40	32.50	32.30	33.40
黑龙江省	30.80	30.60	31.10	28.90	29.90	29.20	29.20	28.60	29.40	29.50	30.30
上海市	46.00	46.00	45.00	45.00	45.00	47.00	50.00	47.00	49.00	50.00	51.00
江苏省	22.20	22.20	22.20	22.40	22.10	22.10	23.00	23.20	23.90	24.90	25.90
浙江省	22.70	22.90	23.30	24.90	25.30	25.50	25.30	26.60	28.10	28.80	29.80
安徽省	20.00	20.20	20.10	19.90	19.80	19.90	18.30	18.70	19.00	19.60	20.40
福建省	26.00	27.00	27.00	27.00	26.00	26.00	25.00	25.00	25.00	25.00	26.00
江西省	21.60	21.80	21.90	21.60	21.90	21.80	21.30	20.10	19.60	19.70	20.30
山东省	21.40	22.00	22.30	23.60	23.30	24.30	24.20	24.10	25.30	27.10	28.00
河南省	19.10	19.00	19.30	19.40	19.30	19.40	19.40	19.90	20.30	20.70	21.60
湖北省	22.40	22.40	22.10	20.70	21.80	21.80	21.20	22.60	22.90	23.10	23.50
湖南省	20.80	20.80	20.70	22.30	21.90	22.00	21.60	21.80	22.10	22.60	23.70
广东省	20.40	20.30	20.00	19.80	19.40	19.70	20.40	21.00	21.90	22.80	23.80

续表

地区	1996 年	1997 年	1998 年	1999 年	2000 年	2001 年	2002 年	2003 年	2004 年	2005 年	2006 年
广西壮族自治区	17.60	18.00	17.40	17.70	17.50	17.90	17.20	16.90	17.50	18.70	19.10
海南省	31.00	29.00	29.00	26.10	27.00	25.10	24.60	23.20	22.50	23.00	24.30
重庆市	21.90	22.90	21.50	21.50	21.20	21.00	19.90	20.20	20.30	20.40	21.40
四川省	31.10	23.10	22.90	22.80	22.70	22.50	22.10	22.00	22.30	22.60	23.10
贵州省	15.20	14.90	14.90	14.90	14.80	14.80	15.10	14.90	14.90	15.00	15.80
云南省	20.50	21.00	21.00	21.00	21.00	21.20	20.50	20.80	21.60	22.20	22.80
西藏自治区	25.60	25.70	26.50	26.00	25.20	25.10	23.80	24.00	23.40	24.40	26.70
陕西省	25.50	25.30	25.30	25.50	25.40	25.80	25.80	26.80	26.90	27.80	29.20
甘肃省	23.00	23.00	23.30	23.30	23.30	23.50	23.60	23.60	23.70	24.40	25.50
青海省	36.00	34.90	34.30	33.30	32.00	31.50	30.50	31.20	30.60	29.50	29.70
宁夏回族自治区	24.50	24.50	25.50	21.20	23.50	21.60	20.90	22.70	24.00	24.80	26.10
新疆维吾尔自治区	39.90	39.00	38.10	37.50	35.60	35.10	34.10	36.10	37.70	37.80	39.10
地区	2008 年	2009 年	2010 年	2011 年	2012 年	2013 年	2014 年	2015 年	2016 年	2017 年	2018 年
北京市	69.90	68.45	73.50	74.00	48.40	49.20	51.00	51.40	53.90	55.60	57.40
天津市	47.30	48.30	49.30	49.40	37.90	39.20	40.10	41.20	42.10	43.90	43.70
河北省	30.00	33.10	34.20	36.30	39.00	41.40	43.70	46.10	48.30	52.50	55.80
山西省	37.10	29.70	44.90	44.90	45.80	47.60	48.60	50.00	51.50	53.40	56.00
内蒙古自治区	33.30	36.10	38.10	40.80	44.50	48.10	51.50	53.30	55.30	59.40	62.70
辽宁省	43.10	45.55	48.00	50.70	52.60	55.10	58.20	60.90	65.00	68.30	72.10

续表

地区	2008 年	2009 年	2010 年	2011 年	2012 年	2013 年	2014 年	2015 年	2016 年	2017 年	2018 年
吉林省	36.60	39.60	42.20	44.50	46.40	48.40	51.20	52.50	55.30	56.60	61.80
黑龙江省	35.40	38.30	41.60	43.10	46.50	49.30	52.50	55.80	57.90	63.80	66.30
上海市	70.00	41.40	74.40	75.50	46.10	47.30	48.40	50.80	53.40	55.70	57.40
江苏省	32.00	30.40	36.10	39.40	42.10	46.40	49.30	51.90	55.40	58.40	61.10
浙江省	34.30	32.30	38.80	40.70	38.90	41.80	44.60	49.20	51.90	55.40	57.90
安徽省	23.70	25.60	27.50	29.70	37.10	39.10	41.40	43.50	45.50	48.90	51.90
福建省	27.30	28.00	30.00	33.30	37.00	41.40	43.00	45.00	46.00	47.00	48.80
江西省	22.90	27.80	26.60	28.50	36.40	38.50	41.10	43.30	45.50	50.60	53.70
山东省	34.10	37.10	40.10	43.40	48.90	50.30	51.10	52.70	54.40	58.40	60.60
河南省	25.50	30.30	30.30	32.00	41.90	45.70	48.70	51.60	54.70	58.50	63.40
湖北省	27.40	28.20	32.60	36.30	43.80	49.70	54.60	58.60	61.30	63.70	66.50
湖南省	27.00	30.70	33.00	36.10	43.20	46.90	52.80	58.50	62.40	65.90	69.90
广东省	30.30	32.75	35.20	37.60	33.50	35.50	37.80	40.20	42.30	44.10	45.60
广西壮族自治区	23.00	25.00	27.00	28.30	36.00	39.70	42.40	44.70	46.40	49.40	52.00
海南省	25.30	27.20	29.00	31.40	34.20	35.90	38.20	42.50	44.00	45.30	48.00
重庆市	25.20	27.25	31.40	34.70	44.40	49.60	53.70	58.50	62.60	67.10	71.00
四川省	27.40	30.45	33.50	36.90	48.30	52.60	56.50	59.60	62.80	67.90	71.80
贵州省	20.60	27.30	25.10	27.70	40.00	47.60	51.90	55.70	59.20	65.10	68.20
云南省	28.90	31.80	34.70	38.00	41.80	44.80	47.70	50.10	53.10	57.20	60.30

续表

地区	2008 年	2009 年	2010 年	2011 年	2012 年	2013 年	2014 年	2015 年	2016 年	2017 年	2018 年
西藏自治区	30.50	29.50	30.20	31.70	32.90	35.40	37.90	43.30	45.00	47.90	48.80
陕西省	32.80	34.75	36.70	39.40	45.10	49.20	52.80	55.90	59.10	62.90	65.70
甘肃省	28.60	30.95	33.30	34.80	43.60	44.90	47.20	49.10	51.50	55.80	61.70
青海省	32.60	40.50	37.20	41.50	45.40	51.10	56.60	58.70	58.60	64.10	64.90
宁夏回族自治区	33.50	35.15	36.80	39.60	42.90	47.60	49.10	50.60	53.80	58.40	59.60
新疆维吾尔自治区	46.50	49.70	53.70	56.90	58.90	60.60	62.20	63.70	65.40	68.50	71.90

附录 W　　1996—2019 年 31 省区市每万人医疗机构床位数 GE 指数表

GE 指数 / 年份	MLD 指数					Theil 指数				
	组内		组间		两者之和	组内		组间		两者之和
	差距	贡献率	差距	贡献率		差距	贡献率	差距	贡献率	
1996	0.0482	87.05%	0.0072	12.95%	0.0554	0.0514	87.55%	0.0073	12.45%	0.0587
1997	0.0461	84.12%	0.0087	15.88%	0.0548	0.0499	84.88%	0.0089	15.12%	0.0587
1998	0.0452	84.09%	0.0086	15.91%	0.0537	0.0489	84.86%	0.0087	15.14%	0.0576
1999	0.0432	81.90%	0.0095	18.10%	0.0527	0.0472	82.91%	0.0097	17.09%	0.0570
2000	0.0421	81.14%	0.0098	18.86%	0.0519	0.0463	82.28%	0.0100	17.72%	0.0563
2001	0.0423	79.69%	0.0108	20.31%	0.0531	0.0469	81.01%	0.0110	18.99%	0.0579
2002	0.0419	77.26%	0.0123	22.74%	0.0542	0.0476	79.06%	0.0126	20.94%	0.0602
2003	0.0394	82.00%	0.0087	18.00%	0.0481	0.0433	83.05%	0.0088	16.95%	0.0521

续表

GE 指数 / 年份	MLD 指数					Theil 指数				
	组内		组间		两者之和	组内		组间		两者之和
	差距	贡献率	差距	贡献率		差距	贡献率	差距	贡献率	
2004	0.0430	80.90%	0.0102	19.10%	0.0532	0.0482	82.31%	0.0104	17.69%	0.0586
2005	0.0406	79.16%	0.0107	20.84%	0.0513	0.0458	80.73%	0.0109	19.27%	0.0567
2006	0.0384	79.78%	0.0097	20.22%	0.0481	0.0432	81.30%	0.0099	18.70%	0.0531
2007	0.0290	81.76%	0.0065	18.24%	0.0354	0.0320	82.98%	0.0066	17.02%	0.0386
2008	0.0359	80.54%	0.0087	19.46%	0.0446	0.0408	82.19%	0.0088	17.81%	0.0496
2009	0.0236	89.14%	0.0029	10.86%	0.0265	0.0261	90.06%	0.0029	9.94%	0.0290
2010	0.0310	85.13%	0.0054	14.87%	0.0364	0.0344	86.21%	0.0055	13.79%	0.0399
2011	0.0268	86.02%	0.0044	13.98%	0.0311	0.0293	86.93%	0.0044	13.07%	0.0338
2012	0.0086	98.62%	0.0001	1.38%	0.0087	0.0086	98.62%	0.0001	1.38%	0.0087
2013	0.0078	95.33%	0.0004	4.67%	0.0081	0.0077	95.27%	0.0004	4.73%	0.0080
2014	0.0077	92.18%	0.0007	7.82%	0.0083	0.0075	92.06%	0.0007	7.94%	0.0082
2015	0.0068	90.45%	0.0007	9.55%	0.0075	0.0067	90.35%	0.0007	9.65%	0.0075
2016	0.0072	90.59%	0.0008	9.41%	0.0080	0.0071	90.47%	0.0008	9.53%	0.0079
2017	0.0074	86.68%	0.0011	13.32%	0.0086	0.0073	86.56%	0.0011	13.44%	0.0084
2018	0.0079	85.92%	0.0013	14.08%	0.0092	0.0077	85.78%	0.0013	14.22%	0.0090
2019	0.0081	85.03%	0.0014	14.97%	0.0096	0.0079	84.68%	0.0014	15.32%	0.0093

附录 X

1996—2019 年 31 省区市每万人医疗机构床位数 Theil 指数组内差距分解表

年份 \ 组内差距	组内差距	东部		中部		西部	
		差距	贡献率	差距	贡献率	差距	贡献率
1996	0.0514	0.0324	63.10%	0.0078	15.09%	0.0112	21.80%
1997	0.0499	0.0324	64.95%	0.0076	15.32%	0.0098	19.73%
1998	0.0489	0.0321	65.73%	0.0072	14.76%	0.0095	19.50%
1999	0.0472	0.0313	66.21%	0.0065	13.72%	0.0095	20.06%
2000	0.0463	0.0319	68.97%	0.0063	13.51%	0.0081	17.53%
2001	0.0469	0.0329	70.11%	0.0061	12.93%	0.0080	16.96%
2002	0.0476	0.0351	73.78%	0.0053	11.09%	0.0072	15.12%
2003	0.0433	0.0300	69.43%	0.0050	11.62%	0.0082	18.94%
2004	0.0482	0.0346	71.77%	0.0053	10.97%	0.0083	17.26%
2005	0.0458	0.0332	72.47%	0.0047	10.34%	0.0079	17.19%
2006	0.0432	0.0310	71.82%	0.0047	10.79%	0.0075	17.39%
2007	0.0320	0.0215	67.18%	0.0035	10.89%	0.0070	21.94%
2008	0.0408	0.0305	74.78%	0.0040	9.72%	0.0063	15.48%
2009	0.0261	0.0180	68.80%	0.0025	9.73%	0.0056	21.46%
2010	0.0344	0.0245	71.27%	0.0042	12.28%	0.0057	16.44%
2011	0.0293	0.0206	70.30%	0.0033	11.35%	0.0054	18.37%
2012	0.0086	0.0033	38.73%	0.0010	11.67%	0.0043	49.61%
2013	0.0077	0.0026	33.99%	0.0011	14.19%	0.0040	51.89%

续表

年份 \ 组内差距	组内差距	东部		中部		西部	
		差距	贡献率	差距	贡献率	差距	贡献率
2014	0.0075	0.0024	31.80%	0.0013	16.90%	0.0039	51.25%
2015	0.0067	0.0020	29.90%	0.0016	23.11%	0.0032	47.06%
2016	0.0071	0.0025	34.42%	0.0016	22.98%	0.0030	42.62%
2017	0.0073	0.0026	35.67%	0.0014	19.52%	0.0033	44.78%
2018	0.0077	0.0028	36.89%	0.0014	17.55%	0.0035	45.50%
2019	0.0079	0.0025	31.81%	0.0012	15.90%	0.0041	52.35%
均值			57.66%		14.00%		28.34%

附录 Y

1991—2018 年 31 省区市人均基础设施支出名义值

地区	1991 年	1992 年	1993 年	1994 年	1995 年	1996 年	1997 年	1998 年	1999 年	2000 年	2001 年	2002 年	2003 年	2004 年
北京市	107.19	93.24	114.46	101.93	143.50	227.09	257.44	328.64	440.53	538.79	859.96	592.17	652.06	675.91
天津市	54.05	58.18	93.27	127.40	231.60	295.46	285.22	300.25	280.63	358.48	445.98	461.74	605.22	763.35
河北省	8.06	9.05	13.65	12.48	13.02	16.45	29.47	40.05	48.31	53.47	65.91	79.22	67.43	99.45
山西省	16.74	15.09	16.14	15.36	19.55	21.75	17.10	25.58	34.89	58.51	90.65	102.69	127.17	146.45
内蒙古自治区	34.97	34.55	32.92	30.28	28.92	38.35	45.72	70.96	89.07	166.34	245.42	382.85	361.22	347.74
辽宁省	31.33	32.31	33.97	48.30	68.20	81.81	106.76	127.13	124.64	140.18	171.49	164.67	173.63	216.90
吉林省	19.61	20.71	30.34	23.64	25.28	33.34	37.19	41.92	111.96	90.78	126.68	125.40	130.47	165.09

续表

地区	1991 年	1992 年	1993 年	1994 年	1995 年	1996 年	1997 年	1998 年	1999 年	2000 年	2001 年	2002 年	2003 年	2004 年
黑龙江省	17.78	17.78	20.29	21.64	25.32	32.58	36.19	55.40	86.67	79.38	137.22	118.94	109.41	135.23
上海市	116.28	165.10	193.76	296.00	357.99	492.43	686.43	803.53	972.99	1061.73	1143.41	1443.04	190.70	2318.43
江苏省	11.85	12.22	17.15	22.98	30.70	34.23	41.94	49.36	60.52	72.14	94.75	97.25	112.26	147.89
浙江省	11.24	14.26	17.91	18.55	19.95	24.05	26.95	39.24	52.31	67.95	107.04	132.98	149.48	174.41
安徽省	8.41	20.88	9.11	13.58	16.63	24.01	29.30	46.06	67.21	79.22	81.00	98.41	83.82	88.28
福建省	30.64	39.84	52.65	61.39	73.59	76.08	79.98	92.52	94.57	104.02	138.99	124.29	124.87	133.28
江西省	9.37	10.78	10.67	9.79	11.93	13.81	20.33	35.61	103.74	76.35	75.79	107.75	88.96	88.59
山东省	10.32	11.83	15.89	13.64	23.97	32.83	31.38	41.38	41.81	37.40	51.14	53.83	74.97	70.05
河南省	7.74	9.34	11.12	12.12	1.50	16.91	17.44	19.75	30.47	40.25	39.99	48.00	58.11	76.72
湖北省	12.67	13.94	14.11	13.62	13.32	16.30	18.74	52.33	84.43	55.09	148.58	95.27	56.50	67.96
湖南省	11.92	11.93	14.63	14.72	17.70	24.19	24.78	51.13	66.13	65.86	66.61	96.87	84.11	74.85
广东省	46.32	57.98	73.15	103.78	133.37	168.96	171.31	219.77	250.60	262.94	324.64	351.09	385.62	394.67
广西壮族自治区	13.73	14.69	18.01	20.30	23.12	28.54	32.39	34.91	48.34	62.92	102.43	149.59	94.29	105.08
海南省	68.24	79.17	146.03	116.43	106.41	84.51	87.83	119.09	117.05	127.95	162.10	246.38	206.48	221.53
重庆市	6.12	6.37	6.62	6.86	7.08	17.73	28.18	55.06	80.56	90.75	141.58	208.50	227.12	180.20
四川省	14.95	17.23	18.08	22.03	27.26	32.56	28.03	36.85	37.46	63.36	101.51	124.15	95.05	77.82
贵州省	17.54	20.25	20.46	19.86	20.10	21.67	19.47	31.46	58.24	80.76	137.94	114.80	96.82	115.46
云南省	35.18	42.04	90.89	94.93	100.76	106.41	131.19	123.61	182.43	171.05	231.13	233.70	188.97	171.57

续表

地区	1991 年	1992 年	1993 年	1994 年	1995 年	1996 年	1997 年	1998 年	1999 年	2000 年	2001 年	2002 年	2003 年	2004 年
西藏自治区	111.41	141.72	198.69	303.71	424.01	251.48	249.01	396.03	573.09	700.81	1641.96	2508.02	2677.24	1433.75
陕西省	12.00	15.72	16.00	12.65	14.55	23.95	26.47	49.25	74.80	134.09	160.22	189.05	139.48	137.72
甘肃省	21.88	21.70	23.16	22.24	22.61	27.05	31.19	54.81	58.40	96.68	182.40	184.98	146.32	143.90
青海省	43.27	41.30	45.11	40.45	44.76	39.35	44.87	73.25	168.15	254.96	604.42	796.27	659.12	459.09
宁夏回族自治区	43.06	39.52	39.40	30.76	40.56	65.68	67.71	149.27	142.80	215.87	546.54	560.71	437.13	427.53
新疆维吾尔自治区	47.09	49.71	49.03	39.20	51.18	63.12	68.28	96.77	121.71	162.44	300.94	595.08	418.53	400.53

地区	2005 年	2006 年	2007 年	2008 年	2009 年	2010 年	2011 年	2012 年	2013 年	2014 年	2015 年	2016 年	2017 年	2018 年
北京市	766.12	893.02	294.13	642.29	1168.15	1249.92	1598.07	1939.22	1699.34	1549.10	2077.51	2427.75	2990.49	3010.34
天津市	796.00	897.49	90.80	150.32	521.52	492.65	1017.45	909.38	899.30	945.72	981.93	1103.07	856.35	794.25
河北省	117.27	108.88	51.64	44.93	248.40	238.65	397.87	433.99	429.38	463.10	480.80	371.99	517.58	577.04
山西省	169.64	181.72	92.45	109.20	301.32	419.13	564.09	608.05	556.02	520.63	634.00	582.89	494.12	621.88
内蒙古自治区	501.50	561.39	214.56	215.89	576.07	520.42	1200.34	1275.36	1244.65	1229.40	1228.10	1254.95	1439.11	1792.30
辽宁省	315.84	339.61	66.19	91.03	258.99	339.03	530.50	614.00	723.02	741.27	642.35	447.43	510.22	502.01
吉林省	199.41	231.29	91.26	113.04	220.92	341.63	566.53	482.17	634.04	851.36	710.74	747.23	949.91	856.04
黑龙江省	167.38	152.68	115.90	141.39	278.38	393.81	662.28	597.34	641.45	621.81	713.53	656.36	661.67	640.60
上海市	2745.03	2932.42	119.69	120.71	576.74	552.02	936.07	782.97	897.82	942.45	1603.79	2286.98	2337.00	2283.23

续表

地区	2005 年	2006 年	2007 年	2008 年	2009 年	2010 年	2011 年	2012 年	2013 年	2014 年	2015 年	2016 年	2017 年	2018 年
江苏省	222.41	261.08	112.73	165.88	324.71	386.12	545.38	605.27	612.23	675.27	739.68	686.26	640.87	656.23
浙江省	218.16	234.70	104.96	137.58	567.26	526.20	614.88	642.77	795.96	821.17	1159.23	954.81	650.82	783.87
安徽省	109.90	165.55	83.12	86.18	235.14	203.79	355.09	380.26	453.00	552.19	624.95	553.90	369.89	360.75
福建省	157.01	176.43	83.66	140.90	391.35	381.51	727.64	820.51	819.09	902.55	995.97	821.42	747.18	756.23
江西省	106.69	123.23	77.19	92.54	275.18	258.58	520.28	455.64	498.75	691.50	585.46	525.36	534.34	535.24
山东省	81.86	95.11	31.14	34.52	199.42	262.38	333.68	363.54	412.48	441.48	507.26	408.59	400.12	446.36
河南省	122.30	133.23	44.64	47.44	193.65	188.08	301.89	320.05	364.87	381.84	385.95	359.96	304.80	301.91
湖北省	81.01	90.49	52.82	66.37	145.79	211.19	432.00	358.17	546.97	699.96	796.99	689.18	537.57	649.11
湖南省	119.64	115.14	76.66	89.11	182.39	236.71	463.41	419.20	513.50	488.42	481.11	487.78	495.79	541.43
广东省	405.26	412.72	85.39	154.11	357.89	451.24	746.75	692.67	795.42	1010.95	2242.29	1131.90	931.18	671.45
广西壮族自治区	159.71	140.05	91.85	128.73	177.71	202.27	532.58	515.04	503.03	427.99	493.22	447.02	499.26	605.21
海南省	254.93	267.77	127.99	157.87	388.28	353.03	706.37	885.96	935.61	1085.30	1238.61	1408.63	1673.59	1710.02
重庆市	248.56	251.94	120.85	159.67	224.46	284.86	648.72	725.33	891.40	922.13	1044.99	956.12	1031.04	972.73
四川省	103.86	103.60	65.16	93.03	149.28	228.92	429.64	509.35	634.89	667.85	741.23	696.07	651.03	759.83
贵州省	122.67	123.01	141.24	140.76	339.80	303.97	834.23	777.79	798.16	1137.17	1022.28	749.28	862.99	1022.76
云南省	229.21	221.53	156.49	152.48	394.66	341.67	666.48	738.48	1290.90	1493.26	1393.98	1113.03	1157.96	992.40
西藏自治区	2473.66	2524.88	1374.15	1462.50	2250.82	2583.06	3090.48	3682.03	3610.47	6559.47	6664.55	7737.87	7258.70	11937.50
陕西省	170.51	210.06	140.19	154.33	308.78	361.51	871.58	686.12	728.18	1016.94	958.19	697.58	825.94	748.73

续表

地区	2005 年	2006 年	2007 年	2008 年	2009 年	2010 年	2011 年	2012 年	2013 年	2014 年	2015 年	2016 年	2017 年	2018 年
甘肃省	195.65	251.96	117.96	142.74	247.95	266.96	630.85	497.17	826.80	1019.10	1099.33	864.17	1124.56	1386.60
青海省	575.10	779.07	337.34	229.73	888.32	941.13	2953.88	3036.27	3828.82	3913.96	3884.50	3346.82	1769.57	2847.70
宁夏回族自治区	789.75	786.69	168.25	196.49	391.36	411.32	772.12	939.59	984.12	1296.63	1710.66	1259.14	1714.63	1583.05
新疆维吾尔自治区	526.48	509.46	209.99	203.79	390.23	532.83	1183.92	1276.61	1537.16	1148.88	1421.26	1391.73	1334.18	1375.57

附录 Z　1991—2018 年 31 省区市地方人均实际基础设施支出 GE 指数表

GE 指数 / 年份	MLD 指数					Theil 指数				
	组内		组间		两者之和	组内		组间		两者之和
	差距	贡献率	差距	贡献率		差距	贡献率	差距	贡献率	
1991	0.2640	73.24%	0.0965	26.76%	0.3605	0.2797	78.42%	0.0770	21.58%	0.3567
1992	0.2742	74.42%	0.0942	25.58%	0.3685	0.3069	80.20%	0.0758	19.80%	0.3826
1993	0.3233	70.92%	0.1326	29.08%	0.4559	0.3555	77.74%	0.1018	22.26%	0.4573
1994	0.3983	70.85%	0.1639	29.15%	0.5623	0.4729	79.83%	0.1195	20.17%	0.5924
1995	0.4894	70.72%	0.2026	29.28%	0.6920	0.5290	78.99%	0.1407	21.01%	0.6698
1996	0.3582	65.93%	0.1851	34.07%	0.5433	0.4363	74.65%	0.1481	25.35%	0.5845
1997	0.3543	63.23%	0.2060	36.77%	0.5603	0.4630	73.35%	0.1682	26.65%	0.6312
1998	0.3260	69.79%	0.1411	30.21%	0.4671	0.4177	78.32%	0.1156	21.68%	0.5333
1999	0.3408	82.18%	0.0739	17.82%	0.4147	0.4204	86.74%	0.0643	13.26%	0.4847

续表

GE 指数 / 年份	MLD 指数					Theil 指数				
	组内		组间		两者之和	组内		组间		两者之和
	差距	贡献率	差距	贡献率		差距	贡献率	差距	贡献率	
2000	0.3003	73.55%	0.1080	26.45%	0.4082	0.3832	81.86%	0.0849	18.14%	0.4681
2001	0.3408	72.38%	0.1301	27.62%	0.4709	0.4118	80.46%	0.1000	19.54%	0.5118
2002	0.3529	66.67%	0.1764	33.33%	0.5294	0.4621	77.14%	0.1369	22.86%	0.5990
2003	0.3141	61.99%	0.1926	38.01%	0.5066	0.4705	74.04%	0.1650	25.96%	0.6355
2004	0.3636	72.43%	0.1384	27.57%	0.5020	0.4776	82.00%	0.1048	18.00%	0.5824
2005	0.3803	73.12%	0.1398	26.88%	0.5201	0.5011	83.01%	0.1026	16.99%	0.6037
2006	0.3811	73.94%	0.1343	26.06%	0.5154	0.4902	83.14%	0.0994	16.86%	0.5896
2007	0.2167	62.25%	0.1314	37.75%	0.3480	0.3618	73.90%	0.1278	26.10%	0.4896
2008	0.2455	74.04%	0.0861	25.96%	0.3316	0.3710	82.40%	0.0792	17.60%	0.4502
2009	0.1697	76.07%	0.0534	23.93%	0.2231	0.2291	82.99%	0.0469	17.01%	0.2760
2010	0.1644	79.68%	0.0419	20.32%	0.2063	0.2307	85.60%	0.0388	14.40%	0.2695
2011	0.1158	65.64%	0.0606	34.36%	0.1764	0.1513	72.25%	0.0581	27.75%	0.2093
2012	0.1293	63.55%	0.0741	36.45%	0.2034	0.1771	72.06%	0.0687	27.94%	0.2457
2013	0.1063	57.07%	0.0800	42.93%	0.1862	0.1494	66.08%	0.0767	33.92%	0.2262
2014	0.1301	55.06%	0.1062	44.94%	0.2363	0.2057	66.48%	0.1037	33.52%	0.3094
2015	0.1334	55.95%	0.1050	44.05%	0.2384	0.1896	65.61%	0.0994	34.39%	0.2890
2016	0.2016	68.61%	0.0922	31.39%	0.2938	0.2869	77.21%	0.0847	22.79%	0.3716
2017	0.1939	68.52%	0.0891	31.48%	0.2830	0.2689	77.24%	0.0792	22.76%	0.3482
2018	0.2511	65.26%	0.1336	34.74%	0.3847	0.4032	76.96%	0.1207	23.04%	0.5239

附录 AB　1991—2018 年地方人均实际基础设施支出 Theil 指数组内差距分解表

年份 \ 组内差距	组内差距	东部		中部		西部	
		差距	贡献率	差距	贡献率	差距	贡献率
1991	0. 2797	0. 1727	61. 75%	0. 0055	1. 97%	0. 1015	36. 28%
1992	0. 3069	0. 1858	60. 53%	0. 0040	1. 29%	0. 1171	38. 17%
1993	0. 3555	0. 1927	54. 20%	0. 0064	1. 81%	0. 1564	43. 99%
1994	0. 4729	0. 2266	47. 91%	0. 0028	0. 60%	0. 2435	51. 49%
1995	0. 5290	0. 2365	44. 70%	0. 0078	1. 48%	0. 2847	53. 82%
1996	0. 4363	0. 3031	69. 47%	0. 0033	0. 75%	0. 1299	29. 78%
1997	0. 4630	0. 3493	75. 44%	0. 0033	0. 71%	0. 1104	23. 85%
1998	0. 4177	0. 3006	71. 97%	0. 0043	1. 03%	0. 1128	27. 00%
1999	0. 4204	0. 2894	68. 83%	0. 0097	2. 30%	0. 1213	28. 86%
2000	0. 3832	0. 2736	71. 39%	0. 0026	0. 67%	0. 1070	27. 93%
2001	0. 4118	0. 2001	48. 58%	0. 0062	1. 51%	0. 2055	49. 90%
2002	0. 4621	0. 1736	37. 57%	0. 0021	0. 45%	0. 2864	61. 99%
2003	0. 4705	0. 0846	17. 99%	0. 0034	0. 72%	0. 3825	81. 29%
2004	0. 4776	0. 3243	67. 91%	0. 0045	0. 94%	0. 1488	31. 16%
2005	0. 5011	0. 2767	55. 22%	0. 0031	0. 62%	0. 2213	44. 17%
2006	0. 4902	0. 2795	57. 02%	0. 0031	0. 64%	0. 2075	42. 34%
2007	0. 3618	0. 0369	10. 21%	0. 0047	1. 31%	0. 3201	88. 48%
2008	0. 3710	0. 0971	26. 17%	0. 0055	1. 49%	0. 2683	72. 34%
2009	0. 2291	0. 0574	25. 04%	0. 0034	1. 50%	0. 1683	73. 46%
2010	0. 2307	0. 0501	21. 70%	0. 0068	2. 96%	0. 1738	75. 33%
2011	0. 1513	0. 0303	20. 00%	0. 0041	2. 70%	0. 1169	77. 30%
2012	0. 1771	0. 0356	20. 09%	0. 0032	1. 79%	0. 1383	78. 11%
2013	0. 1494	0. 0237	15. 84%	0. 0019	1. 28%	0. 1239	82. 89%
2014	0. 2057	0. 0183	8. 92%	0. 0036	1. 73%	0. 1838	89. 35%
2015	0. 1896	0. 0310	16. 36%	0. 0027	1. 41%	0. 1559	82. 22%
2016	0. 2869	0. 0632	22. 03%	0. 0026	0. 90%	0. 2211	77. 08%
2017	0. 2689	0. 0815	30. 30%	0. 0065	2. 40%	0. 1810	67. 30%
2018	0. 4032	0. 0644	15. 97%	0. 0046	1. 14%	0. 3342	82. 89%
均值			40. 83%		1. 36%		57. 81%

附录 AC　　1999—2019 年省区市人均城市道路面积　　单位：平方米/人

地区	1999 年	2000 年	2001 年	2002 年	2003 年	2004 年	2005 年	2006 年	2007 年	2008 年	2009 年
北京市	5. 88	6. 61	8. 30	8. 10	9. 60	9. 45	10. 55	7. 40	5. 60	6. 21	6. 15
天津市	8. 49	8. 66	10. 33	8. 46	8. 80	9. 33	10. 41	13. 98	11. 94	14. 39	13. 76
河北省	9. 68	10. 06	13. 98	10. 73	11. 35	11. 60	12. 17	12. 38	13. 59	14. 49	15. 32
山西省	8. 97	8. 91	10. 70	6. 20	6. 66	7. 30	7. 93	9. 06	8. 55	9. 54	10. 02
内蒙古自治区	6. 37	6. 88	8. 49	7. 58	8. 63	9. 44	10. 14	10. 34	12. 23	12. 76	13. 62
辽宁省	6. 33	6. 47	8. 53	7. 08	7. 35	7. 67	7. 95	8. 51	9. 61	9. 95	10. 41
吉林省	5. 68	6. 23	7. 17	5. 89	6. 78	6. 82	7. 77	8. 51	9. 56	10. 39	10. 94
黑龙江省	6. 63	6. 83	8. 69	7. 36	7. 75	7. 64	7. 96	8. 47	8. 73	9. 28	9. 39
上海市	8. 52	8. 68	13. 55	11. 60	12. 46	15. 36	11. 78	11. 84	4. 50	4. 63	4. 48
江苏省	10. 24	10. 60	14. 60	11. 72	13. 51	14. 72	16. 32	15. 45	19. 28	20. 28	20. 42
浙江省	14. 05	14. 71	17. 96	10. 86	12. 75	14. 04	16. 03	12. 21	14. 60	15. 20	16. 03
安徽省	9. 14	9. 62	11. 91	8. 83	9. 78	11. 14	11. 92	12. 28	13. 55	14. 15	14. 91
福建省	9. 92	10. 56	11. 61	7. 49	9. 37	10. 43	12. 06	9. 63	10. 98	12. 05	12. 58
江西省	6. 49	6. 60	8. 30	6. 53	8. 15	8. 76	9. 26	9. 61	10. 50	11. 06	12. 10
山东省	14. 84	15. 25	16. 02	17. 38	19. 90	21. 76	21. 59	18. 14	18. 66	19. 60	20. 94
河南省	6. 45	6. 65	9. 71	6. 42	8. 10	8. 86	9. 72	10. 00	10. 81	9. 90	10. 44
湖北省	10. 59	11. 39	13. 36	7. 60	8. 74	9. 31	9. 86	12. 06	12. 76	13. 03	13. 84
湖南省	7. 09	6. 96	8. 87	6. 56	7. 90	8. 69	9. 56	10. 01	11. 41	12. 01	12. 59
广东省	11. 78	10. 86	16. 61	10. 28	9. 27	11. 72	12. 04	9. 65	9. 44	11. 65	12. 63
广西壮族自治区	9. 85	10. 20	12. 33	6. 59	6. 95	9. 22	10. 24	10. 77	11. 28	11. 83	13. 98
海南省	17. 66	18. 72	18. 85	13. 70	10. 03	14. 14	14. 44	14. 21	12. 50	12. 05	13. 28
重庆市	4. 89	5. 50	8. 07	4. 38	5. 86	6. 20	6. 64	8. 14	9. 16	9. 49	9. 78
四川省	6. 89	7. 23	3. 03	3. 90	10. 21	10. 58	10. 90	9. 46	10. 33	10. 78	11. 50
贵州省	4. 97	5. 21	5. 96	3. 85	4. 29	5. 18	6. 07	5. 35	6. 21	6. 22	6. 29
云南省	7. 90	8. 10	8. 42	5. 89	6. 54	6. 64	7. 12	7. 47	9. 28	12. 09	10. 00
西藏自治区	16. 00	18. 68	31. 83	13. 83	14. 37	14. 37	15. 65	16. 44	15. 51	13. 46	13. 32
陕西省	6. 21	6. 07	7. 15	5. 58	6. 15	7. 16	8. 19	9. 07	11. 58	12. 67	12. 86
甘肃省	7. 87	7. 80	10. 33	6. 13	10. 24	9. 69	9. 71	11. 34	9. 83	10. 37	11. 29

续表

地区	1999 年	2000 年	2001 年	2002 年	2003 年	2004 年	2005 年	2006 年	2007 年	2008 年	2009 年
青海省	6.58	8.15	8.02	7.75	9.06	9.37	9.70	9.33	10.53	11.16	11.47
宁夏回族自治区	8.46	9.00	10.73	6.93	8.68	9.11	10.21	15.49	17.16	14.82	16.57
新疆维吾尔自治区	9.44	10.20	11.60	9.30	10.37	11.01	11.48	12.13	13.32	12.47	12.55

地区	2010 年	2011 年	2012 年	2013 年	2014 年	2015 年	2016 年	2017 年	2018 年	2019 年
北京市	5.57	5.26	7.57	7.61	7.44	7.62	7.62	7.44	7.57	7.68
天津市	14.89	17.05	17.88	18.74	16.71	16.02	15.39	17.41	11.67	12.98
河北省	17.35	17.84	17.84	18.22	18.49	18.65	18.91	18.88	19.76	19.95
山西省	10.66	11.21	11.79	12.88	13.34	13.52	14.77	15.92	16.81	17.22
内蒙古自治区	14.89	15.77	17.67	19.69	21.10	22.61	23.45	23.89	22.75	23.32
辽宁省	11.19	11.27	11.55	12.09	12.75	13.43	13.01	13.68	14.93	15.06
吉林省	12.39	11.90	12.61	13.61	14.62	14.52	14.98	14.30	13.81	14.13
黑龙江省	10.00	11.20	11.83	13.15	13.32	13.14	13.71	13.89	14.86	15.22
上海市	4.04	4.04	4.08	4.11	4.11	4.27	4.37	4.51	4.58	4.72
江苏省	21.26	21.86	22.35	23.22	23.89	24.42	25.37	25.62	25.20	25.41
浙江省	16.70	17.53	17.88	17.83	18.40	18.12	17.73	17.28	18.05	19.02
安徽省	16.01	18.00	18.47	19.61	20.33	20.82	21.82	22.19	22.95	23.69
福建省	12.58	13.46	14.13	13.40	13.61	13.80	14.41	17.41	20.59	21.37
江西省	13.77	14.40	14.99	15.26	15.77	16.60	17.33	17.90	19.37	19.93
山东省	22.23	23.62	24.70	25.34	25.77	25.82	24.65	25.13	25.28	25.28
河南省	10.25	10.83	11.08	11.57	11.67	12.06	12.97	13.90	14.57	15.19
湖北省	14.08	14.78	15.85	15.85	16.57	16.15	16.14	15.74	17.00	17.45
湖南省	12.95	13.62	13.49	13.80	13.76	14.27	14.59	13.72	16.96	17.69
广东省	12.69	12.51	13.42	13.11	13.20	13.60	13.05	12.86	13.39	13.60
广西壮族自治区	14.31	14.34	14.74	15.53	15.75	16.28	17.06	17.56	19.42	21.92
海南省	13.81	18.42	18.85	18.72	17.97	17.37	17.75	18.22	16.81	18.24
重庆市	9.37	10.43	10.67	11.23	11.68	12.05	12.23	12.67	13.52	14.38

续表

地区	2010 年	2011 年	2012 年	2013 年	2014 年	2015 年	2016 年	2017 年	2018 年	2019 年
四川省	11. 84	12. 14	12. 72	13. 24	13. 32	13. 63	13. 73	13. 72	14. 63	16. 38
贵州省	6. 65	6. 63	6. 80	9. 58	10. 33	11. 22	12. 11	12. 18	13. 51	14. 53
云南省	10. 90	11. 97	11. 92	12. 29	17. 12	14. 23	15. 76	12. 52	14. 11	15. 00
西藏自治区	13. 25	13. 48	14. 22	13. 19	14. 44	24. 98	16. 82	14. 70	12. 21	15. 75
陕西省	13. 38	13. 72	14. 71	14. 74	15. 38	15. 67	15. 42	16. 32	16. 47	16. 84
甘肃省	12. 20	12. 58	12. 56	14. 02	15. 30	15. 18	15. 42	16. 51	17. 91	19. 31
青海省	11. 42	11. 22	11. 17	10. 90	11. 08	10. 63	11. 04	14. 40	16. 19	18. 44
宁夏回族自治区	17. 35	17. 90	17. 56	18. 81	23. 16	22. 52	23. 11	21. 83	22. 94	26. 20
新疆维吾尔自治区	13. 19	13. 74	14. 16	15. 69	16. 46	17. 69	18. 35	19. 78	20. 34	23. 67

附录 AD　　1999—2018 年人均城市道路面积 GE 指数表

GE 指数 / 年份	MLD 指数					Theil 指数				
	组内		组间		两者之和	组内		组间		两者之和
	差距	贡献率	差距	贡献率		差距	贡献率	差距	贡献率	
1999	0. 0462	82. 81%	0. 0096	17. 19%	0. 0558	0. 0486	83. 26%	0. 0098	16. 74%	0. 0583
2000	0. 0477	83. 65%	0. 0093	16. 35%	0. 0570	0. 0514	84. 49%	0. 0094	15. 51%	0. 0608
2001	0. 0773	91. 20%	0. 0075	8. 80%	0. 0847	0. 0792	91. 33%	0. 0075	8. 67%	0. 0867
2002	0. 0449	71. 94%	0. 0175	28. 06%	0. 0624	0. 0453	71. 65%	0. 0179	28. 35%	0. 0633
2003	0. 0349	78. 13%	0. 0098	21. 87%	0. 0446	0. 0361	78. 48%	0. 0099	21. 52%	0. 0460
2004	0. 0329	70. 64%	0. 0137	29. 36%	0. 0466	0. 0345	71. 21%	0. 0139	28. 79%	0. 0484
2005	0. 0280	71. 03%	0. 0114	28. 97%	0. 0394	0. 0293	71. 61%	0. 0116	28. 39%	0. 0410
2006	0. 0297	88. 44%	0. 0039	11. 56%	0. 0336	0. 0294	88. 21%	0. 0039	11. 79%	0. 0333
2007	0. 0445	97. 67%	0. 0011	2. 33%	0. 0455	0. 0418	97. 50%	0. 0011	2. 50%	0. 0428
2008	0. 0390	95. 87%	0. 0017	4. 13%	0. 0407	0. 0360	95. 52%	0. 0017	4. 48%	0. 0377
2009	0. 0427	95. 84%	0. 0019	4. 16%	0. 0445	0. 0386	95. 38%	0. 0019	4. 62%	0. 0405
2010	0. 0498	96. 49%	0. 0018	3. 51%	0. 0516	0. 0437	95. 98%	0. 0018	4. 02%	0. 0455
2011	0. 0548	95. 27%	0. 0027	4. 73%	0. 0575	0. 0472	94. 52%	0. 0027	5. 48%	0. 0500

续表

GE 指数 / 年份	MLD 指数					Theil 指数				
	组内		组间		两者之和	组内		组间		两者之和
	差距	贡献率	差距	贡献率		差距	贡献率	差距	贡献率	
2012	0.0496	94.49%	0.0029	5.51%	0.0525	0.0434	93.69%	0.0029	6.31%	0.0463
2013	0.0475	96.41%	0.0018	3.59%	0.0493	0.0419	95.92%	0.0018	4.08%	0.0437
2014	0.0509	99.34%	0.0003	0.66%	0.0512	0.0445	99.24%	0.0003	0.76%	0.0448
2015	0.0533	99.33%	0.0004	0.67%	0.0536	0.0472	99.24%	0.0004	0.76%	0.0475
2016	0.0486	99.96%	0.0000	0.04%	0.0486	0.0424	99.95%	0.0000	0.05%	0.0425
2017	0.0475	99.56%	0.0002	0.44%	0.0477	0.0412	99.49%	0.0002	0.51%	0.0414
2018	0.0480	99.83%	0.0001	0.17%	0.0481	0.0409	99.80%	0.0001	0.20%	0.0410

附录 AE　1999—2018 年人均城市道路面积 Theil 指数组内差距分解表

组内差距 / 年份	组内差距	东部		中部		西部	
		差距	贡献率	差距	贡献率	差距	贡献率
1999	0.0486	0.0220	45.22%	0.0048	9.86%	0.0218	44.92%
2000	0.0514	0.0218	42.47%	0.0051	9.87%	0.0245	47.65%
2001	0.0792	0.0132	16.63%	0.0041	5.17%	0.0619	78.20%
2002	0.0453	0.0193	42.48%	0.0018	3.87%	0.0243	53.64%
2003	0.0361	0.0188	51.98%	0.0015	4.23%	0.0158	43.80%
2004	0.0345	0.0193	55.93%	0.0023	6.73%	0.0129	37.34%
2005	0.0293	0.0157	53.48%	0.0021	7.20%	0.0115	39.32%
2006	0.0294	0.0119	40.62%	0.0022	7.38%	0.0153	52.01%
2007	0.0418	0.0265	63.47%	0.0030	7.13%	0.0123	29.40%
2008	0.0360	0.0266	73.97%	0.0026	7.11%	0.0068	18.91%
2009	0.0386	0.0277	71.81%	0.0029	7.39%	0.0080	20.80%
2010	0.0437	0.0322	73.76%	0.0031	7.11%	0.0084	19.15%
2011	0.0472	0.0353	74.76%	0.0037	7.73%	0.0083	17.51%
2012	0.0434	0.0310	71.41%	0.0035	8.16%	0.0089	20.44%
2013	0.0419	0.0311	74.25%	0.0031	7.38%	0.0077	18.36%
2014	0.0445	0.0302	67.92%	0.0034	7.55%	0.0109	24.54%

续表

年份 \ 组内差距	组内差距	东部		中部		西部	
		差距	贡献率	差距	贡献率	差距	贡献率
2015	0.0472	0.0286	60.61%	0.0034	7.16%	0.0152	32.24%
2016	0.0424	0.0281	66.31%	0.0033	7.73%	0.0110	25.94%
2017	0.0412	0.0278	67.53%	0.0035	8.37%	0.0099	24.09%
2018	0.0409	0.0289	70.79%	0.0034	8.21%	0.0086	21.00%
均值			59.27%		7.27%		33.46%

后　记

自从博士论文开始研究中国地方政府间财政竞争领域之后，我越来越对区域经济学开始感兴趣。一方面是因为财政竞争的研究一定会延伸到区域经济学领域，另一方面更是因为在我们这样一个大国中，区域经济的实践表现给我们提供了一个极好的、层次丰富的观察样本，让人常常在感慨我国地域之广、实践差异巨大之余思考一些更深层次的问题。比如，在我们这个统一的大国中，不同地区如何才能协调发展？无论是从东往西，还是从南到北，在这样一个超级大国中行走，你既会看到不同地区的差异，也会看到有很多重复类似的事物：类似的城市规划、重复的产业结构、相差无几的地方政府绩效考核，这既是泱泱大国政令通行的积极表现，也时时提醒着我们地方政府的相互模仿、相互超越的竞争性。

因此，从地方政府竞争，主要是财政竞争的角度去探索它对我国区域发展差距的影响是一个令我感到很神往的话题。课题很荣幸在2016年获得了国家社科基金的赞助，也更加坚定了我探索的决心。但是真正着手之后，却感觉无论是理论功底，还是实践观察方面，自己都显得力所不逮。理论来自实践，方法服务于内容，最主要的原因还是自身对这一领域缺乏深入、细致的调研和观察，同时自身能力和研究方法也有所欠缺。在既有条件的约束下，我们尽最大努力完成了这一课题的撰写，也留下了一些遗憾，希望能在今后的研究和探索中继续观察，有所突破。

研究成果付梓出版之际，首先感谢国家社科基金的大力支持，感谢研究报告外审时五位匿名评审专家的宝贵意见；其次，要感谢江西财经大学“信毅文库”的出版资助，感谢匡小平教授对本书的宝贵修改建议。课题研究有截止之日，对我国区域发展实践和地方政府竞争的研究探索却是永无止步。

王丽娟

2022年6月于江财蛟桥园